“十三五”国家重点图书出版规划项目

国家出版基金项目

国家出版基金项目
NATIONAL PUBLICATION FOUNDATION

“十三五”国家重点图书
出版规划项目

“港口—腹地与近代中国经济转型研究”丛书

吴松弟 樊如森 主编

近代汉口港与其腹地经济关系变迁

（1862—1936）

张珊珊 著

齊魯書社

图书在版编目(CIP)数据

近代汉口港与其腹地经济关系变迁:1862—1936 / 张珊珊著. --济南: 齐鲁书社, 2020.6
(“港口—腹地与近代中国经济转型研究”丛书/吴松弟, 樊如森主编)
ISBN 978-7-5333-4318-7

Ⅰ.①近… Ⅱ.①张… Ⅲ.①区域经济发展—研究—汉口—1862—1936 Ⅳ.①F127.63

中国版本图书馆 CIP 数据核字(2020)第 024066 号

策划编辑/赵发国
责任编辑/刘玉林 刘慧慧
装帧设计/郭 觐 李 生

近代汉口港与其腹地经济关系变迁(1862—1936)
JINDAI HANKOUGANG YU QI FUDI JINGJI GUANXI BIANQIAN(1862—1936)
张珊珊 著

主管单位	山东出版传媒股份有限公司
出版发行	齊魯書社
社　　址	济南市英雄山路 189 号
邮　　编	250002
网　　址	www.qlss.com.cn
电子邮箱	qilupress@126.com
营销中心	(0531)82098521　82098519　82098517
印　　刷	山东新华印务有限公司
开　　本	710mm×1000mm　1/16
印　　张	18.5
插　　页	2
字　　数	302 千
版　　次	2020 年 6 月第 1 版
印　　次	2020 年 6 月第 1 次印刷
印　　数	1—1000
标准书号	ISBN 978-7-5333-4318-7
定　　价	78.00 元

总 序

近代是中国由传统社会向现代社会转型的时期，经济上的转型是其中的重要方面。尽管经历了艰难曲折的过程，而且近代经济的发育总体水平不高，但毕竟改变了中国几千年的传统经济面貌，成为后世发展的基础。

近代经济转型的动力，来自外来因素和本国内在因素的共同作用，空间上则表现为“港口—腹地”的双向互动作用。“港口”，指位于我国东部的大连、营口、丹东、天津、烟台、青岛、连云港、上海、宁波、福州、厦门、高雄、基隆、广州、香港等沿海主要港口城市，以及汉口、重庆等长江沿岸的主要港口城市。而且，它并非仅指承担客货运输任务的港口部门，而是包括港口部门和它所在的城市。广而推之，凡通过航空、铁路、公路等交通枢纽而成为一片较大区域的交通中心，均具有“港口”的作用，只不过人们常用“交通中心”“口岸”来代替“港口”一词而已。

“腹地”指位于港口城市背后的吞吐货物和集散旅客，以及大机场、铁路和公路交通中心所及的空间范围。在通常情况下，这一范围内的客货经由该港、机场和公路、铁路枢纽进出，在人和物的运输方面比较经济与便捷。港口城市的对内联系范围与海港、机场、公路和铁路的腹地范围空间上十分接近，因此，港口、机场、公路和铁路枢纽进出的腹地范围几乎都可视为港口所在城市的腹地范围。

我国是一个幅员辽阔的大国，河流多自西向东流，注入大海，在现代交通兴起以前，东西向的河谷往往又成为新式交通发达之区。近代外来的先进生产力在沿海口岸登陆，之后再顺着东西向的水路或陆路往西拓展。在边疆地区，内陆口岸也扮演了沿海口岸的角色，只是影响力基本集中在边疆地区，受其影响的空间范围较小而已。来自沿海和沿边口岸往自己腹地的经济辐射，推动了腹地经济变迁，改变了中国的交通格局、城市分布和区域经济差异，并促使新型经济区形成。

本人长期研究近代经济地理，所提出的“港口—腹地和中国现代化的空间进程”观点，已被学界认为是从空间角度分析近代经济不平衡发展的很好的解释，所指导的硕士、博士研究生一直是国内近代经济地理研究的主要力量。由我主编、戴鞍钢副主编，来自全国的25位学者联合撰写的九卷本《中国近代经济地理》，填补了近代经济地理研究的长期空白，一定程度上满足了学术界和各地政府的需要，2018年获上海市第十四届哲学社会科学优秀成果奖著作类一等奖，2020年获教育部第八届高等学校科学研究优秀成果奖（人文社会科学）一等奖。这次出版的“港口—腹地与近代中国经济转型研究”丛书，抓住经济转型这一重大课题，从空间角度深入论述区域经济变迁的过程，具有重要的学术价值，获得了学术界和出版界的广泛认可，被列入“十三五”国家重点图书出版规划并获得国家出版基金资助。

本丛书的九位作者中，樊如森、方书生、张永帅三人都是九卷本《中国近代经济地理》的作者，陈为忠、张珊珊、徐智、毛立坤、王哲、杨敬敏等人在区域、城市、贸易等方面都发表了有影响的学术论文。各位作者在自己博士学位论文的基础上加以时空拓展，以全面展现一批主要港口城市及其经济腹地，描绘近代时期所发生的宏大经济变迁画卷。本丛书的出版，不仅可以进一步丰富近代中国历史地理研究的学术成果，也能为中国今天的经济建设实践提供扎实的实证基础和智力支持。值此丛书出版之际，谨对齐鲁书社的大力支持表示衷心的感谢！欢迎读者对本丛书提出宝贵的修改意见。

吴松弟

草于2020年4月5日

目　录

表目录

图目录

第一章 绪 论

本章主要说明本书的选题缘由、以往学术研究情况、本书的研究思路和框架、研究的创新点以及所解决的学术问题，对本书所运用的基本资料也做一简单评介。

第一节 学术史回顾和选题缘由

笔者将从港口—腹地研究现状入手解释本书的选题缘由，并就港口—腹地研究、口岸贸易与近代中国，以及汉口及其腹地经济情况的研究状况做一总结和回顾。

一、港口—腹地的研究状况

1840 年以来，通商口岸的开放标志着中国开始被卷入世界经济体系。通商口岸开放后对中国经济所产生的深远影响，始终是经济史学界关注的核心问题之一。中华人民共和国成立前，已经有学者对海关贸易资料进行了一些整理和研究，大多是对贸易史的研究。这些研究多数集中在口岸贸易的本身，是对口岸贸易研究比较基础的部分。中华人民共和国成立后，中国大陆对于口岸贸易的研究，除了少数较为客观地研究了一些口岸的贸易发展状况外，更多的是指责通商口岸是外国侵略中国的据点，有失偏颇。海外学者的研究在 20 世纪 50 年代以来显得更有成效，费正清、滨下武志、罗兹·墨菲、费维恺等人对中国的口岸贸易展开了很多研究。罗兹·墨菲的《上海——近代中国的钥匙》《条约港和中国的现代化：走错了什么?》和费正清的《中国沿海的贸易和外交》① 是代表之作。

除了从整个国家的层面进行探讨之外，一些学者还对一些具体的口岸有过深入的研究，如关文斌对天津及罗威廉对汉口②的研究等。20 世纪七八十年代以来，对现代化的区域研究以及口岸贸易的研究拓展开来，出现了一批关于通商口岸和区域经济史研究的著作。以通商口岸为中心，考察它对周围地区经济所产生的影响，来探讨外力冲突下中国近代经济变迁的面貌。张朋园《中国现代化的区域研究：架构与发现》、林满红《口岸贸易与近代中国——台湾最近有关研究之回顾》两篇论文就对他们在这方面的一系列研究成果做了总结。③ 此后，关于口岸贸易对区域经济变迁的影响的研究也逐步深入起来。大陆学界的研究在 20 世纪 80 年代以后迅速增加，有关港口史、港口所在城市和相关区域的经济史，以及相关的交通史研究等都有较多专著出版。

关于现代化的研究在学术界颇有一些争议。关于现代化的定义、范畴、研究方法等，还没有一个统一的界定，在此不展开介绍，而只指出和口岸贸易相关的一些内容。其实现代化的研究和口岸密不可分。对于中国现代化进程的研究而言，通商口岸和它背后的广大腹地是两个基本的对

① Rhoads Murphey, *Shanghai*: *Key to Modern China* (Cambridge: Harvard University Press, 1953); Rhoads Murphey, *The Treaty Ports and China's Modernization*: *What Went Wrong?* (*Michigan Papers in Chinese Studies*) (Ann Arbor: The University of Michigan Center for Chinese Studies, 1970); John King Fairbank, *Trade and Diplomacy on the China Coast*: *Opening of Treaty Ports*, *1842 – 1854* (*Harvard Historical Studies*) (Cambridge: Harvard University Press, 1953).

② William T. Rowe, *Hankow*: *Commerce and Society in a Chinese City*, *1796 – 1889* (California: Stanford University Press, 1984); William T. Rowe, *Hankow*: *Conflict and Community in a Chinese City*, *1796 – 1895* (California: Stanford University Press, 1989).

③ 林满红:《口岸贸易近代中国——台湾最近有关研究之回顾》，载《中国近代区域史研究论文集》，台湾“中研院”近代史研究所 1986 年版，第 869 ~ 915 页。自 20 世纪 70 年代后期以来，台湾学者刘翠溶、林满红、温振华、谢世芬、范毅军等人先后完成了有关汉口、台湾三港、九江、汕头、烟台、天津、四川、东北等地港口及与区域现代化相关关系的研究。

象。而当前的现代化研究很大一部分或是落脚于口岸城市，如长江沿江城市与中国近代化研究等；或是落脚一片区域，如中国现代化的区域研究等。但是在港口和腹地之间，在现代化的推进中，是怎样互动的经济关系？进一步的，现代化的空间格局和进程是怎样的？如果从港口—腹地的角度切入，可能会有更深入的研究。

现阶段的港口—腹地研究，是在此前研究基础之上的重新审视和探讨。港口—腹地的格局对中国近代贸易体系、交通和城市布局、区域经济变迁等方面产生了重要影响，从历史经济地理的角度来观察中国现代化的过程，就不能不重视由港口到腹地的空间进程。这一转变更多的是以经济地理的视角来观察港口—腹地间的关系。戴鞍钢和吴松弟等学者进行了新一轮的港口—腹地研究。① 以港口—腹地为切入点，研究区域内部和区域间经济因素的相互作用和空间动态过程，而不仅仅是从口岸或者区域经济史的角度进行研究。

二、选题缘由和时间断限

汉口在清代就成为长江中游的商业重镇和华中地区的交通枢纽，素有“九省通衢”的称号，可以说是维系两湖及川、陕、豫、赣部分地区商业网络的中心。根据第二次鸦片战争后签订的《天津条约》，汉口需开埠通商。1862 年，汉口正式开埠，此后汉口迅速跻身到通商口岸的前几位，与上海、天津、广州并称四大港。作为中国中部最大的通商口岸，汉口的重要地位绝不亚于沿海口岸，并且由于深入中国的内陆，堪称中国中部的核心，它在港口—腹地格局中的地位和作用就更具独特性。但是相对于沿海口岸的研究，目前学界对汉口的研究还是较为薄弱的。这与汉口的地位是不相称的。

本书以 1862—1936 年作为研究的时间断限。汉口于 1862 年开埠，这是汉口转向近代的一个标志性的年份。而且从这一年开始，关于汉口的海

① 戴鞍钢：《港口 · 城市 · 腹地——上海与长江流域经济关系的历史考察(1843—1913)》，复旦大学出版社 1998 年版。吴松弟：《中国百年经济拼图——港口城市及其腹地与中国现代化》，山东画报出版社 2006 年版。

关资料和领事报告等材料也丰富起来，可以作为研究的起点。而1937年七七事变爆发后，经济受到战争的影响，统计资料也多有中断，所以本书研究的下限截至1936年。

之所以选择汉口港及其腹地间经济关系作为研究对象，是因为可以在港口—腹地研究框架中，探讨沿江口岸在中国现代化空间进程中的独特作用，认识汉口在对近代中国中西部广大地区产生经济影响时，是按照怎样的空间进程推进，和它的广大腹地之间呈现怎样的经济关系，这种经济关系和空间格局与传统时代有何不同。

而以主要出口商品为中心论述汉口及其腹地之间的经济关系，是因为汉口作为长江中游的通商口岸，其贸易的主要组成部分就是由出口商品构成的。出口商品在汉口贸易中的比重远远超过进口，这体现出了汉口不同于沿海口岸的特点。汉口的主要出口商品，如茶叶、桐油、棉花等，都涉及汉口范围广阔的腹地，以这些商品为研究的切入点，可以考察汉口单一商品的腹地范围变动，以及由这种商品引起的港口—腹地之间经济关系的变动。可以说，这些出口商品是研究汉口及其腹地之间经济关系最好的钥匙。

三、关于汉口及其腹地所涉及区域的研究

在本书的研究中，除了要以上述港口—腹地研究的成果作为理论指导，还需要具体研究作为基础。由于汉口港所涉及的腹地范围较广，较为主要的就有两湖、陕西汉中地区、四川的大部分地区、河南中南部，此外还到达江西、贵州、广西、山西、甘肃等地，关于这些地区的相关研究虽不能面面俱到，但主要的腹地范围内的经济史研究等，还是本书不可缺少的基础。

专门关于区域近代史方面的研究有如下几种：苏云峰在《中国现代化的区域研究：湖北省，1860—1916》① 中有一章探讨了湖北省经济现代化

① 苏云峰：《中国现代化的区域研究：湖北省，1860—1916》，台湾“中研院”近代史研究所1981年版。

的过程，他认为在清末民初的二十多年间，湖北经济现代化虽有挫折，但是已经发生了显著的改变，形成了一个体系，对民国时期的建设奠定了良好基础；张朋园的《湖南现代化的早期进展（1860—1916）》[①] 中则对湖南经济现代化展开了研究，他指出，湖南的工矿业采用新式工业方法取代了部分土法，交通设施也有明显改进，但除此之外的经济现代化就非常缓慢；鲁西奇的《区域历史地理研究：对象与方法——汉水流域的个案考察》[②] 则从区域角度入手，构建了汉水流域完整的历史地理剖面。此外，鲁西奇还撰有《历史时期汉江流域农业经济区的形成与演变》[③]，则集中于研究汉水流域农业问题。

关于商品经济和市镇的研究，也有不少专著。任放的《明清长江中游市镇经济研究》[④] 对湖北、湖南、江西的市镇网络、专业市镇、管理机制等进行了研究，并以汉口为例，专门就长江中游市镇经济的近代转型展开了讨论。方志远的《明清湘鄂赣地区的人口流动与城乡商品经济》[⑤]，从研究这一地区的人口流动出发，进而探讨人口流动所带来的社会变化、商品化生产，以及商品经济和城乡市场及其管理等。

关于城市的研究，则以皮明庥主编的《近代武汉城市史》[⑥] 为代表，该书对城市结构、市政、金融、交通、港口、商场、工业、文化教育等方面进行了详细论述。此外，皮明庥、吴勇主编的《汉口五百年：汉口丛谈新编》[⑦] 则给出了汉口多方面的细节描写。王永年的《论晚清汉口城市的

---

① 张朋园：《湖南现代化的早期进展（1860—1916）》，岳麓书社2002年版。

② 鲁西奇：《区域历史地理研究：对象与方法——汉水流域的个案考察》，广西人民出版社2000年版。

③ 鲁西奇：《历史时期汉江流域农业经济区的形成与演变》，载《中国农史》1999年第1期。

④ 任放：《明清长江中游市镇经济研究》，武汉大学出版社2003年版。

⑤ 方志远：《明清湘鄂赣地区的人口流动与城乡商品经济》，人民出版社2001年版。

⑥ 皮明庥主编：《近代武汉城市史》，中国社会科学出版社1993年版。

⑦ 皮明庥、吴勇主编：《汉口五百年：汉口丛谈新编》，湖北教育出版社1999年版。

发展和演变》①，探讨了汉口城市发展的状况和背后的动力因素。

对于汉口商业贸易的研究论著，当以罗威廉的《汉口：一个中国城市的商业和社会（1796—1889）》② 为代表。作者深入阐述了这93年汉口作为商业中枢对有关地区各种商品集散转输起的总揽大局的作用，书中特别对商业行会的发展做了详尽的论证和分析。他认为汉口作为商业大城市在原有经济机制下继续运转。刘翠溶用英文撰写的《汉水流域的贸易及其对经济发展的影响（1800—1911）》③ 则是探讨整个19世纪汉水流域的贸易及其对经济发展的影响，主要研究这一流域的交通运输、主要贸易商品以及商业贸易对当地经济的影响等。吴斌祥、谭术魁《武汉商业市场的迁移和贸易腹地的扩大》④，石莹《清代前期汉口的商品市场》⑤，王永年《晚清汉口对外贸易的发展与传统商业的演变》⑥ 等论文则对武汉市场进行分类研究，探讨商业的变化等。

现代化问题也是关于汉口研究的一个重点，如涂文学《在原生型与次生型之间：武汉早期现代化发展的"汉口特性"》⑦，任放《汉口模式与中国商业近代化》⑧，吕一群、刘莱花《清末汉口贸易地位的转变与武汉现代

---

① 王永年：《论晚清汉口城市的发展和演变》，载《江汉论坛》1988年第4期。

② ［美］罗威廉著，江溶、鲁西奇译：《汉口：一个中国城市的商业和社会（1796—1889）》，中国人民大学出版社2005年版。

③ 刘翠溶：《汉水流域的贸易及其对经济发展的影响（1800—1911）》（*Liu Ts'ui-jung*：*Trade on the Han River and its Impact on Economic Development*，*1800 - 1911*，Taipei，1980.）。

④ 吴斌祥、谭术魁：《武汉商业市场的迁移和贸易腹地的扩大》，载《江汉论坛》1993年第4期。

⑤ 石莹：《清代前期汉口的商品市场》，载《武汉大学学报（社会科学版）》1989年第2期。

⑥ 王永年：《晚清汉口对外贸易的发展与传统商业的演变》，载《近代史研究》1988年第6期。

⑦ 涂文学：《在原生型与次生型之间：武汉早期现代化发展的"汉口特性"》，载《江汉大学学报（社会科学版）》2006年第2期。

⑧ 任放：《汉口模式与中国商业近代化》，载冯天瑜、陈锋主编《武汉现代化进程研究》，武汉大学出版社2002年版。

化的开启》①等文章都讨论了汉口现代化的独特之处。张之洞和汉口近代化的关系也是汉口现代化研究的重要一环，赵德馨、周秀鸾《张之洞与湖北经济的崛起》②，周秀鸾《张之洞办企业对武汉民族工业的影响》③，任放《近代化、权威主义与张之洞效应》④等论著，都对张之洞对近代汉口乃至整个湖北的近代化发展的推动作用做出了积极的评价。

部门经济方面的研究分类诸多，因为本书主要的研究对象是出口土货，是农产品，故而在此主要对农业部门经济的研究做一概括。龚胜生的《清代两湖农业地理》⑤专门对两湖地区的农业地理状况做了研究。此外，龚胜生还对两湖粮价、茶烟种植、纤维作物种植等问题撰写专门文章论述。徐凯希则对汉口棉花贸易、湖北棉花种植有深入研究。

由于汉口的茶叶贸易在华茶输出中占有重要地位，关于汉口茶叶贸易的研究论著也比较丰富。陈慈玉在《近代中国的茶叶发展与世界市场》⑥一书中有两章的篇幅来讨论两湖茶叶和汉口茶叶输出的相关问题。罗威廉的《汉口：一个中国城市的商业和社会（1796—1889）》中专有一章讲茶贸易。杜七红的《清代两湖茶业研究的回顾与展望》⑦对两湖地区茶业研究做了综述和评介。关于汉口茶叶市场的研究成果，则有杜七红的《论茶叶对晚清汉口市场的影响》⑧、任放的《论印度茶的崛起对晚清汉口茶叶市

① 吕一群、刘菜花：《清末汉口贸易地位的转变与武汉现代化的开启》，载《湖北大学学报（哲学社会科学版）》2006 年第 2 期。

② 赵德馨、周秀鸾：《张之洞与湖北经济的崛起》，载《江汉论坛》1998 年第 1 期。

③ 周秀鸾：《张之洞办企业对武汉民族工业的影响》，载《江汉论坛》1985 年第 5 期。

④ 任放：《近代化、权威主义与张之洞效应》，载冯天瑜、陈锋主编《武汉现代化进程研究》，武汉大学出版社 2002 年版。

⑤ 龚胜生：《清代两湖农业地理》，华中师范大学出版社 1996 年版。

⑥ 陈慈玉：《近代中国的茶叶发展与世界市场》，台湾“中研院”经济研究所 1982 年版。

⑦ 杜七红：《清代两湖茶业研究的回顾与展望》，载《江汉论坛》2006 年第 4 期。

⑧ 杜七红：《论茶叶对晚清汉口市场的影响》，载《江汉论坛》1999 年第 6 期。

场的冲击》[①]、郭蕴深的《汉口地区的中俄茶叶贸易》[②]、张笃勤的《近代汉口茶叶对外贸易》[③] 等。这些研究成果分析了晚清汉口茶叶市场的特点。关于两湖茶叶的研究成果，有梁四宝和吴丽敏的《清代晋帮茶商与湖南安化茶产业发展》[④]、梅莉的《明清湖北茶叶及其生产分布》[⑤]，以及定光平和邱红梅的《近代乡村工业形态的三元模式探析——以近代羊楼洞茶区制茶工业为例》[⑥]（该文对羊楼洞地区的制茶手工业状况及山西商人进行了分析）。此外，贺琤的《关于1886—1896年中国红茶出口的考察——试论中国近代茶业出口衰落的原因》[⑦] 及袁欣的《1868—1936年中国茶叶贸易衰弱的数量分析》[⑧]，则用全新的方法分析了近代茶叶贸易衰落的原因，予笔者启发良多。

桐油贸易方面，罗威廉曾经专门写过《中国中部的桐油》[⑨]。他从区域贸易兴衰的角度，探讨了中国桐油贸易的兴起和桐油工业结构。张丽蓉《长江流域桐油贸易格局与市场整合（1891—1945）：以四川为

① 任放：《论印度茶的崛起对晚清汉口茶叶市场的冲击》，载《武汉大学学报（人文科学版）》2001年第4期。

② 郭蕴深：《汉口地区的中俄茶叶贸易》，载《江汉论坛》1987年第1期。

③ 张笃勤：《近代汉口茶叶对外贸易》，见杨蒲林、皮明庥主编《武汉城市发展轨迹》，天津社会科学院出版社1990年版。

④ 梁四宝、吴丽敏：《清代晋帮茶商与湖南安化茶产业发展》，载《中国经济史研究》2005年第2期。

⑤ 梅莉：《明清湖北茶叶及其生产分布》，载《湖北大学学报（哲学社会科学版）》1994年第2期。

⑥ 定光平、邱红梅：《近代乡村工业形态的三元模式探析——以近代羊楼洞茶区制茶工业为例》，载《咸宁学院学报》2005年第2期。

⑦ 贺琤：《关于1886—1896年中国红茶出口的考察——试论中国近代茶业出口衰落的原因》，载《福建论坛（人文社会科学版）》2003年第1期。

⑧ 袁欣：《1868—1936年中国茶叶贸易衰弱的数量分析》，载《中国社会经济史研究》2005年第1期。

⑨ William T. Rowe，“Tung Oil in Central China：The Rise and Fall of a Regional Export Staple”，第二次中国近代经济史会议论文，发表于台湾“中研院”经济研究所，1989年1月。

中心》① 则从长江流域着眼，从价格相关分析入手，探讨了桐油贸易格局的分布。此外对于汉口桐油贸易的研究还有陈晖的《抗战前武汉桐油的出口贸易》②、陈礼茂的《浅议近代汉口的桐油贸易》③。对于四川、湖南桐油贸易的研究有梁勇的《近代四川桐油外销与市场整合》④、田永秀的《桐油贸易与万县城市近代化》⑤、王朝辉的《试论近代湘西市镇化的发展——清末至民国年间的王村桐油贸易与港口勃兴》⑥、2004 年湘潭大学李菁的硕士学位论文《近代湖南桐油贸易研究》⑦，这些研究成果对湖南桐油的生产、运输、销售等变迁予以了分析。

上述的各项研究，是本书研究的坚实基础，也为本书写作提供了很多启发。

四、以往研究不足和学术创新

近代中国开埠以后，逐步形成了东部沿海发达的局面，这主要是由于东部沿海通商口岸发展的便利条件，这些口岸的核心腹地也基本处于东部地区。东西部的经济差距逐步扩大，这对传统时代以南北差距为主的经济格局造成了一定改变。但是这种改变也是在近代较长的时间内形成的。在近代前期，汉口港的地位更多的是和传统时代的贸易地位分不开的，它在中部贸易体系中的龙头地位是无可置疑的，开埠通商还加速了它的发展，但是到了后期则有所变化。这种港口地位和作用的变化，进而影响到它的

① 张丽蓉：《长江流域桐油贸易格局与市场整合（1891—1945）：以四川为中心》，复旦大学历史地理研究中心 2003 年硕士学位论文。

② 陈晖：《抗战前武汉桐油的出口贸易》，载《史志文萃》1992 年第 3 期。

③ 陈礼茂：《浅议近代汉口的桐油贸易》，载《武汉交通管理干部学院学报》1998 年第 1 期。

④ 梁勇：《近代四川桐油外销与市场整合》，载《重庆三峡学院学报》2004 年第 1 期。

⑤ 田永秀：《桐油贸易与万县城市近代化》，载《文史杂志》2000 年第 1 期。

⑥ 王朝辉：《试论近代湘西市镇化的发展——清末至民国年间的王村桐油贸易与港口勃兴》，载《吉首大学学报（社会科学版）》1996 年第 2 期。

⑦ 李菁：《近代湖南桐油贸易研究》，湘潭大学 2004 年硕士学位论文。

腹地，可能进一步造成区域经济差异。对于汉口这样一个中部港口的研究，和东部地区沿海的港口做一比较，可能会得出一些有利于我们了解这种经济格局变化的结果。

以往的学术研究大多还是在区域经济史、社会史方面，比较注重时间上的变化，而忽视了空间上的变动；多集中于港口城市本身的变化或是停留在区域经济史的角度，而忽略了对于港口和腹地之间关系的变化的研究。本书则试图从历史经济地理、中国近代经济史等角度入手，以汉口进出口贸易尤其是主要出口商品的贸易为线索，分析汉口同其腹地之间经济关系的变迁，展现它们之间经济关系的空间格局。在资料运用上，本书运用了系统的海关资料，力求复原汉口进出口贸易尤其是出口贸易的原貌，对其数量、结构和发展阶段做出复原和分析，并进而探讨其贸易对腹地的影响。

第二节　基本资料评介

一、海关资料

海关资料是研究中国近现代经济史最系统的一份资料，时间跨度长，内容丰富，并且是用科学的统计方法编制而成的，因此具有非常高的史料价值。自 1859 年开始，海关开始编制和出版了一系列的文献。汉口于 1862 年开埠，如果研究汉口开埠以来的贸易史、社会经济史等，海关资料正可谓最完备最系统的基础资料。

关于汉口的海关资料，主要是以京华出版社 2001 年出版的《中国旧海关史料》为主。这 170 册海关资料始于 1859 年，终于 1948 年，涵盖了近代开埠以来通商口岸海关报告中最主要的部分，及各关年册和十年报告。年册包括贸易册（trade return）和贸易报告（trade report）。汉口贸易册始于 1864 年，1865 年中断一年，1866 年后续起，此后一直到 1919 年。贸易报告始于 1882 年，贸易册和贸易报告均为英文。自 1889 年开始，有《××年汉口华洋贸易情形论略》（下文简称“情形论略”），是中文的，其内容大致相当于英文贸易报告的翻译，并有一些贸易册的内容。其中的内容也有很多和贸易册、贸易报告不同之处，比如贸易册和贸易报告比较关注的数字，情形论略里面就介绍得非常简要。但是关于汉口及其内地的情况，也就是我们关注的腹地部分，情形论略则非常关注，而且有更为深刻的解释。情形论略撰写之初，大多较为简单，价值不及贸易报告，但是后期情形论略日益丰富，价值要高于贸易报告了。十年报告共有 5 份，1882 年开始每十年一份，是历年贸易报告的总结，并就十年中口岸的发展等相关内容做介绍和评论。十年报告触及社会经济生活的更多方面，有其独到的宝贵价值。① 此外，在全国贸易册、贸易报告，上海及其他长江口岸的贸易册、贸易报告，以及关于某些商品的统计册中，都有关于汉口的材料，此处不一一列举。

京华出版社出版的这套海关资料，相较于整个海关出版物来说，还只是非常小的一部分。很多内容并没有被收录进来，所以要从其他渠道寻找。

上海海关高等专科学校和哈佛大学图书馆藏有 1920 年以后的分关贸易册和贸易报告，笔者虽然尽力搜罗，但是由于条件限制，只看到了其中的一部分：1923、1927、1930 年的贸易册和 1920—1929 年的贸易报告。

哈佛大学图书馆藏的关于海关出版物的特辑（Special series）是关于某一问题的专题研究，对笔者的研究也有很大价值，主要是关于茶叶的特辑（*Imperial Maritime Customs* Ⅱ *Special Series*：*No. 11 Tea*，*1888*，Shanghai，1889.）。

民国时期的研究论著中，也有很多是从当时的海关出版物整理研究得来的。比如郑友揆②、韩启桐③等人的论著，其中的一些材料现在我们反而不容易看到了，但在书中也会使用。不过都会和已有的海关原始材料进

① ［英］穆和德等著，李策译：《近代武汉经济与社会——海关十年报告（江汉关）》（1882—1931），香港天马图书有限公司 1993 年版。

② 蔡谦、郑友揆：《中国各通商口岸对各国进出口贸易统计（民国八年、六年至二十年）》，商务印书馆 1936 年版。

③ 韩启桐编著：《中国对日战事损失之估计：1937—1943》，中华书局 1946 年版；韩启桐编纂：《中国埠际贸易统计：1936—1940》，中国科学院 1951 年印行。

行对比，确定其口径一致后才统一使用。

二、领事报告

这里的领事报告是指英国驻汉口领事报告 1854—1899 年部分。笔者所看到的整理出版的部分，一般简称为 B. P. P。这里整理出版的领事报告中还包括了早期的海关报告材料，非常可贵。虽然笔者没有看到 1882 年之前海关出版的报告的正式文本，不能进行比较，但是从领事报告中附的海关报告材料来看，和海关贸易报告是一个系统的。例如 1865 年的"*Report on the Trade at the Port of Hankow for the Year 1865*"署名是"Office of Maritime Custom，Hankow，January 31，1866"。[①] 就领事报告来说，主要是商业报告，对进口、出口、航运、金银输出入等方面都有详细的记录和分析，对于口岸本身的一些变动也有深入的阐释。和海关报告、年册相对比，领事报告对于制度方面的论述更为深刻，和海关资料可以互相对比、相互补充。

三、民国时期调查材料等

这个时期的调查主要是以金陵大学为主展开的对湖南、四川、江西、湖北、安徽几个省份农村的调查，其中关于茶叶、桐油以及其他农村经济方面的调查，为深入分析当时农家经济状况提供了最翔实的资料。

第三节　研究对象和研究框架

一、研究对象

汉口作为沿江口岸和内河港口城市，其依赖的广大腹地处于中国中西部。这些情况决定了汉口港的对外贸易以土货输出为主的特色。对汉口港

---

① *Embassy and Consular Commercial Reports 1854 - 66*（Shannon，Ireland，1972），564.

的对外贸易值的统计分析表明，汉口港的土货出口始终占据其对外贸易的半数以上。如果把复出口的土货计算在内，其比值更高。从全国的角度来看也是如此，汉口在全国贸易中的地位主要是由土货出口确立的，而洋货进口的比例始终很低，所以土货出口可以说是汉口港对外贸易的核心内容。因此，本书首先对汉口港的进出口贸易、出口商品结构进行分析，然后以主要出口商品为依据，厘清汉口港的腹地范围并探讨其集散体系。对于区域的考察则是以茶叶、桐油为例，探讨港口—腹地这一格局对区域经济变迁的影响，大致可以从出口商品的生产、加工、运输几个环节，考察其对贸易体系中乡村、市镇和港口城市的一些较为具体的影响。以这几种商品的输出为主线，进一步探讨汉口港和其他一些长江流域港口的关系，以此探讨汉口港在港口体系中地位的变化。由于汉口不是沿海港口，其贸易很大程度上还要依靠上海这一出海口。随着汉口周围港口的发展，它们逐步跳过汉口港直接和上海发生贸易联系，这对汉口港的发展是较为不利的。笔者对港口体系的关注主要是节点的考察，希望通过较为具体的实证分析，探讨汉口港对其腹地产生了哪些影响，以及这些影响是怎么样在空间上展开的。

二、本书的基本框架结构和所解决的学术问题

第一章绪论，主要做学术史回顾，并介绍选题的缘由和意义，指出以往学术研究的不足和本书的研究对象、研究框架及学术创新之处。

第二章是对汉口进出口贸易的分析。首先对本书的基本材料予以阐释，之后分析了汉口进口贸易数量、结构和发展阶段及土货进口、出口、复出口的数量、结构和发展趋势，并对几种主要的进出口货物给予概述。根据这一分析，我们可以发现汉口贸易中最为重要的就是土货出口，这是分析汉口进出口贸易的核心。

第三章是对茶叶贸易的分析。茶叶是汉口开埠后最重要的出口货物，其贸易时间长，出口数量大，在全国所占比例高，是汉口土货出口贸易中首当其冲要分析的货物。汉口茶叶贸易的腹地范围是否发生过变化？这些

变化和汉口的茶叶贸易有什么关系？汉口和它的腹地之间有何互动关系？这一章将解决这些问题。

第四章则分析了汉口贸易后期最重要的出口货物之一——桐油。桐油在国际市场的旺盛需求下迅速成长为中国出口货的翘楚，而汉口则是中国最大的桐油输出口岸，其桐油贸易腹地涉及范围也是随着汉口桐油贸易的变化而盈缩。桐油市场走向成熟的同时，汉口的桐油来源口岸却逐渐跳开汉口直接出口上海。本章就对汉口桐油的贸易阶段、腹地范围和变化以及桐油市场、腹地桐农经济变化等问题做出分析。

第五章是对汉口同其他长江流域口岸（主要是上海）之间关系的探讨。研究汉口及其腹地之间的关系，就绕不开汉口同其他口岸的关系。因为汉口不是沿海港口，其货物进出口都要依赖上海，而汉口地处长江中游，又是传统商业中心，其他上游港口和长江支流港口又必须依靠汉口进行货物进出口，这就决定了汉口作为开埠通商口岸的发展有不同于沿海口岸的特点：和上海关系密切，又受到其他更小口岸的牵制。

第六章则单独讨论汉口腹地经济的变化和汉口本身地位的变迁。在此前几章中，主要是讨论贸易及其带来的港口—腹地关系的变化，这一章专门讨论腹地的较为具体、微观的变化。而汉口城市本身是开埠通商的最大受益者，贸易不仅仅为其带来经济变化，也提升了汉口各方面的地位。

第二章　汉口进出口贸易结构和阶段分析

第一节　基本概念和海关资料解读

一、基本概念

海关资料是研究中国近代经济史最为基本和系统的资料之一。众所周知，海关的统计口径和出版系统非常复杂，并且时有变化。所以在判读海关资料的时候，就需要对海关资料的体例进行梳理。在此基础上，才能保证所使用的资料的一致性和准确性。

首先，笔者要对本章中的几个基本概念给予定义和解释。

出口：是指腹地货物经该港口运出，销往国内其他口岸或国外。

进口：是指货物由国内其他口岸或国外运入该港口。

复出口：是指货物由其他口岸输入到该港口后，再出口到国外或国内其他口岸。

净进口：货物进口后，减去其复出口数额，所剩余数额则为净进口数额。

表 2.1　进出口名称结构示意

<table>
<tr><td rowspan="2">洋货</td><td colspan="2">洋货进口</td><td colspan="2">洋货复出口</td><td rowspan="2">洋货净进口</td></tr>
<tr><td>从国外进口的洋货</td><td>从其他中国口岸进口的洋货</td><td>复出口到国外的洋货</td><td>复出口到其他中国口岸的洋货</td></tr>
</table>

（续表）

<table>
<tr><td rowspan="4">土货</td><td rowspan="2">土货进口</td><td colspan="2">土货复出口</td><td rowspan="2">土货净进口</td></tr>
<tr><td>复出口到国外的土货</td><td>复出口到其他中国口岸的土货</td></tr>
<tr><td colspan="3">土货出口</td><td rowspan="2">土货出口</td></tr>
<tr><td>出口到国外的土货</td><td colspan="2">出口到其他中国口岸的土货</td></tr>
</table>

说明：表2.1给出了本书中所用概念的结构示意。

（一）根据贸易内容区分为洋货贸易和土货贸易

洋货贸易主要是洋货进口，它包括了洋货的进口和复出口。

洋货进口（从国外进口的洋货+从其他中国口岸进口的洋货）-洋货复出口（复出口到国外的洋货+复出口到其他中国口岸的洋货）=洋货净进口

土货贸易则分为土货进口和土货出口两部分。

土货进口-土货复出口（复出口到国外的土货+复出口到其他中国口岸的土货）=土货净进口

土货出口=出口到国外的土货+出口到其他中国口岸的土货

（二）进口、出口、复出口的区分

出口=土货出口（出口到国外的土货+出口到其他中国口岸的土货）

进口=洋货进口（从国外进口的洋货+从其他中国口岸进口的洋货）+土货进口

复出口=土货复出口（复出口到国外的土货+复出口到其他中国口岸的土货）+洋货复出口（复出口到国外的洋货+复出口到其他中国口岸的洋货）

（三）根据国内外口岸区分

外洋贸易=洋货进出口（从国外进口的洋货，复出口到国外的洋货①）+

① 这里不是直接的加减关系，因为复出口到国外的洋货不一定是从国外直接进口的，也可能是从国内其他口岸进口的，所以外洋贸易中包括这一部分复出口，但是不能直接加减计算。不过由于这个数额微乎其微，不影响本书的基本内容，故此不予以详细计算。

土货复出口（复出口到国外的土货）+ 土货出口（出口到国外的土货）

其他中国口岸贸易 = 洋货进出口（从其他中国口岸进口的洋货，复出口到其他中国口岸的洋货）+ 土货进口（土货进口 - 复出口到其他中国口岸的土货）+ 土货出口（出口到其他中国口岸的土货）

（四）贸易总值和净值

贸易总值 = 洋货进口 + 土货进口 + 土货出口（贸易总值的计算方法，有一种是把进口和复出口都计算在内的，即进口 1 单位的东西，然后复出口 1 单位，计算为 2 单位的贸易总值。但是本书中并没有将复出口计算在内。）

贸易净值 = 洋货净进口 + 土货净进口 + 土货出口

二、海关体例变化

（一）以 1904 年为界限，海关编纂体例前后变化较大

“（1）在统计的范围上，因常关的管辖及东北诸关的开设，而更臻完整。1904 年起，常关贸易统计乃加入于历年海关贸易统计中，及至 1931 年常关取消后，此项统计始行中断。（2）在统计的价格上，因采用离岸价值（F. O. B.）及起岸价值（C. I. F.），而更为精确。我国海关进出口贸易统计之计值法，在本期以前，向以市场价格为根据。进口各货之值，不但包括该货之原价、运费，即登岸之后各种费用，如起运费、货栈费、进口税额，及出售时之佣金等等亦包括在内；而出口各货，除该货市价外，于该货未离岸前之包装费、堆栈费、出口税额，及收买时之佣金等则概不包括在内。因之，吾人研究进出口货平衡问题时，或以某一货物进出口值相较时，进口货之值必厌太高，出口货之值必厌太低，结果，与实际情形相距甚远。海关当局自 1889 年以后，即已注意此点，故于历年贸易报告之末，将当年进口总值减至起岸价值，出口总值增至离岸价值，附表补充。1904 年以后与 1904 年以前相较，因计值方法的不同，进口货必较原数为少，而出口货必

较原数为大。”① 根据上述郑友揆的研究，一是1904年以后常关纳入了海关统计系统，二是统计价格采用F. O. B. 和C. I. F. 。常关统计在内，必然使得贸易数值增加，但是因为缺少常关的数据，所以难以复原其本来面貌。唯一可以肯定的是，1904年之前的贸易数据应该更高地估算。另一方面，为了统一，文中在计算贸易数值的时候，1904年汉口的进出口贸易按照F. O. B. 和C. I. F. 重新折算过了，可以进行比较。

（二）价值单位

1873年以前为汉口两，此后全国统一为海关两，在文中的数据中都会有所说明。20世纪30年代，海关开始使用国币元，为了前后统一，在文中统一把国币元折合为海关两，便于比较。

（三）长江通商章程之变化

长江各口因不同于沿海口岸，其通商、税收章程也有所区别。

根据1861年8月的《通商各口通共章程》，其中第三款："洋商由上海运别口所来之土货，已在别口交过出口税，并在上海交过复进口税，如再出口往长江，毋庸再在上海纳出口税并长江复进口之税。"第五款："洋商由长江口岸运土货回上海，若系洋商由内地自贩之货已在江口完一子税，即有过卡实据可凭。如在本江口所买之货，即系已由内地人交过各内地税则，在长江下货时，均不必在长江各口完税，俟到上海进口时，交长江出口之正税。"从这两款中可以看出，长江各口的进出口正税和复进口半税都要在上海完纳。但长江各关更希望自己能够收税，所以不断地争取和修改税收权，到1899年有一次较大的转变。

1899年9月各国《重定长江通商各关通行章程》江海关征收税课新章："从前长江各关征税，另有专章，与沿海口岸办法不同，是以江海关向章，均系辅助各江关向办之事。现在长江章程既经修改，所有沿江各口，华、洋进出各货报关、完税各事，改为与沿海各口一律办理。土货出

---

① 郑友揆：《我国海关贸易统计编制方法及其内容之沿革考》，载《社会科学杂志》第五卷第三期抽印本，中研院社会科学研究所，1934年9月。

口，即完纳出口正税，进口暨复进口各货，均在所进之口分别完纳正、半各税。”这个章程则表明，长江各口的征税和沿海口岸完全一致。所以我们在解读汉口的海关税收数据的时候，1900 年以后数据的迅速增长，实际是有统计方式变化的因素在内的。而 1900 年以前海关税收数据偏低，也不能反映汉口实际的贸易情形。

第二节 进口洋货分析

一、汉口进出口贸易的开端

五口通商之后，经上海出口的汉口土货就逐渐增加。在 19 世纪 50 年代的上海英国领事报告里面，就多次提到了来自汉口的茶叶等。随着《天津条约》的签订，长江流域的开放上推到了中游腹心汉口。1861 年，外国船只可以进入汉口。“巴夏礼（H. Parkes）先生的公告，称扬子江应对英国的船只开放到远达汉口，再逐渐对其他缔约国开放，这份公告于 1861 年 3 月 18 日在上海发布。汉口在随后的八个月里，进口值达银 5662240 两，出口值达银 4117669 两。”① 这标志着汉口的进出口贸易已经拉开了序幕。

1862 年，汉口正式开埠。当年，汉口的洋货进口值就达银 6712628 两，土货出口值达银 8915487 两。金银和铜币进口值达银 3417894 两。刚刚开埠的前几年中，汉口的进出口贸易迅速增长。到 1863 年，汉口的土货出口值就已经超过了 100 万两。② 洋货进口值则在 1866 年超过了 100 万两。③

汉口开埠之后，最主要的贸易是茶叶出口。在开埠的头几年里面，茶叶出口数量迅速增加。“1861 年在外商准备好在汉口营业之前，南方茶商

---

① *Hankow Trade Report for the Year 1864*, pp. 107 – 115.

② *Hankow Trade Report for the Year 1864*, pp. 107 – 115.

③ 《中国旧海关史料》第 2 册汉口部分。

还是将大部分茶叶运往广州出口。1861 年，广州出口的红茶达 247014 担，汉口只有 80000 担。1862 年，汉口的红茶出口达到 216351 担，广州下降到 191919 担。1863 年，广州出口的红茶只有 135328 担，而汉口上升到了 272922 担。”① 可以看出，到 1863 年的时候，汉口的红茶出口数量已经达到了广州的两倍。近代以前长期依赖广州出口的情况得到了扭转。

另一方面，洋货的进口增长也很迅速。棉货、鸦片、糖、五金、海产品的进口占据了其中的绝大部分。1861 年，长江三个口岸进口的海带共计 49910 担，而到 1864 年，汉口一个口岸进口的海带就达到了 115655 担。糖的进口在 1867 年达到 30 多万担。原布从 1863 年的 20 万匹增长到 1867 年的 70 万匹。

二、洋货进口之数量、结构分析

在五口通商之后的 20 年中，洋货在中国的销路远远没有当初西方人想象的那样乐观，所以他们希望修约来扩大通商范围。1861 年，外国船只可以进入汉口。“汉口在随后的八个月里面，进口值达银 5662240 两。”②在随后的几年中，大量的洋货被运送到汉口，但是洋货的销售情况并不乐观。几年过后，洋货贸易值并没有出现大的增长，反而从最初的盲目进口中降了下来，直到 1880 年以后，情况才有所好转。

根据附表 b. 2《汉口洋货净进口值折算》中的数据，我们对汉口洋货进口的阶段予以划分。

从下面的图中可以看出，1900 年前后，汉口洋货净进口值有非常明显的上升，而此前一直处于较低的水平且波动不大。所以汉口的洋货进口可以划分为两个阶段：第一阶段是 1864—1900 年，这是汉口洋货进口的初步发展时期；第二阶段是 1901—1936 年，这是汉口洋货进口的迅速发展时期。

---

① *Hankow Trade Report for the Year 1864*, p. 111.

② *Hankow Trade Report for the Year 1864*, pp. 107 – 115.

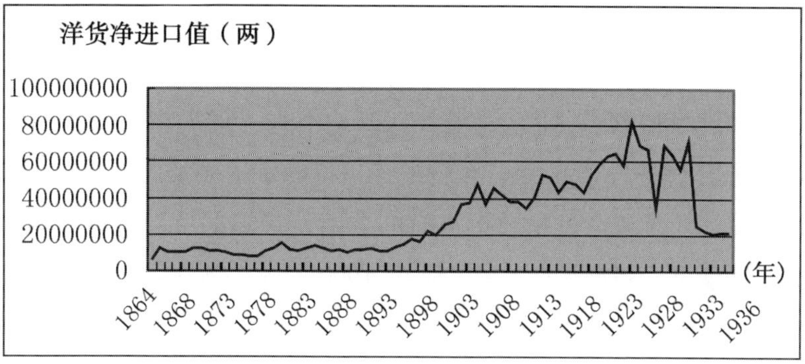

图 2.1　汉口洋货净进口值图（1864—1936）

资料来源：根据附表 b. 2 制作。

注：1873 年之前的单位为汉口两，之后为海关两。

（一）汉口洋货进口的初步发展期（1864—1900）

在这一时期，汉口洋货的净进口值一直较低，一直在 1000 多万海关两的水平上徘徊。这一时期洋货进口的特点如下：

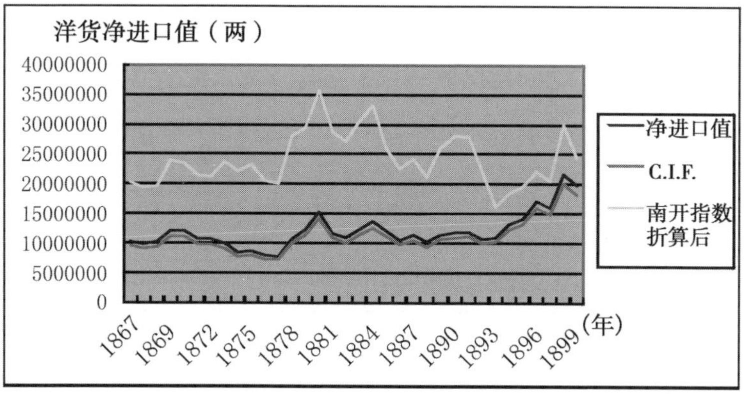

图 2.2　汉口洋货净进口值及折算值图（1867—1900）

资料来源：根据附表 b. 2 制作。

注：1873 年之前的单位为汉口两，之后为海关两。

1. 洋货净进口总额低，增长速度慢

从图 2.2 中可以看出，除了 1895 年之后的几年洋货净进口值超过 1500 万海关两之外，其余年份，汉口洋货净进口值一直在 1000 万两上下波动。从净进口值和 C. I. F. 值来看，波动不大。如果用南开指数进行折算，可以看出 1879—1892 年，洋货净进口值的水平还是比较高的。但不论是净进口值，还是以南开指数折算后的数值，我们都可以看出，汉口洋货净进口的发展是比较缓慢的，在 1864—1900 年这一阶段中，后期数值不足前期数值的两倍。30 多年的时间内连翻倍都达不到，可见其年平均增长速度不足 2%。① 这种速度可以说是非常缓慢了。

2. 直接进口的洋货数额低，占洋货进口的比例也非常低

汉口深处长江中游，不便开展对外直接贸易。而上海则是长江贸易的龙头，从国外运来的洋货，很少整船运往其他口岸，多数要在上海报关后，再分别运往其他口岸。长江口岸对上海的依赖性就更为严重。汉口也不例外，汉口的洋货进口大多是从上海复进口而来，直接进口的比例非常低。另外，根据《长江通商章程》，长江口岸的洋货进口正税也要在上海交纳，这也影响了汉口海关对于洋货直接进口的统计。

表 2.2 中是 1864—1900 年汉口直接进口洋货在所有洋货进口中的比例。我们可以看出，这一比例始终没有超过 5%，很多年份连 1% 都不足。对于汉口这样一个大的港口来说，这样低的直接进口比例，实在是与其经济地位不符。

表 2.2 汉口洋货直接进口占洋货进口百分比（1864—1900）

年份	百分比	年份	百分比
1864	1.9%	1868	0.1%
1866	0	1869	0
1867	0.1%	1870	0

① 如果 1 个数值 30 年后翻倍，变为 2，则其年平均增长速度为：2^（1/30）-1，约为 2.3%。

（续表）

年份	百分比	年份	百分比
1871	1.0%	1886	0.2%
1872	0.3%	1887	0.1%
1873	0.1%	1888	0
1874	0	1889	0.1%
1875	0	1890	1.0%
1876	0.2%	1891	2.0%
1877	0	1892	2.0%
1878	0.4%	1893	0.4%
1879	0.1%	1894	0.1%
1880	0.2%	1895	3.6%
1881	0	1896	1.0%
1882	0.1%	1897	0.8%
1883	0	1898	0.3%
1884	0	1899	1.5%
1885	0.2%	1900	2.9%

资料来源：根据附表 b.1 制作。

3. 洋货在汉口贸易中占的比例不高

汉口洋货净进口值占汉口贸易净值的比例，可以反映出洋货贸易在汉口贸易中的比重。

表 2.3　洋货净进口值占汉口贸易净值比例（1864—1900）

年份	洋货净进口值/汉口贸易净值（取平均值）
1864—1870	31.8%
1871—1880	28.3%
1881—1890	33.0%
1891—1900	31.3%

资料来源：据《中国旧海关史料》汉口海关部分相关年份资料整理。

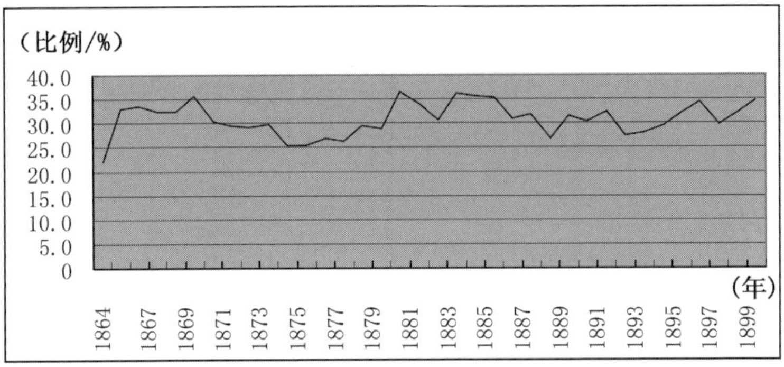

图 2.3　洋货净进口值占汉口贸易净值比例图（1864—1900）

资料来源：据《中国旧海关史料》汉口海关部分相关年份资料整理。其中，汉口贸易净值 = 洋货进口净值 + 土货进口净值 + 土货出口值。

注：1873 年之前的单位为汉口两，之后为海关两。

从上面的表 2.3 和图 2.3 中可以看出，洋货净进口值在汉口贸易净值中的比例一直在 30% 左右，土货贸易则占据了 70% 左右。可以说，洋货贸易在整个汉口贸易中的比重是比较低的。本书的研究是以海关资料为中心的，涉及的贸易也是以纳入海关统计为依据的。鉴于洋货贸易都是在海关统计之内的（走私不计），而土货贸易则有很大量是不计入海关统计的，那么洋货贸易在整个汉口贸易中的比重，实则更低。

4. 洋货进口关税收入极少

1864—1900 年，汉口洋货进口正税税收非常低，每年不足 1 万海关两。即使加上鸦片税收，也不足 5 万海关两。只在 1895 年后，由于机器进口的原因，洋货直接进口比例高，进口正税税收才达到几万海关两。而整个江汉关的税收，每年都在 100 万至 200 万海关两之间，洋货进口税所占的比例，可以说是微乎其微。①

5. 在全国所占的比例

① 据《中国旧海关史料》1864—1900 年汉口关税资料整理，京华出版社 2001 年版。

汉口的洋货进口占全国洋货进口的比例并不高，这和汉口处于非沿海口岸的地位是密切相关的，特别是直接进口洋货部分。汉口直接从国外进口的洋货，在全国洋货进口中，基本可以忽略不计。

汉口全部的洋货净进口值，在全国所占的比例通常在15%左右。仅以1867—1871年为例：

表2.4　汉口洋货净进口值占全国洋货进口比例（1867—1871）

单位：两

年份	汉口洋货净进口值	全国洋货进口值	汉口所占比例
1867	10294656	69329741	15%
1868	9852797	71121213	14%
1869	10088356	74923201	13%
1870	12065161	71000278	17%
1871	12044734	78190093	15%

资料来源：据《中国旧海关史料》1867—1871年汉口和全国数据整理。
注：1873年之前的单位为汉口两，之后为海关两。

汉口的洋货进口值远远低于上海，虽然在上海之外的其他通商口岸中还名列前茅，但是不如汉口土货在全国所占比例高。此外，直接进口洋货数量非常少，也大大降低了汉口洋货进口在全国的地位。

（二）汉口洋货进口的迅速发展期（1901—1936）

1895—1905年，汉口洋货进口发生了巨大变化，取1900年作为汉口洋货进口的阶段划分中点，也是为了对比其前后变化状况。在1900年之后的30多年间，汉口洋货进口较之此前的30多年，发生了很大的变化，特点如下：

1. 洋货进口总额高，前期增长快，总体波动较大

如下图所示，1901—1905年，汉口洋货进口仍然维持了迅速增长的势头，达到了汉口洋货进口值的一个高峰。此后洋货进口波动较大，在

1927 年和 1931 年之后出现两次明显的下降，这和汉口当时出现战争和灾害是有关系的。其他的年份中，洋货进口值则从 4000 万海关两增长到 8000 万海关两。峰值出现在 1924 年，这一年汉口的洋货进口值为 82305398 海关两。

而以南开指数折算后，汉口洋货进口则没有增长趋势。其峰值出现在 1905 年，此后就在 4000 万海关两上下波动。

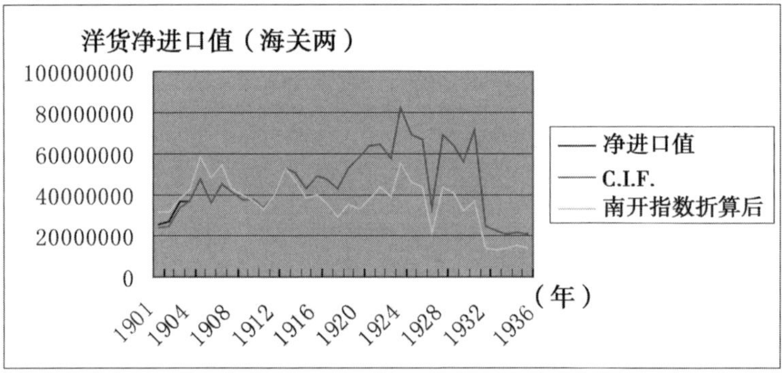

图 2.4　汉口洋货净进口值及折算值图（1901—1936）

资料来源：根据附表 b. 2 制作。

说明：1904 年以后海关统一按照 C. I. F. 值计算进口值，所以两条曲线重合了。

可以说在 1905 年，汉口洋货净进口值完成了一次较大增长后，之后的时段内一直维持在这个水平。虽然较之 1864—1900 年阶段，洋货进口数值处于较高水平，但是 1901—1936 年的增长速度依然不快。若以南开指数折算后的数据来看，其增长速度还不如前面的 30 多年。

2. 直接进口的洋货迅速增长，占洋货进口的比例大幅度提高

相较于汉口洋货进口总额的变化，洋货直接进口的变化更加引人注目。这一时期，汉口洋货直接进口的比例大大提高。从表 2. 5 中可以看出，汉口洋货直接进口的比例最多时候已经占到了 64. 3%。这一期间平均比例也在 50% 左右。

表 2.5　汉口洋货直接进口占洋货进口百分比（1901—1931）

年份	百分比	年份	百分比
1901	5.9%	1917	64.3%
1902	13.3%	1918	56.0%
1903	14.1%	1919	58.3%
1904	23.9%	1920	60.1%
1905	50.7%	1921	60.9%
1906	39.3%	1922	59.0%
1907	38.6%	1923	51.4%
1908	43.7%	1924	60.0%
1909	39.6%	1925	59.5%
1910	43.8%	1926	64.0%
1911	41.9%	1927	44.7%
1912	44.3%	1928	60.3%
1913	53.6%	1929	44.9%
1914	56.9%	1930	38.1%
1915	52.0%	1931	37.0%
1916	60.6%		

资料来源：根据附表 b.1 制作。

这一时期汉口洋货直接进口比例的提高，一方面归功于汉口交通运输和贸易的发展，另一方面是由于《长江通商章程》的修订，原来纳入上海海关统计范围内的间接进口变成直接进口。

3. 洋货在汉口贸易中占的比例略有下降

洋货净进口值在汉口贸易净值中的比例，仍然维持在 30% 左右。1901—1910 年平均比例为 35.6%，1911—1920 年为 29.7%，1921—1930 年为 25.6%。这个比例还呈现出略微下降的趋势。①

① 据《中国旧海关史料》汉口部分相关年份资料整理。

虽然汉口的洋货进口比前面一个阶段有所发展，但是相对于整个汉口的贸易发展来说，速度还略逊一筹。洋货净进口值在汉口贸易净值中比例仍然处于弱势，并有所下降。

4. 洋货进口关税提高

修订《长江通商章程》，影响最为明显的就是汉口洋货进口正税税收额的大幅度提高。从1896年之前不足1万海关两，到1896年突破1万海关两，1901年突破10万海关两（1901年为136448.074海关两），1913年突破100万海关两（1913年为1184278.385海关两），后来增长到200万海关两，关税自主改革后则达到800万海关两以上。洋货进口正税在汉口关税税收中的比例也从不足5%提高到50%。①

5. 在全国所占的比例呈降低趋势，排名落后

在这一时期，汉口的洋货进口虽然数额提升，直接进口比例上升，但是和上海、天津等沿海口岸洋货进口的发展状况相比，还是明显落后了。不仅如此，新兴的沿海口岸青岛、大连等也后来居上，洋货进口值超出了汉口。作为内陆口岸的汉口，被沿海地区拉开差距，也在这一阶段日益明显起来。

下面的表2.6是1912—1930年汉口洋货进口占全国的比例。在1867—1871年，汉口的洋货进口尚能占到全国的15%左右。而在1912—1930年则从8%～9%，降到了5%左右。其在全国洋货进口中所占的比例之低，由此可见。

表2.6　汉口洋货净进口值占全国洋货进口比例（1912—1930）

单位：海关两

年份	汉口洋货净进口值	全国洋货进口值	汉口所占比例
1912	40204778	473097031	8%
1913	52850417	570162557	9%

① 据《中国旧海关史料》1901—1931年汉口关税资料整理。

（续表）

年份	汉口洋货净进口值	全国洋货进口值	汉口所占比例
1914	51022867	569241382	9%
1915	43306528	454475719	10%
1916	49159373	516406995	10%
1917	47310560	549518774	9%
1918	43417960	554893082	8%
1919	52986020	646997681	8%
1920	58470163	762250230	8%
1921	63484766	906122439	7%
1922	64737594	945049650	7%
1923	58052705	923402887	6%
1924	82305398	1018210677	8%
1925	69365189	947864944	7%
1926	66646665	1124221253	6%
1927	34228671	1012931624	3%
1928	69264147	1195969271	6%
1929	64199924	1265778821	5%
1930	55924461	1309755742	4%

资料来源：1. 汉口部分数据据《中国旧海关史料》1912—1930 年汉口数据整理。
2. 全国数据：《最近中国对外贸易统计图解（1912—1930）》之第一表《中国贸易总值表》，中国银行总管理处调查部 1931 年印行。

对比 1864—1900 年和 1901—1936 年两个阶段，可以看出汉口洋货进口的一些变化趋势。在洋货进口值上，比较明显的一个增长时期是在 1895—1905 年。从 1864—1936 年整个时段来看，增长速度非常缓慢，如果以南开指数折算后，甚至还有下滑的趋势。在前期，洋货进口大多依赖其他口岸转口，后一个阶段直接进口比例大幅度增加。洋货进口正税税收增加则更为显著。汉口洋货进口在汉口全部贸易中所占的比例一直在30%左右，远不及土货贸易。而汉口洋货进口在全国洋货进口中的地位则出现了下降趋势，其发展落后于沿海口岸，由此可见一斑。

三、主要进口洋货种类及其腹地范围

（一）主要进口洋货种类

在开埠之初，汉口洋货进口的种类主要有棉纺织品、毛纺织品、鸦片、糖、五金等。下面的表格可以帮助我们了解汉口开埠最初几年最主要的进口洋货种类。

表2.7 1863—1867年汉口主要进口洋货比较

类别	单位	1863年	1864年	1865年	1866年	1867年
鸦片	担	1466	2018	3485	4112	4281
檀香	担		1598	13032	61414	7141
苏木	担		11947	19109	27762	29308
黑胡椒	担	24486	20320	26893	33378	30476
海带（日本）	担	80488	115655	62353	99462	54668
糖	担	153353	153486	136793	203105	301480
白铅	担		18347	8722	33280	7524
铁	担		170	600	13037	10488
水银	担		4062	1316	1608	2157
锡	担		646	2272	2739	2328
棉花	担			3504	86232	203034
原布	匹	227139	150480	379366	556815	703033
其他纺织品	匹	342026	385714	450339	472490	604440

资料来源：《1863—1865年主要进口货物比较表》，*Embassy and Consular Commercial Reports 1866－67*，p.565.《1864—1866年主要进口货物比较表》，*Embassy and Consular Commercial Reports 1866－67*，p.416.《1865—1867年主要进口货物比较表》，*Commercial Reports*：*Embassy and Consular Commercial Reports 1867－69*，p.383.

说明：其他纺织品包括了除原布外的主要棉织品和毛织品。

从上表可以看出，进口数量最大的就是纺织品。

随着汉口进出口贸易的发展，进口洋货的种类也在发生变化。较为突出的就是煤油、机器进口的增加和鸦片进口的先增长后衰落。下面将逐一介绍这些种类的情况。

鸦片：鸦片是近代中国开埠后进口最多的货物之一，汉口也不例外。开埠之后鸦片迅速成为汉口洋货进口中的一个大项，其进口值在 100 万海关两以上。汉口鸦片进口除了供应本地市场之外，还供应湖南、江西等地。汉口从国外进口鸦片的数量一直增长到 19 世纪 80 年代，此后就呈现迅速下降的趋势。其中有两个主要的原因：

1. 1885 年前后鸦片税率的统一和增加

在鸦片税收增加之前，汉口的优势在于其鸦片厘金很低，这样鸦片分销到内地的时候就比别的地方分销出去的便宜。比如江西就不是由九江进口鸦片行销省内，而是依靠汉口供应鸦片。1883 年的贸易报告就指出了这一点："鸦片进口呈现增长。我听说有 3000 多箱鸦片运到这里，一半以上运到了内地的更小的集散中心。本地市场年销量约 1500 箱，其中大部分都是由外国洋行销售，今年的比例比以往还要高。到这里的鸦片基本都进入湖北和江西，江西看起来更应该由九江供应，但我猜测厘金的安排可能使得这条线路更受欢迎。"①

但是各省统一了鸦片税率之后，汉口的这种优势就不复存在，江西、湖南等地开始从别的口岸进口鸦片。"鸦片进口，现在只有几年前的一半。我听说且相信，这种下降是由于各省固定的且统一的（或多或少）高税率引起的。直到 1885 年，这里鸦片厘金比我知道的任何一个省都低。厘金较低的结果，是这个口岸提供了江西和湖南的鸦片供应。但是现在吸引购买者到这里来的优势已经不存在了，江西的需求由九江提供，而湖南的需求是通过香港供给的，具体路线还不是很清楚。这个新的体系对于我们的进口有多大影响还很难说。我倾向于认为这会降低我们的进口，使得这里的

① 《中国旧海关史料》第 10 册，汉口 1883 年贸易报告。

市场更加纯粹地只供应我们邻近地方的需求，而不是像现在这样。”① 此后，汉口的鸦片供应范围缩小，失去了江西和部分湖南市场。“新的鸦片子口通行证可以自由获得。进口鸦片中大约70%进入内地。在这70%中，45%到了湖南，18%到了湖北，7%到了广西。和1885年它们从这个口岸的进货相比，湖南大概只有不到一半，江西只有小得多的一部分。江西现在通过九江获得供应，而湖南大概是通过九龙或者汕头。”②

2. 本土鸦片的兴起取代了外国鸦片的进口

近代中国鸦片产量较高的省份中，就包括了四川、云南和贵州。而这些地方的鸦片可以通过既有的贸易网络输入到汉口来。

本土鸦片以其低廉的价格迅速排挤了外国鸦片。“我认为，预测将来印度鸦片贸易的话，中国的税收无论如何都不是要考虑的最重要的因素。我听说中国西部的鸦片消费在增长，而印度鸦片越来越局限于富人和抽烟较久的人。年轻一代中的吸烟者，都是抽本土鸦片上瘾的，更习惯于它们的味道。更优质的印度鸦片，要不就是他们没听说过，要不就是不会花钱去买它。完全废除中国的税收，不会使得印度的鸦片达到中国鸦片的价格，而即使中国对本土种植的鸦片课以更重的税收来阻碍它，也不行（即印度鸦片价格还是比中国鸦片高）。印度无疑可以生产更好质量的鸦片，但是它们的相对优势趋向于逐年减弱。在我看来最严重的一点是，鸦片的品质逐渐不重要了，而价格成为最重要的竞争点。”③ 非常具有讽刺意味的是，也正是在19世纪80年代，华茶以价格优势败给了印度茶，而在鸦片上扳回了一局，只可惜赢的却是毒品。

作为洋货进口的鸦片在1885—1900年迅速衰落，数量上趋于可以忽略不计。到1899年，汉口进口的四川鸦片达到3759393海关两，其中3449737海关两复出口到国内其他口岸，进口的云南鸦片也有1031196海

① 《中国旧海关史料》第12册，汉口1886年贸易报告。

② 《中国旧海关史料》第13册，汉口1887年贸易报告。

③ 《中国旧海关史料》第13册，汉口1887年贸易报告。

关两，其中954391海关两复出口到国内其他口岸。① 可见汉口已经从需要从国外进口鸦片转而变为国内鸦片集中和转口的中心了，成为重要的国内鸦片供应市场。

煤油：煤油贸易在19世纪80年代开始有了迅速的增长，由于轮船惧怕煤油起火而通常不愿意运载，帆船运载煤油是这一时期煤油进口的主要方式。“西式中国三桅帆船贸易增长非常显著。这些船载粗笨廉价的货物，它们支付不起高昂的运费。煤油在它们运往内地的运货单上是重要的一类。在贸易册中煤油的迅速发展是值得注意的一点，不但港口本地的消费增加了，内地的需求也增长了。”②

这一时期煤油进口数量的增加是惊人的：“1884年煤油的进口是1881年的10倍了。”“（1885年）煤油猛烈的增长趋势，这值得特别注意。”“1896年，煤油进口几乎是1895年的2倍，俄国来的煤油比美国煤油增长之数更大。”③

通过汉口输入到内地的煤油也在增加，这在申请子口税单中可以看出：“汉口最邻近区域的数额（煤油贸易）有了显著的进展，这表明现在这些地方付地方厘金不比子口半税便宜，而以前是这样的。”“1891年，煤油仍然是进入内地最旺盛的货物，增长了近200万加仑。子口税单中有四分之一是用于煤油进入内地的。”④

制约汉口煤油进一步输出到内地的一个原因是运输困难，尤其是沿长江上溯到四川境内，没有轮船可以完成这种任务。“如果轮船运输煤油到宜昌，那么这个省的贸易会大很多，但只有很小一部分的轮船会运输煤油，而没有一艘会往汉口以上运输煤油。”⑤

1900年以后，汉口煤油进口出现了一些新的特征，主要是储油池的修

① 《中国旧海关史料》第15册，汉口1899年贸易报告。
② 《中国旧海关史料》第9册，汉口1882年贸易报告。
③ 《中国旧海关史料》第10、11、23册，汉口1884、1885、1896年贸易报告。
④ 《中国旧海关史料》第13、17册，汉口1887、1891年贸易报告。
⑤ 《中国旧海关史料》第13册，汉口1887年贸易报告。

建和散舱煤油轮船的直接介入，大大改善了汉口煤油贸易的条件。1901 年第一次出现专用散舱装煤油之船。此后从苏门答腊和俄国直接用散舱煤油船装运煤油到汉口销售的船只日益增加。

储油池的修建也是非常踊跃的。“1900 年，德商瑞记洋行在本口租界下数里江岸侧，建筑煤油池，运储煤油装箱发售。池分二所，每所足储煤油二千五百吨。其油虽当江水涸时，亦有浅水煤油船载运。”“1902 年，瑞记行油池及本年四月开办之眯吔行油池，共收散煤油五百万加仑，该油随即在彼装箱，或在本地，或请于口单运赴内地销售。现拟将散油用车装载，由北汉铁路火车拖带，以便在沿途一带发卖。”① 此后各国洋行都争先恐后地修建储油池，煤油储存能力大大提高，这也带动了其他洋货进口，比如马口铁进口大多就是为了造煤油罐。煤油在汉口储存后，再分装运往内地。

汉口的煤油输入在民国初年达到一个高峰，数量近 3000 万美加仑，在“一战”时期出现较大的下降趋势，20 世纪 20 年代的进口数量一直没有恢复到民国初年的水平。这和其他长江口岸直接进口煤油有关。

表 2.8　1912—1930 年汉口煤油输入数量

单位：美加仑

年份	数量	年份	数量	年份	数量
1912	28575832	1919	18549187	1926	16557474
1913	24650243	1920	19401031	1927	10361032
1914	23068574	1921	14478244	1928	10237755
1915	24305915	1922	15314873	1929	12762213
1916	11765954	1923	20720654	1930	7163232
1917	5643914	1924	25759231		
1918	7134806	1925	26203157		

资料来源：《最近中国对外贸易统计图解（1912—1930）》，中国银行总管理处调查部 1931 年印行。

① 《中国旧海关史料》第 31、35 册，汉口 1900、1902 年贸易报告。

机器：张之洞主政湖北后，展开一系列新政措施，机器的大量进口也由此开始，包括制币、冶铁和织布等各方面的机器，以及修筑卢汉铁路的机器和材料。

糖：糖作为洋货进口，除了国外的洋白糖之外，还有国内转口到香港又销回国内的土糖。“1882 年，赤糖和白糖也增长了，它们作为香港产品的准外国性质，获得进入内地子口的权利，对于保持这项贸易起了很大作用。”“1884 年，各种糖的进口大量增加，而且看数字逐年增加，不论贸易年份的好坏，它看起来都是一项实实在在增长的贸易。这项贸易完全在中国人手里，特别是汕头人。他们直接从汕头带来两艘装满糖的轮船，此外当然还有很多是由江轮运输来的。”①

较之煤油，糖的进口则呈现出持续增长的势头。从开埠之初 19 世纪 60 年代的 10 万担增长到 19 世纪末期的 20 万担。又从民国初年的 50 万担左右持续增长，到 1930 年则达到近 150 万担的水平。

表 2.9　1912—1930 年汉口糖输入数量

单位：担

年份	数量	年份	数量
1912	461557	1922	961972
1913	783976	1923	787052
1914	885165	1924	1214637
1915	611069	1925	1399786
1916	554381	1926	1189108
1917	817156	1927	1090269
1918	1276296	1928	1830441
1919	611675	1929	1657168
1920	507842	1930	1489115
1921	912730		

资料来源：《最近中国对外贸易统计图解（1912—1930）》，中国银行总管理处调查部 1931 年印行。

① 《中国旧海关史料》第 9、10 册，汉口 1882、1884 年贸易报告。

棉纺织品：棉匹货呈缓慢波动的增长趋势。棉纱进口则经历了迅速增长和衰落的过程。棉纱进口的衰落是由于国内纱厂的发展。

表2.10　汉口主要洋货进口分类统计（1919、1927—1931）

单位：海关两

种类		1919年	1927年	1928年	1929年	1930年	1931年
农副产品类	鱼介类	201456	133468	306919	249591	83483	208170
	畜产类	6788	7980	17496	10064	9372	6283
	粮食类	848280	1884222	4000881	1484315	1085295	6799010
	油料类	614459	202624	544886	386012	219451	302959
	烟酒糖茶果品类	4848948	8086821	16980145	8669155	6933652	5202019
	棉麻类	144492	146602	574200	252767	358810	142973
	总计	6519931	10315115	21850327	10799137	8331253	12518441
	占进口总值比例	15.6%	56.5%	44.2%	32.0%	34.8%	41.5%
工矿产品类	水泥、煤炭、煤油等	5999577	1962648	11091573	9007105	3152806	8924531
	化学用品、颜料、香料、橡皮、肥皂类	1438640	1331027	3109611	2616179	2129727	1512427
	木材、纸张	1256159	630075	1296182	1275757	1383694	1384838
	纺织品	12686570	4035404	11970485	6793393	3305420	2250264
	五金、玻璃、石制品等	12162566	1221372	2720951	2232643	2307540	2248396
	机器、铁路材料等	2447605	410279	814579	1880326	3645262	2402415
	总计	33543512	9180526	30188802	21925077	12279187	16320456
	占进口总值比例	80.2%	50.2%	61.0%	64.9%	51.3%	54.0%

（续表）

种类	1919 年	1927 年	1928 年	1929 年	1930 年	1931 年
汉口洋货进口总值	41807890	18270465	49467778	33770602	23952063	30196881
全国洋货进口总值	630809411	918619662	991354988	1015687318	894843594	909475525
汉口洋货进口总值占全国比例	6.6%	2.0%	5.0%	3.3%	2.7%	3.3%

资料来源：蔡谦、郑友揆：《中国各通商口岸对各国进出口贸易统计（1919、1927—1931）》第三部《主要洋货各通商口岸由各国进口统计》，商务印书馆 1936 年版。

从上表可以看出 1919 年同 1927—1931 年相比，汉口农副产品的进口比例增加，其中增长最大的是用以制造面粉的小麦、茶末、糖和烟草。工矿产品的进口比例有所下降，主要是棉纱、用以铸币的铜和其他一些棉纺织品。而从这个表中也可以看出，汉口洋货进口总值占全国比例呈现出下降趋势。

附表 b. 3 是 1903—1928 年汉口主要进口洋货价值的比较表，从中我们可以看出，进口数量最大的是棉匹货和他类杂货，棉纱的衰落最为明显，铜元、机器因为工厂的设立等因素表现出很大的波动。糖、五金、煤油等的输入价值有一定幅度的增长。

（二）洋货经销腹地范围分析

经由汉口运销内地的洋货辐射范围非常广大，不仅几乎囊括了两湖所有地区，还包括了四川东部的重庆、夔州以及成都平原的部分府县，贵州中部和北部的贵阳、同仁、思南、镇远、遵义，以及广西的桂林；西北方向，不仅到达了汉水流域的兴安、汉中，还进入了关中平原，并远及甘肃兰州，向北达到河南的南阳盆地，进一步进入豫中和晋南。

由于洋货腹地范围不是本书的论述重点，故而不予以展开详细论述。这里只以 1875—1885 年这一时段为例，以湖南省为主要关注对象进行分析。

据表2.11可以看出，经汉口运往内地的洋货的辐射范围是逐步扩大的，起初以两湖为主，尤其是湖南占据了很高的比例，后来才逐步扩展到四川、贵州、山西、陕西、广西等地。四川所占的比例迅速提高，甚至一度超过了湖南。

表2.11　1875—1885年经汉口运往内地各省洋货所占比例

年份	湖北	湖南	四川	陕西	河南	贵州	山西	广西
1875	6.60%	85.32%	8.00%	0.08%				
1877	4.19%	51.98%	42.54%		1.12%	0.16%		
1879	3.38%	32.90%	51.43%	7.85%	1.50%	1.29%	0.09%	1.55%
1881	9.45%	30.37%	47.06%	3.58%	2.02%	4.85%	0.02%	2.66%
1885	17.84%	35.61%	30.99%	4.52%	7.62%	2.63%	0.00%	0.78%

资料来源：《中国旧海关史料》第6、7、8、11册汉口海关部分。

而在湖南省内，各个地区的输入也是不相同的。几个比较重要的进口地是长沙、永州、衡州和常德。这四个府输入的洋货占据了全省从汉口输入洋货的80%以上。可以说，这四个府是汉口洋货输入湖南的中间市场。其中输入份额最大的是省会长沙，而且其输入占全省输入的比例日益提高，从1875年的近40%增长到1885年的近50%。常德则呈现明显的下降趋势，其所占比例从17%多下降到近7%。永州和衡州则波动较大。再仔细研究这四个府的数据，还可以发现有趣的问题。四个府之间的洋货进口数值，是以负向相关为主的，尤其是长沙和永州之间，其相关系数为-0.88，可以说是明显的负相关。可见，这四个府的洋货进口不是同步增长的，而是存在互为消长的关系。

表2.12 1875—1885年经汉口运往湖南各府洋货值

单位：海关两

地点	1875年	1877年	1878年	1879年	1880年	1881年	1885年	1886年	1887年	1888年
长沙	654706	461273	579590	579458	638249	951945	1088106	884295	777859	884736
道州	9903	5562	802	3096	10390	6545	4526	200	1849	2145
岳州	25669	33318	32317	22318	15728	54728	28228	26944	17959	16461
靖州		26834	64485	89502	120433	116180	49813	53792	77910	65129
澧州	42879	33736	51824	74603	85302	122512	94705	105698	87654	76194
常德	298408	324927	174159	135085	70111	126804	195334	143434	108431	125976
辰州	2697	7297	20547	19706	18151	23550	32105	33142	23577	30505
永州	68332	150190	152607	297786	557973	479588	255486	168871	150215	205049
宝庆	8887	3628	6927	8535	11804	22926	42081	35473	32966	36719
郴州				1367	11670	11481	18951	6231	26045	12526
衡州	556332	366260	388611	344148	254026	163507	447980	321471	323259	409165
永顺		283		1360	2418	2878				
沅州		43		53	3665	110				
凤凰厅				53						
总计	1667813	1413351	1471869	1577070	1799920	2082754	2257315	1779551	1627724	1864605

资料来源：据《中国旧海关史料》1875—1888年汉口海关年度贸易册TRANSIT TRADE部分。

说明：1887年长沙数据为78232海关两，和往年差别过大。又，湖南省总计数目和各府相加明显对不起来，所以把所缺数字补在长沙上面，大致和往年相当。

第三节 土货进出口分析

在汉口开埠以后的70多年间，其出口贸易有了迅速的发展，其内在结构也发生了很大的变动。

一、土货进出口数量、结构分析

（一）土货在汉口贸易中的重要比例

表2.13　汉口土货进出口贸易占汉口贸易值比例

年份	土货进口占贸易总值比例	土货出口（不含复出口）占贸易总值比例	土货净进口占贸易净值比例	土货出口（不含复出口）占贸易净值比例
1864—1870	20.5%	47.5%	20.3%	47.9%
1871—1880	23.0%	50.0%	18.1%	53.6%
1881—1890	25.8%	42.2%	16.6%	50.3%
1891—1900	27.0%	41.1%	13.1%	55.5%
1901—1910	16.5%	46.6%	8.6%	55.7%
1911—1920	16.9%	51.5%	11.0%	59.2%
1921—1930	27.9%	45.9%	18.3%	56.1%

资料来源：据《中国旧海关史料》汉口海关部分相关年份资料整理。

土货进出口贸易对于汉口贸易来说，可以说是支柱和核心。我们从表2.13中可以看出，汉口土货进出口在贸易总值中占了70%左右，在贸易净值中的比重也占有大致比例，并且其比例还呈上升趋势。

汉口作为长江流域的口岸，在开埠之前就已经是国内最重要的商业贸易中心，其货物进出口量已经相当可观。开埠以后，很多土货被纳入国际贸易体系中。相对于洋货进口，土货进出口在汉口贸易中的比重更高。如果和沿海口岸比较就能发现，汉口土货贸易在其贸易总值的比重是非常高的。且不同于沿海口岸的高额入超，汉口贸易是以出超为主的。

（二）土货进口和复出口

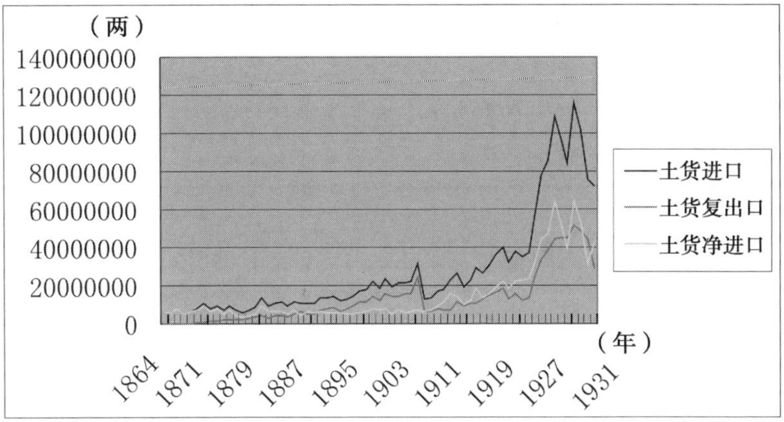

图 2.5　汉口土货进口、复出口和净进口值图（1864—1931）

资料来源：根据附表 b.4 制作。

注：1873 年之前的单位为汉口两，之后为海关两。

图 2.5 中的三条曲线分别代表汉口土货进口值、复出口值和净进口值。从三条曲线的变动趋势中，我们可以把汉口土货进口和复出口贸易分成两个阶段：1864—1904 年为第一阶段，1905 年以后为第二阶段。

第一阶段数值不高，增长平稳，增长主要是通过转口土货（即进口后复出口的部分）实现的。供应汉口口岸自身的土货净进口数量稳定在六七百万海关两的水平上，基本没有增长。而复出口到国外和其他国内口岸的土货则增长很快，其中最主要的是茶叶的复出口。1904 年，汉口土货复出口值已经是净进口值的三倍多。把 1864—1904 年汉口土货进口、复出口、净进口三列数字做一相关分析，也可以发现这个问题。下面表 2.14 这个相关分析的数字表明，在这一时期内汉口土货进口和复出口之间相关性更强，和土货净进口部分相关性很弱。土货进口的增长主要是需要复出口的土货带动的。

表 2.14　1864—1904 年汉口土货进口、复出口、净进口值相关分析

	土货进口	土货复出口	土货净进口
土货进口	1		
土货复出口	0.976914	1	
土货净进口	0.320238	0.110461	1

第二阶段数值高，增长快，转口土货比值有变化。1905 年，海关统计体例有很大变化。对于土货进口和复出口而言，是复出口部分记载的减少。“然就进口复出口统价观之，则视前所少甚巨。盖因长江各埠上下转船者，去年以前均作为进口复出口货，而各轮船公司为便客起见，本年均报转口以免起下一切麼费，本关亦作为转船货，不登入本口册内。”① 在图 2.5 中也可以看出，1905 年土货复出口有明显的下降，但是这并不是由于贸易本身的变化，而是由于海关统计中发生的变化，很多经汉口出口的土货（如从宜昌出口，经汉口换船，并进而进入上海或到国外）并没有计入汉口关册，而只是作为转船货物处理。所以在这一阶段初期，复出口土货的比例很低，汉口土货进口值在汉口贸易总值中的地位也下降了（表 2.13）。但是在这样的体例下，汉口土货复出口值仍然增长很快。土货净进口部分也有很大增长，这主要是汉口本地工业发展和城市发展的巨大需求造成的。1905—1931 年间，土货净进口和土货复出口对于土货进口贸易的贡献都很大，但是土货净进口的数值要超过土货复出口。

在全国范围内来看，汉口土货转口的比例非常高，并且呈上升趋势。到 1936 年，汉口土货复出口已经占全国土货复出口值的 40%。汉口集中长江流域其他中小港口的土货，再出口到国外或者上海。从这一点来看，汉口不但是长江中上游的枢纽港，也是国内重要的土货中转港。

① 茅家琦主编：《中国旧海关史料》第 42 册《光绪三十一年汉口华洋贸易情形论略》，京华出版社 2001 年版。

1. 土货出口

（1）土货出口阶段

汉口的土货出口也可以分为两个阶段。第一个阶段是1864—1904年，第二个阶段是1905—1936年。

第一阶段，汉口土货出口值从1000万海关两增长到6000万海关两，主要的增长是在后十年完成的，此前土货出口值增长一直比较缓慢。

第二个阶段，汉口土货出口值增长较快，出口数值高，最高值达到一亿八千万海关两，但是出现了几次较大的波动。

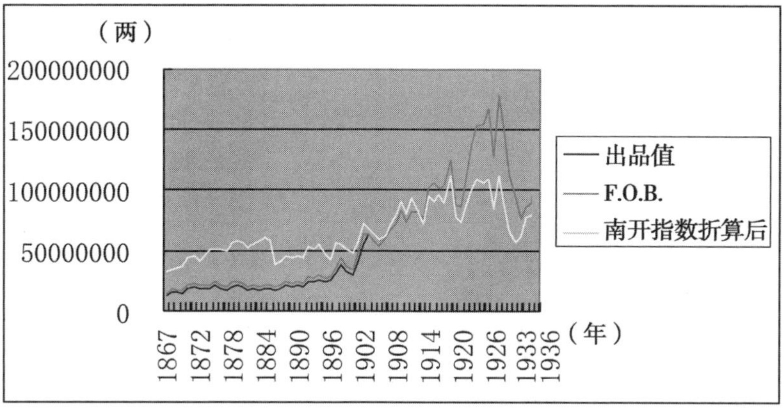

图2.6　汉口土货出口值及折算值图（1867—1936）

资料来源：根据附表b.6制作。

注：1873年之前的单位为汉口两，之后为海关两。

如果用南开物价指数折算过后，可以看出，土货出口值的增长幅度减小了很多。1867—1876年十年间汉口出口值平均为19372312海关两，1926—1936年平均为120197714海关两，后者是前者的6倍多。1867—1936年，汉口土货出口的年平均增长速度为2.6%。但是用南开物价指数折算后，增长速度就大打折扣。折算后，1867—1876年十年间汉口出口值平均为41379924海关两，1926—1936年平均为82477188海关两，后者仅仅是前者的两倍。年平均增长速度仅为1%，这个速度应该是较为缓慢的。

（2）汉口土货出口在全国所占比例

表2.15　汉口土货出口值占全国出口比例（1912—1930）

单位：海关两

年份	全国出口值	汉口土货出口值（包括复出口）	汉口占全国出口比例
1912	370520403	93321797	25.2%
1913	403305546	93090119	23.1%
1914	356226629	89459186	25.1%
1915	418861164	116874174	27.9%
1916	481797366	122757975	25.5%
1917	462931630	119868029	25.9%
1918	485883031	115958451	23.9%
1919	630809411	140598983	22.3%
1920	541631300	100307204	18.5%
1921	601255537	100169747	16.7%
1922	654891933	134496861	20.5%
1923	752917416	171503431	22.8%
1924	771784468	191779106	24.8%
1925	776352937	199300445	25.7%
1926	864294771	212939202	24.6%
1927	918619662	171835059	18.7%
1928	991354988	229798575	23.2%
1929	1015687318	196870641	19.4%
1930	894843594	157009029	17.5%

资料来源：1. 汉口部分数据据《中国旧海关史料》1912—1930年汉口数据整理。

2. 全国数据据《最近中国对外贸易统计图解（1912—1930）》之第一表《中国贸易总值表》整理，中国银行总管理处调查部1931年印行。

相较于汉口的洋货进口，汉口的土货出口在全国的地位要重要得多。同样的，我们也是以1912—1930年作为分析对象。在这一时期内，汉口土货出口占全国的20%以上。而同时期，汉口的洋货进口只占全国洋货进口的5%左右。毫无疑问，汉口作为国内重要港口的地位是由其土货出口决定的。

（3）土货直接出口国外和出口国内其他口岸比例

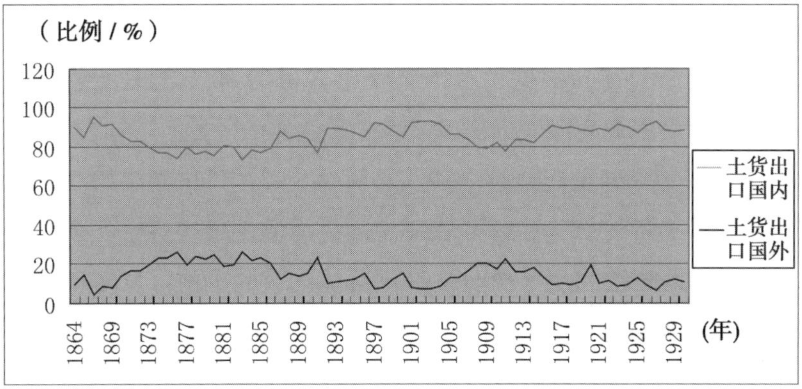

图2.7　汉口土货出口国外、出口国内占土货出口比例图（1864—1930）

资料来源：根据附表b.5制作。

汉口作为沿江口岸，远离入海口，不但洋货进口受到限制，土货出口同样受到限制。汉口土货大多要转口上海后再出口国外，直接出口国外的土货所占比例非常小。

从上面的图中可以看出，土货出口国外占土货出口比例在10%～20%最为普遍。其中有两个时段出口国外的比例比较高。第一个阶段是1875—1885年。这一时期由于到汉口抢购头茶的竞争非常激烈，汉口茶叶直接装船出口国外的比例大为提高，进入汉口的远洋船只数目也很多。但是由于茶叶贸易的衰落和江轮行业对于汉口运输的垄断，汉口的直接出口没有发展起来。第二个阶段是从1905年到“一战”时期。这主要是由于海关统计口径变化，过去计入上海转口到国外的土货，现在开始计入汉口直接出口系列，加上汉口直接出口贸易自身的发展，这十几年间，土货出口国外的比例也比较高。

二、主要出口土货种类及其腹地范围

（一）茶叶：一枝独秀

在汉口开埠之后的近半个世纪里，最重要的出口物资是茶叶。五口通商以前，两湖地区的茶叶多经湖南进入广州出口，五口通商之后，转而经上海出口。汉口开埠后，成为国内重要的茶叶出口港。经汉口出口和转口上海、天津出口的茶叶占据了全国茶叶出口量的40%左右，最高时达到60%，茶叶贸易也成为汉口进出口贸易中最重要的部分。

据表2.16，1864—1900年，由汉口直接出口国外的茶叶始终占据汉口直接出口国外土货的98%以上。在对中国口岸的土货出口中，茶叶也占据了40%左右的份额。此外，九江、芜湖等地的茶叶也由汉口转口，再出口到国外或者上海等地。1870—1890年，汉口进口的茶叶占据了汉口进口土货的近三分之一，而这些茶叶95%以上都复出口到国外或者经上海出口，占据了汉口复出口土货的三分之二以上。

表2.16　茶叶出口占汉口出口贸易比值（每五年）

单位：海关两①

年份	直接出口国外的土货	直接出口国外的茶叶	茶叶所占比例	出口中国口岸的土货	出口中国口岸的茶叶	茶叶所占比例
1867	566140	566140	100%	11840192	5767352	49%
1870	1954749	1954674	100%	12488175	6755709	54%
1875	4111897	4110701	100%	13620163	6133044	45%
1880	5099638	5099100	100%	15549933	5579100	36%

① 1867年和1870年的单位为汉口两。

（续表）

年份	直接出口国外的土货	直接出口国外的茶叶	茶叶所占比例	出口中国口岸的土货	出口中国口岸的茶叶	茶叶所占比例
1885	4066512	4055626	100%	13660048	3345679	24%
1890	2977954	2977138	100%	16406614	4754645	29%
1895	3157990	3157702	100%	22170902	8333638	38%
1900	4792607	4711490	98%	27314354	5123347	19%

资料来源：《中国旧海关史料》第3、4、6、8、11、16、23、31册汉口海关部分。

集中在汉口的茶叶，主要为红茶，其次才是砖茶和绿茶，主要产地为湖北、湖南、江西、安徽四省，以湖北羊楼洞（在今湖北赤壁）、湖南安化、安徽祁门、江西武宁等地产量最多。

湖北所产之茶，有湖北茶、宜昌茶之分。湖北茶出产于襄阳、黄州、武昌、施南、郧阳五府各县，其中半数以上集中在武昌羊楼洞，主要产用于制作砖茶的老青茶和低级红茶。宜昌茶是出产于宜昌府属及上游施南、郧阳府各地方茶的总称，品质较好，以宜都、兴山、东湖、长乐、归州、鹤峰、施南、恩施、利川、郧、竹溪等县出产为多。① 湖南所产之茶，来自桃源、安化、平江、浏阳、湘潭、湘阴、醴陵、宁乡、郴州、临湘、祁阳等地，沿湘江、资江、沅江而下，集中到汉口。② 江西所产之茶，有宁武茶、河口茶。宁武茶外运，经姑塘至九江出口或转汉、沪出口；河口茶也经姑塘、九江一线。此外部分宁武茶翻越赣鄂边境的九宫山，运到汉口，再转销各地。安徽所产的婺源绿茶、祁门红茶，由鄱阳湖运江西之姑塘关，再达九江出口，或转汉、沪出口。③ 汉口海关统计中的九江茶，就

① 《中国茶叶之研究》（七），载《银行月刊》1924年五卷十二期，第5页。

② 胡焕宗：《楚产一隅录》，1920年。转引自湖北省志贸易志编辑室编《湖北近代经济贸易史料选辑（1840—1949）》第二辑，1984年印行，第14页。

③ 章有义编：《中国近代农业史资料（1912—1927）》，生活·读书·新知三联书店1957年版，第445~446页。

包括了这些地方所产的茶叶。此外还有陕甘茶沿汉江、四川茶顺长江而下，集中在汉口，但是数量较少。

随着印度、锡兰（今斯里兰卡）等国茶叶贸易的兴起，中国茶叶在世界市场上的地位受到了极大的冲击，红茶的输出更是迅速衰退。在这种大的趋势下，茶叶在汉口港贸易中的地位也不可避免地受到了削弱。

表 2.17　1885—1905 年茶叶所占汉口贸易比例下降趋势表

年份	直接出口国外的茶叶占直接出口国外土货的比例	复出口的茶叶占复出口土货的比例	出口其他中国口岸的茶叶占出口其他中国口岸土货的比例	茶叶出口总额（含复出口）占汉口土货出口总额（含复出口）比例
1885	100%	84%	24%	50.63%
1890	100%	58%	29%	45.14%
1895	100%	31%	38%	40.88%
1900	98%	18%	19%	26.86%
1905	63%	47%	10%	20.08%

资料来源：《中国旧海关史料》第 11、16、23、31、41 册汉口海关部分。

据表 2.17，可以看出茶叶在汉口贸易中的地位不断下降，不论是直接出口还是对国内贸易的比例都迅速下滑。尤其是 1900 年以后，其出口总额占汉口土货出口总额的比例已经不足 30%，茶叶贸易时代已经一去不复返了。虽然直到“一战”前，汉口的茶叶输出都保持了较大的贸易数值（即绝对数量下降不大），但其他的土货出口增长更快，茶叶出口一枝独秀的局面逐渐动摇（相对的份额迅速下降）。多元出口的局面逐渐形成，棉花、牛皮、芝麻、桐油、豆类、蛋类、矿材生铁、烟叶等成为大宗的出口物资。

表 2.18　1885、1905 年汉口大宗出口土货及比值对比

单位：海关两

年份	黄豆	棉花	麻	黄牛皮、水牛皮	药材	桐油	芝麻	黄生丝	羊皮、羊毛	植物油	烟草	以上大宗货物总值	土货总出口（包括复出口）
1885 年		12280	768925	875338	1130884	1513354	11344	896434	1268	565887	1487129	7262843	22512787
1905 年	5886757	3910404	1786713	3019412	1353017	3320233	3132126	1363906	1461950	1389983	2233835	28858336	63654436

资料来源：《中国旧海关史料》第 11、41 册汉口海关部分。

据表 2.18，对比 1885 年和 1905 年这两个年份的汉口大宗出口土货，就可以发现其迅速增长的势头。这 11 种大宗土货的输出总值增长了 4 倍，其中棉花、羊皮、羊毛、黄豆等增长更是惊人。如果从更长一段时间来看，芝麻在 1885 年只出口了 11344 海关两，而到 1913 年则达到 8215623 海关两，豆类从 1895 年的 533466 海关两增加到 1913 年的 3840032 海关两，牛皮出口值也增长了十倍。

由于甲午战后中国工业的发展，工矿产品的出口也迅速增长起来。这在汉口的出口贸易中也可以体现出来。

表 2.19　1895—1913 年汉口向国外直接出口土货分类

单位：海关两

	1895 年		1905 年		1913 年	
	出口值	占总值	出口值	占总值	出口值	占总值
工矿产品			649897	6.8%	2340365	13.9%
制成品			412582	4.3%	1329609	7.9%
工矿原料			237315	2.5%	1010756	6.0%
农副产品			8892604	93.0%	14426755	85.8%
纯农产品	4695539	99.9%	6741674	70.5%	12088616	71.9%

（续表）

	1895 年		1905 年		1913 年	
	出口值	占总值	出口值	占总值	出口值	占总值
农产加工品			2150930	22.5%	2338139	13.9%
其他	288		17407	0.2%	37738	0.3%
合计	4695827	100%	9559908	100%	16806858	100%

资料来源：皮明庥等编《武汉近代（辛亥革命前）经济史料》，武汉地方志编纂办公室1981年印行，第46页。

下面，则以桐油、棉花等几种大宗出口货物为例，进一步探讨汉口港的腹地范围。

（二）桐油

在桐油大量出口到国外之前，汉口就已经成为国内桐油贸易的中心。当桐油成为重要出口物资之后，汉口也成为中国桐油输出的中心，国外多称桐油为“汉口桐油”。由于桐树的生长对于自然环境要求比较高，长江流域的温度、湿度和土壤最适合桐树的生长，尤其是川、湘、鄂三省，占据了全国桐油生产的大部分，贵州、陕西、山西、河南、安徽、江西的部分桐油往往都集中在汉口运输。

四川桐油产区多在长江、嘉陵江、乌江流域附近，桐油先就近输往商务较繁荣的城市，主要有泸县、宜宾、南充、合川、涪陵以及重庆和万县，再集中到万县、重庆两大油市出口。其中，距重庆、万县较近或有河道可以运输的，则直接由产区运往万县、重庆两大油市，然后集中到汉口出口，称为“川桐”。贵州乌江流域产的部分桐油也经由涪陵地区，再取道湖南运到汉口。临近万县的部分湖北、陕西桐油也集中到万县后再运往汉口。湖南的桐油产区多在湘江、沅江和澧水流域，桐油顺水而下，主要集中在长沙、常德、岳州、洪江和津市，然后集中到汉口出口，称为“南桐”。其中洪江产的桐油（称为“洪油”）主要是供应国内市场，所以有一部分直接运往镇江，不是集中到汉口。此外四川的桐油（称为“秀油”）

和贵州的部分桐油取道湖南辰州，另外部分贵州桐油取道洪江，然后再经湖南市场集中后运到汉口。陕西桐油主要集中在紫阳、白河、兴安、旬阳几个地方，然后沿汉水集中到湖北襄阳老河口，会同湖北西北所产的桐油一起运到汉口，称为“襄古桐”；汉口以上长江沿岸所产的桐油主要集中在沙市，称为“荆沙桐”；汉口长江以下的桐油主要集中到武穴后运往汉口，称为“边江油”。以上是几条比较主要的桐油运输路线，都是取道水路，另外尚有部分陕西桐油经过潼关，经陇海铁路转至京汉铁路后运到汉口。

大量的汉口桐油就是大致沿着以上这样的网络集中起来的，由于加工方法和自然品质的不同，各地来的桐油差别巨大，到汉口后则主要分为桐油、洪油和秀油几个品种，其中桐油中品质较好的大多供应国外市场，部分供应国内市场，而较差品质的桐油，如洪油、秀油则只供应国内市场。

（三）棉花

相对于外销为主的桐油，棉花贸易更多的是内销。甲午战争后，大量的棉纺织厂设立。上海、南通以及湖北本地的棉纺织厂都具有了很大的规模，棉花的需求旺盛起来，棉花的国内消费市场日趋成熟。1885 年，汉口的棉花输出还只有 12280 海关两，到了 1905 年就高达 3910404 海关两，而到 1936 年则达到 38550758 元，占汉口港输出总值的 31%。而汉口的棉花出口总额，常常占全国棉花出口总额的 40%，故与天津、上海并称为“中国三大棉市”。

表 2.20　1912—1930 年汉口、天津和全国棉花输出

单位：担

年份	汉口	天津	全国	汉口占全国比例	天津占全国比例
1912	299174	421289	1171559	25.5%	36.0%
1913	213270	336384	953329	22.4%	35.3%
1914	134587	238691	768070	17.5%	31.1%

（续表）

年份	汉口	天津	全国	汉口占全国比例	天津占全国比例
1915	430377	444732	1233312	34.9%	36.1%
1916	734251	282499	1508408	48.7%	18.7%
1917	760035	158219	1515407	50.2%	10.4%
1918	985830	326082	2185287	45.1%	14.9%
1919	1161919	530881	2022093	57.5%	26.3%
1920	419439	258568	871556	48.1%	29.7%
1921	644896	454898	1439843	44.8%	31.6%
1922	972456	548973	1918462	50.7%	28.6%
1923	1121331	565105	2409091	46.5%	23.5%
1924	1168446	415541	2480202	47.1%	16.8%
1925	1073885	550044	2608109	41.2%	21.1%
1926	1609517	627510	3249822	49.5%	19.3%
1927	910129	810659	2838221	32.1%	28.6%
1928	1709291	837047	3743543	45.7%	22.4%
1929	1188143	628300	2782484	42.7%	22.6%
1930	809243	831029	2581676	31.3%	32.2%

资料来源：《最近中国对外贸易统计图解（1912—1930）》第37页第六表《重要出口货物港别数量图》，中国银行总管理处调查部1931年印行。

汉口棉花对内输出，始终以上海为大宗，常占据了90%以上，其他则输往青岛、九江、通州等地，而对外输出，则以日本为主。① 而天津棉花出口国外的比例一直在提高，1918年以后就以输出国外市场为主。到1930

① 根据实业部汉口商品检验局检验年刊中的历年数据。

年，其出口国外的棉花占全国出口国外棉花总量的86.7%。① 同样是棉花市场，汉口的国内市场性质更强。

汉口的棉花来源，以湖北为最大宗，有40多个县都产棉。其他省份如陕西、湖南、河南也有部分棉花集中到汉口销售。如果按照运输的不同路线，可以对汉口棉花的来源做如下划分。

京汉铁路：陕西、湖北、河南京汉铁路沿线地区。陕西渭南、渭北等地的棉花，由陇海路经郑州转平汉铁路运往汉口。河南和湖北靠近平汉铁路沿线的地方，如孝感、广水、三汉港，都是直接由铁路运输。这种运输方式最快，一般只需要几个小时，转车也不过数天。

汉水沿线：包括陕西南部、河南南部、湖北西北部地区。新野、邓县、淅川、随县、枣阳、樊城、潜江、天门、汉川、蔡甸、老河口等地的棉花，都是由汉水或从汉水支流转入汉水，然后运到汉口，绝大部分都是用民船运输，这条线路运输最慢，常常需要十几天到两三个月不等。其中老河口、樊城和蔡甸是这一区域内的集散市场，很多棉花先集中到这里再转运汉口。

长江沿线：主要是两湖沿江地区，包括鄂城、大冶、藕池口、云梦、新堤、监利、津市、圻水、边江、圻州、武穴等地。这些地方的棉花运输多是直接入江，且轮船运输的比例较高，一般一到三五日即可运到汉口。（参见附表b.9《汉口棉花来源及路线》）各地运往汉口的棉花，仍然以水路运输为主。

（四）禽、畜产品（牛皮、猪鬃和蛋品）

皮革贸易是汉口土货输出中输出数值高、腹地范围广的一项。早在1882年的贸易报告中，海关税务司就指出皮革贸易的重要性和它腹地范围的广阔。“皮革呈稳定规律的增长。因为购买者之间的竞争，价格相对上涨了，这导致制成者的利润被绝对缩小了，虽然还有利可图。价格在每担

① 资料来源：华北农产研究改进社编《天津棉花运销概况》第17表，华北农产研究改进社1934年印行，第40页。

12 到 13 两之间波动，每担四五张皮子。主要出口地是英国、美国和地中海地区。和这个贸易相关的两件事情使我震惊：1. 中国皮革的主要市场是美国，确切地说，是通过美国到欧洲。2. 超过 28000 担牛皮出口，因此意味着大概 135500 头牛被宰杀。这是每年宰杀或者死亡的牛的数目，完全可以推断，至少有 5 倍以上的牛存活。出产这些牛的地方，肯定离汉口颇有一定距离。而且，看起来中国的牛比以往假设的要多。因为到达一个口岸的腹地，就大概有 700000 头。”① 牛皮加工方式的变革也很重要，不使用砒霜之后，中国的牛皮销路大开。“在伦敦市场，起初中国牛皮不受欢迎，因为它们用砒霜处理后，很难再加工。现在它们用不是砒霜的防腐剂，看起来在欧洲市场开始更加普及。意大利据说吸收了我们出口的很大部分。这项贸易仍然赚钱，虽然定购的数目在增长，竞争也很激烈。我听说卖到这里的大量牛皮都是从四川远道而来的。”②

到 1900 年，汉口的黄牛皮输出已经突破 200 万海关两，在全国的牛皮出口中占据重要比例。下表则显示了 1912—1930 年汉口牛皮输出数量及其在全国所占比例，汉口牛皮输出占全国的三分之一以上。

表 2.21　1912—1930 年汉口牛皮输出

单位：担

年份	汉口	全国	汉口占全国比例
1912	124678	400967	31.09%
1913	199584	525339	37.99%
1914	166505	434477	38.32%
1915	193313	513478	37.65%
1916	158848	515785	30.80%
1917	179099	497404	36.01%

① 《中国旧海关史料》第 9 册，汉口 1882 年贸易报告。

② 《中国旧海关史料》第 10 册，汉口 1883 年贸易报告。

（续表）

年份	汉口	全国	汉口占全国比例
1918	152165	405907	37.49%
1919	129869	437614	29.68%
1920	78503	284561	27.59%
1921	108733	253838	42.84%
1922	133610	274165	48.73%
1923	144453	315323	45.81%
1924	113195	260140	43.51%
1925	87606	275675	31.78%
1926	90564	288655	31.37%
1927	132329	380407	34.79%
1928	175705	458480	38.32%
1929	122338	313012	39.08%
1930	92346	224184	41.19%

资料来源：《最近中国对外贸易统计图解（1912—1930）》第41页第六表《重要出口货物港别数量图》，中国银行总管理处调查部1931年印行。

汉口市场之牛皮，主要来自河南信阳、郑州，湖北的汉阳、沔阳、枣阳、樊城、孝感、黄陂、宜昌、德安，湖南长沙、宝庆、常德，四川成都、重庆和陕西南部，其中尤其以信阳为多。汉口市场上的牛皮，十之七八为河南货，多通过京汉铁路运到汉口。

汉口是仅次于重庆的华中猪鬃集中地。其来源地大致有甘肃兰州，陕西兴安、西安，四川成都、重庆，湖南的湘潭、醴陵、益阳、衡州、柳州、永州、桂阳，湖北沙市、宜昌、沔阳、黄陂、孝感等。

蛋品：早在1887年，德国商人即在汉口设立蛋厂，使汉口成为中国最早的蛋产品加工中心。蛋及蛋产品也成为汉口的重要出口土货，一度占据汉口土货出口的前三位。从下表中可以看出，汉口蛋品输出一直呈增长趋势，只是不如国内其他地方增长快，所以在全国所占比例下降了。

表 2.22　1912—1930 年汉口蛋品输出

单位：担

年份	汉口	全国	汉口占全国比例
1912	55345	131979	41.9%
1913	76341	161531	47.3%
1914	66561	139902	47.6%
1915	95264	204292	46.6%
1916	87821	284962	30.8%
1917	135769	396432	34.2%
1918	121085	296053	40.9%
1919	181798	617431	29.4%
1920	87195	413159	21.1%
1921	174166	382888	45.5%
1922	182135	443191	41.1%
1923	151713	372989	40.7%
1924	152241	452394	33.7%
1925	153332	991307	15.5%
1926	136193	1005722	13.5%
1927	30593	744629	4.1%
1928	169831	948037	17.9%
1929	190756	1141951	16.7%
1930	222112	1152922	19.3%

资料来源：《最近中国对外贸易统计图解（1912—1930）》第 35 页第六表《重要出口货物港别数量图》，中国银行总管理处调查部 1931 年印行。

汉口是长江中游蛋品的集中地，其蛋品主要来自湖北、湖南和河南。最初是由汉口周围地区供应，随着蛋品加工厂的扩大，蛋品收购也扩展到湖北其他地区以及湖南、河南。湖北、陕西和河南南部的蛋品沿汉水集中到汉口。长江沿岸鸭蛋产量很大，沿长江输入到汉口。京汉铁路一线则吸收湖北的孝感一直到河南信阳、许昌一线的蛋品。湖南常德等地的蛋品亦从武汉出口。

（五）芝麻

芝麻也是汉口传统的输出商品之一。在清末民初的时候增长迅速，1900 年时只有 100 万海关两，到 1910 年已经突破了 800 万海关两。

表 2.23　1912—1930 年汉口、上海芝麻输出

单位：担

年份	汉口	上海	全国	汉口占全国比例	上海占全国比例
1912	1903926	5465	2300171	82.77%	0.24%
1913	1374645	49256	1941506	70.80%	2.54%
1914	1013438	118529	1570402	64.53%	7.55%
1915	1753986	183266	2357200	74.41%	7.77%
1916	929400	235150	1486897	62.51%	15.81%
1917	329973	59164	497702	66.30%	11.89%
1918	137861	82195	307634	44.81%	26.72%
1919	1765050	753809	2842925	62.09%	26.52%
1920	978591	776064	2155847	45.39%	36.00%
1921	550451	557288	1518647	36.25%	36.70%
1922	882405	295281	1422199	62.05%	20.76%
1923	985218	489996	1889272	52.15%	25.94%
1924	395497	190989	969970	40.77%	19.69%
1925	159673	157190	666882	23.94%	23.57%

（续表）

年份	汉口	上海	全国	汉口占全国比例	上海占全国比例
1926	512182	175070	970723	52.76%	18.04%
1927	377775	111822	691266	54.65%	16.18%
1928	720663	165321	1159637	62.15%	14.26%
1929	603093	421639	1659903	36.33%	25.40%
1930	994387	822477	2101642	47.31%	39.13%

资料来源：《最近中国对外贸易统计图解（1912—1930）》第33页第六表《重要出口货物港别数量图》，中国银行总管理处调查部1931年印行。

汉口一度是国内芝麻输出的绝对中心，这在上表中可以看出，最高时候可以占到全国的80%以上。但是民国以后，汉口芝麻输出逐步衰减，而与此同时，上海的芝麻输出迅速增长，虽然到1930年时还没有超过汉口，但其发展势头则明显好过汉口。

芝麻在黄河以南及长江流域各省均有出产，就汉口出口而言，河南出产最多，湖北次之，湖南又次之。“惟芝麻一项，其数有扶摇直上之势，查去年出口仅有2689担，今年则增至141469担，皆运上海，转载至法、意两国为多，缘彼处机器榨油，同一芝麻榨出之油，较华法甚佳且多故耳。据言此物产于河南者十分之六，产于湖北仅得十分之四，惟芝麻皆重于禾稻不生之地云。”①

芝麻的来源有车河两货之分。车货系经平汉铁路由河南运来，河货系由襄河、府河及上下边江一带运来。产地大致包括河南之西平、遂平、驻马店、漯河、周家口、临颍、上蔡、汝南、舞阳等处，湖北之沙市、襄阳、樊城、谷城、宜城、荆门、广水、簰洲等处。

① 《中国旧海关史料》第22册，汉口1894年贸易报告。

表 2.24　汉口、上海芝麻输出的数据相关分析

	汉口	上海
汉口	1	
上海	-0.74389	1

我们对表 2.24 汉口、上海芝麻输出的数据进行相关分析，发现它们之间呈现明显的负相关，也就是说汉口和上海之间的芝麻输出是一种竞争和互为消长的关系。由于交通线路的发展，河南很多地方的货物开始转向上海输出，使得汉口的腹地缩减。在芝麻输出上，我们就可以很明显地看出这种趋势。

（六）其他较为主要的土货

粮食类：粮食输出由于年景丰歉而波动较大。

药材：药材一直是汉口大宗输出土货之一，数量和价值都非常稳定。

烟草：烟草种植以河南为主，推广速度很快。烟草、烟叶输出值从 19 世纪 80 年代的 100 万关两增加到 20 世纪前十年的二三百万关两。

植物油料：除桐油外，芝麻油和柏油的输出量也很大，此外还有花生油、茶油、豆油等。

山货：木耳、五倍子等。

丝：主要是四川黄丝。

麻、苎麻：这两项出口增长也较快，在 1910 年都突破了百万关两。

木材：湖南、贵州等地是汉口木材供应地。1910 年后输出超过百万关两。

矿石及铁制品：主要是湖南的矿产和汉阳铁厂的制品。

武昌机器织布局的纺织品。

以上这些是汉口输出的大宗货物，其价值占据了汉口输出土货价值的三分之二以上。囿于篇幅，这里只指出其种类，而不详细论述其贸易数量和腹地范围。（详细输出价值，可参考附表 b.8《汉口大宗土货出口净值（1903—1928）》）

第四节 汉口贸易在全国贸易中所占比例及地位评价

作为第一批开放的沿江口岸，汉口港在开埠之初就体现出它强大的贸易实力。它的贸易份额不但超过一般的内地通商口岸，而且与沿海通商口岸相比，也始终名列前茅。

表 2.25　1865—1930 年全国四大港净进出口总额①比较（每五年）

年份	汉申津穗合计	汉口		
	进出口总额	进出口总额	占四港比例	位次
1865	96062331 两	23245273 两	24.2%	2
1870	113729983 两	33766249 两	26.69%	2
1875	119669205 海关两	32955514 海关两	27.54%	2
1880	148919738 海关两	42285209 海关两	28.39%	2
1885	143557587 海关两	38247658 海关两	26.64%	2
1890	161483331 海关两	36405599 海关两	22.54%	3
1895	239948644 海关两	44507502 海关两	18.55%	4
1900	239105628 海关两	57050639 海关两	23.86%	2
1905	476831561 海关两	111043046 海关两	23.29%	2
1910	520079323 海关两	135299167 海关两	26.02%	2
1915	597948683 海关两	160904722 海关两	26.91%	2

① 此处净进出口总额包括洋货净进口、土货净进口和土货出口。资料中称为“全国四大港间接对外贸易额比较统计表”，但实际上包括了直接进口的洋货等，称为间接对外贸易是不合适的。

（续表）

年份	汉申津穗合计	汉口		
	进出口总额	进出口总额	占四港比例	位次
1920	996163422 海关两	169951530 海关两	17.06%	3
1925	1532882932 海关两	288761077 海关两	18.84%	2
1930	1857382261 海关两	200484104 海关两	10.79%	4

资料来源：武汉外贸志办公室编：《全国四大港间接对外贸易额比较统计表》，1982 年。转引自曾兆祥主编《湖北近代经济贸易史料选辑（1840—1949）》第一辑，湖北省志贸易志编辑室 1984 年印行，第 285 ~ 287 页。

从表 2.25 中可以看出，从开埠直到 30 年代初，汉口的贸易额大部分年份都排在第二位，仅次于上海，在四大港的贸易额中占据了 20% 左右的份额。虽然有些年份位于天津和广州之后，但像水野幸吉在《汉口》一书中称汉口为中国第二大港，这一说法是可以成立的。如果我们用全国的统计数字来做对比，同样可以证明这个问题。1901 年、1911 年、1921 年三个年份的统计中，汉口在全国贸易总额中分别占 9.3%、10.4%、7.4%①，成为中国中部仅次于上海的港口。

但是我们不能忽视的是，汉口毕竟不是沿海港口，这是它对外贸易中最为不利的因素。汉口的洋货进口，在开埠后 30 多年的时间里，始终依赖上海转口，直接进口的洋货寥寥无几。而直接出口的土货也只有茶叶，其他土货多需要经上海等口转销外国。表 2.26 中所给出的数据就表明，汉口港直接对外贸易额在全国所占的比重不足 5%，不仅落后于上海、广州和天津，到后期也难以和大连、青岛等沿海港口抗衡。

① 《三十四年来中国中部通商口岸进出口贸易额对全国贸易总额百分比较图》，载实业部国际贸易局编《最近三十四年来中国通商口岸对外贸易统计》，上海商务印书馆 1935 年版。

表2.26　1870—1930年全国四大港（汉申津穗）直接对外贸易额比较（每十年）

年份	全国	汉口港		
	进出口总额	进出口额	占全国	位次
1870	120917526两	2290335两	1.89%	3
1880	519523290海关两	7672117海关两	1.48%	3
1890	215902770海关两	5818489海关两	2.69%	4
1900	370067000海关两	6961025海关两	1.88%	3
1910	843798222海关两	36731230海关两	4.35%	4
1920	1341591506海关两	54259209海关两	4.04%	4
1930	2223075580海关两	45293434海关两	2.04%	4

结合上述两表，我们可以得出这样的结论，汉口是中国内地最大的通商口岸、长江中游的枢纽港，贸易总额在全国名列前茅，但由于远离海岸线，直接对外贸易规模始终不大。

小　结

本章从海关基本资料的解释和概念诠释入手，对本书所运用的最基本、最系统的海关资料予以梳理，然后对汉口的进出口贸易进行了系统的宏观分析。

汉口作为一个沿江口岸，远离出海口，远洋船只进入汉口非常艰难，直接同海外展开贸易也有众多障碍，这就决定了汉口作为一个内陆口岸必定有不同于沿海口岸的特点。在洋货进口方面，汉口在全国所占的比重日益降低，不足全国的5%。而土货出口方面，汉口则占据全国五分之一以上的份额。在直接贸易上（土货出口国外和洋货直接由国外进口），汉口在全国的地位也是逐步下降，远不敌沿海新兴口岸。而在间接贸易（土货出口国内口岸和洋货由国内口岸进口）部分，汉口仍然保持其国内大港的地位，排名前列。而在汉口本身来看，其洋货贸易占贸易值的份额也有小幅度的下降，土货贸易所占比例有一定提升，占据了汉口贸易值的70%左右。土货出口贸易实为近代汉口贸易的重心和支柱。

从土货出口种类和涉及腹地范围来看，汉口土货出口种类多，腹地来源广，且有多种货物是国内出口货物的主要供给港，比如茶叶、桐油等，这是中国近代最重要的输出商品，而汉口恰恰是这些商品输出最多的口岸。汉口作为通商口岸的重要性，正是由于这些主要输出商品而牢固奠定的。所以，在接下来的几章中，笔者将选取茶叶、桐油为研究对象，分析在这些土货的输出中，汉口和它的广大腹地以及其他长江流域口岸是怎么样紧密联系在一起的，它的贸易进程又是怎样展开的。

第三章　茶叶贸易

在汉口对外输出贸易中，把茶叶排列在第一位是毫无疑义的。在汉口开埠以后的最初三四十年内，茶叶是最重要的输出货物。不仅如此，在汉口开埠早期，它还是唯一直接输出海外的大宗商品。更重要的是，汉口的茶叶出口在中国茶叶出口贸易中，三分天下居其一，很多年份的份额更是占据近半数，以至于汉口在西方人眼中成为名副其实的茶叶港。在伦敦或者俄国零售市场的小茶罐上，汉口茶成为随处可见的一种品牌。①

图3.1　“汉口茶”茶叶罐

① 图片来源：http：//www. sohu. com/a/213696818_ 687686.

而在本书中，首先选择茶叶来论述，除了上述的理由外，还因为如下的问题引起了笔者的兴趣：近代中国开埠以后外部市场的变动对于汉口茶叶市场究竟产生了怎样的影响？这些影响又是怎样进一步影响到广大的腹地的？在笔者研究的时段内，茶叶贸易经历了由盛转衰的过程，这一过程对广大茶叶产地究竟产生了怎样的影响？在各个区域的影响是否不同？汉口的茶叶贸易在近代茶叶出口中究竟有一个怎样的定位？

围绕着这些问题，笔者从近代汉口的茶叶出口入手，一方面延伸到广大的茶叶生产地，另一方面关注茶叶的销售市场，在港口—腹地的链条中，考察其相互影响的过程。

第一节　汉口茶叶生产的历史地理背景

一、汉口茶叶来源地的自然地理环境

汉口茶叶，以湖南、湖北、江西北部和安徽的徽州地区为主要来源地，这些地区都是适宜茶叶生长的地方。根据吴觉农、胡浩川在《中国茶叶复兴计划》中的划分，中国外销红茶有五个区域，而其中的祁门红茶区、宁州红茶区、湖南红茶区和宜昌红茶区①都是以汉口为主要输出口岸的②。这几个区域的大致范围主要包括安徽祁门、至德③，江西浮梁、修水、武宁、铜鼓，湖北蒲圻、崇阳、通山、通城、宜昌、宜都、五峰、恩施、兴山等县，湖南平江、浏阳、安化、新化、邵阳、宁乡、湘乡、桃源等县。④

由于茶叶产地的气候、土壤等各方面的条件差异，茶叶的品质也差别很大。1982 年，中国农业科学院茶叶研究所以生态条件、产茶历史、茶树

① 吴觉农、胡浩川：《中国茶叶复兴计划》，商务印书馆 1935 年版，第 131 页。

② 一度以汉口为主要输出口岸或始终以汉口为主要输出口岸，这在下文中会有详细论述。

③ 自晚清至民国一度用名建德、至德、东至等。

④ 吴觉农、胡浩川：《中国茶叶复兴计划》，商务印书馆 1935 年版，第 131 页。

类型、品种分布、茶类结构为依据，将全国划分为四大茶区，即华南茶区、西南茶区、江南茶区、江北茶区。江南茶区是中国茶叶的主产区，北起长江以南，南到南岭以北，东邻东海，西与云贵高原为界，安徽省南部、湖北省南部、江西省、浙江省等都包括在内。该区气候特征是春和、夏热、秋爽、冬寒，四季分明。茶树萌发早，开采早，停采迟。该区水热条件好，是茶树生长发育和制茶品质优良的重要原因。生产的茶类有红茶、绿茶、乌龙茶、白茶、黑茶以及各种特种名茶。① 根据这种划分方法，汉口的茶叶来源地基本包括在江南茶区之内。此外还有其他的一些划分方法，在其他划分方法内，汉口茶叶来源地也基本属于一个完整茶叶产区。② 影响茶叶生长的自然因素中，最主要的是气候条件、土壤条件和地形条件。

（一）气候条件

温度、光照和水分是影响茶树生长的主要气候条件。

温度对茶树的影响，包括气温和土温两方面。茶树的分布范围的广狭和生长期的长短主要取决于气温的高低。一般日平均气温连续数天达10℃以上，茶芽开始萌发。以后随温度上升，生长加快，最适宜生长的日平均温度为18℃～30℃。茶树生长的有效积温在3500℃～4000℃。茶树有效积温愈多，生长期愈长。③

---

① 中国农业百科全书总编辑委员会茶业卷编辑委员会编：《中国农业百科全书·茶业卷》，农业出版社1988年版，第32页。

② 吴觉农主编：《茶经述评》，中国农业出版社2005年版，第321～323页。关于茶区大的划分，吴觉农指出有四种不同的划分方法，即分为三大茶区、四大茶区、五大茶区和九大茶区。吴觉农认为三大茶区划分方法，以纬度为划分依据，较为合适。分为北部茶区（暖温带茶区），中部茶区（亚热带茶区），以及南部茶区（亚热带—热带茶区）。其中的中部茶区约在北纬31度以南、北纬26度以北及南岭山脉以北地区，包括滇北、川中、川南、黔北、鄂南、皖南、闽北及湖南、江西、浙江等省全境。北部茶区以绿茶为主，南部茶区以制作红茶为主，中部茶区施兼作红茶、乌龙茶和绿茶的区域。这种分法里面，汉口是属于中部茶区的。

③ 中国农业百科全书总编辑委员会茶业卷编辑委员会编：《中国农业百科全书·茶业卷》，农业出版社1988年版，第60～61页。

光对茶树生长、运动、休眠和发育都有影响。① 茶树比较耐阴，漫射光和适当的光照时间才有利于茶树的生长。

茶树对水分的要求较高，环境中的水分条件包括降水量、土壤含水量和空气相对湿度。“降水量：茶树生长最适宜的年降水量是1500毫米左右。在生长期中，月降水量有100毫米就能满足茶树生长的需要。”降雨量和降雨季节的分配，对茶叶的产量和品质的影响都很大。土壤含水量：“以田间持水量的75%～80%为最好。”空气相对湿度：“茶树生长最适宜的空气相对湿度为80%以上。”②

（二）土壤条件

茶树适宜在土质疏松、土层深厚、排水良好、呈酸性或微酸性反应的砾质、砂质壤土中生长。③ 它是一种非常耐酸的植物，强酸性至微酸性反应（酸碱度4.0～6.5）的土壤适宜茶树生长。此外，要求土壤通气良好，不能积水，还要有一定的厚度，这样才可以使得茶树根系充分发育。

（三）地形条件

中国大部分茶园分布在山区的坡地和丘陵地带，海拔多在800米以下。坡度是区别是否宜茶的主要标志。通常30度以下的山坡，只要土层深厚就能种植茶树。④

按照上面的影响茶树生长的自然条件，我们以湖南和安徽为例，分析汉口茶叶来源地的自然条件有哪些适宜和不适宜的地方。

湖南：由于茶树品种的不同，对温度的适应范围有所差异。湖南中、小叶种能耐零下12℃的低温。一年内，一般低温的变化幅度不大，土层愈

① 中国农业百科全书总编辑委员会茶业卷编辑委员会编：《中国农业百科全书·茶业卷》，农业出版社1988年版，第60～61页。

② 中国农业百科全书总编辑委员会茶业卷编辑委员会编：《中国农业百科全书·茶业卷》，农业出版社1988年版，第61页。

③ 中国农业百科全书总编辑委员会茶业卷编辑委员会编：《中国农业百科全书·茶业卷》，农业出版社1988年版，第68页。

④ 中国农业百科全书总编辑委员会茶业卷编辑委员会编：《中国农业百科全书·茶业卷》，农业出版社1988年版，第39页。

深，变化幅度愈小。湖南省丘陵红壤地里，5 厘米深的土层内，一月份平均温度约 6℃，最低 0℃左右，因之，冬播经过催芽的茶子，一般不会有冻害现象。① “湖南省地处北纬 25°—30°，据长沙地区的气候资料，常年实照时数约为可照时数的 38%，4—9 月份的六个月中为 45% 左右，7、8 两月最高，平均为 59%。茶树在上述光照条件下，能正常地生长发育。”② 茶树既怕水，又需要足够的水。湖南产茶地区的年降水量符合茶树生长条件，但是夏秋季节往往发生旱情。“湖南历年来 7—9 月的降水量，一般只占全年降水量的 20%，7、8 两月通常各为 100 毫米左右，9 月只有 60 ~ 70 毫米，且气温高，日照长，显然不能适应茶树正常生长的需要，夏、秋两季经常出现‘伏旱’和‘秋旱’，往往引起茶树不同程度的旱害。”在湿度方面，“湖南省月平均相对湿度均在 75% 以上，安化山区平均达 81%”。③ 这样的湿度条件是有利于茶树生长的。湖南广大山区、丘陵区多为红壤、黄壤和紫色土，这些土壤一般都呈酸性反应，适合茶树耐酸性土壤的要求。④ 湖南省茶园大多数分布在海拔 800 米以下的山区和丘陵地区的坡地上。安化山区，茶园绝大多数分布在海拔 250 ~ 800 米，茶园坡度在 30 度以下的占 74% 左右，当地茶农认为上层深厚避风的“湾土”种茶最好。⑤

安徽：皖南地区全年雨量在 1000 ~ 2500 毫米，年平均气温在 15℃左右，全年无霜天数在 230 天左右，年平均相对湿度在 78% ~ 80%。祁门红茶区位于皖赣交界地带，其海拔均在 200 米以上，一般则在 200 ~ 400 米，

① 湖南省农业科学院茶叶试验站编著：《湖南茶叶技术》，湖南人民出版社 1975 年版，第 27 ~ 31 页。

② 湖南省农业科学院茶叶试验站编著：《湖南茶叶技术》，湖南人民出版社 1975 年版，第 28 页。

③ 湖南省农业科学院茶叶试验站编著：《湖南茶叶技术》，湖南人民出版社 1975 年版，第 27 ~ 31 页。

④ 湖南省农业科学院茶叶试验站编著：《湖南茶叶技术》，湖南人民出版社 1975 年版，第 27 ~ 31 页。

⑤ 湖南省农业科学院茶叶试验站编著：《湖南茶叶技术》，湖南人民出版社 1975 年版，第 27 ~ 31 页。

全境丘陵，皆为砂质土壤。以性质而论，要以祁门西南乡为最佳，铁质尤多，极宜茶树栽培。气候温和，降雨量亦颇相宜，空气湿润。①

也有一些不利于茶叶生长和生产的地方，比如茶叶采摘的4、5、6月多为雨季，对茶叶的加工造成很多不便。湖南地区夏季的干旱也会影响茶树的生长。

综上所述，这些地区对于茶叶生产来说，自然条件还是得天独厚的。

二、汉口开埠前两湖地区茶叶的生产和红茶生产的推广

两湖地区的茶叶生产，历史悠久，在唐宋时期就已经发展成为我国主要的茶叶产区之一。宋代的产茶区："片茶（饼茶或团茶）的产区有兴国军（湖北阳新）、潭州、江陵（湖北江陵）、岳州（湖南岳阳）、辰州（湖南沅陵）、澧州（湖南澧县）、鼎州（湖南常德）。散茶产区有荆湖、归州等处。"② 明清时期，西北边疆实行"茶马互市"，后准商贩领引贩茶。晋商茶帮开始到两湖地区采办茶叶，销往蒙古、俄罗斯等处。而东南方向，通过广州，亦有茶叶输出到欧美国家。这就形成了两湖地区茶叶输出的两条不同路线。茶叶生产也出现了以安化为中心的湘中茶区，以岳阳、临湘为中心的湘北茶区和以羊楼洞为中心的鄂东南茶区。这在清代前中期的茶税征收中就可以看出："湖北由咸宁、嘉鱼、蒲圻、崇阳、通城、兴国、通山七州县领引，发种茶园户经纪坐销。建始县给商行销。坐销者每引征银一两，行销者征税二钱五分，课一钱二分五厘，共额征税课银二百三十两有奇。行茶到关，仍行报税。湖南发善化、湘阴、浏阳、湘潭、益阳、攸、安化、邵阳、新化、武冈、巴陵、平江、临湘、武陵、桃源、龙阳、沅江十七州县行户，共征税银二百四十两。"③

---

① 金陵大学农业经济系编：《祁门红茶之生产制造及运销》，金陵大学农学院农业经济系1936年印行，第5～11页。

② 陈祖椝、朱自振编：《中国茶叶历史资料选辑》，农业出版社1981年版，第12～14页。

③ 《清史稿》卷一二四《食货五》。

晋商在两湖地区采办的茶叶，以黑茶和砖茶为主要品种。明代茶叶生产中，散茶处于主导地位，团茶除用于边马贸易外，基本不再生产。而茶叶杀青技术也由蒸青逐渐转向炒青。据邹怡的研究，明万历年间，湖广武陵人龙膺在徽州地区做官。他在徽州仔细学习了当时先进的松萝茶制作方法，退官回乡后，就在家乡积极推广这一茶叶加工方法。① 这是两湖地区绿茶生产向炒青发展的一个力证。而黑茶的发展，则在炒青绿茶之后。“安化黑毛茶的加工，鲜叶比较粗老，杀青叶量又多，火温不高，杀青后叶色已变为近似黑色的深褐绿色。揉捻后渥堆，从四川绿毛茶洒水堆积做色 21 天，改进为 10 多个小时做色。……黑茶当在明末清初开始制造的，比黄茶为迟。”② 晋商除了在安化等地大量采购黑茶之外，还制造砖茶，销往西北地区。

在南方，以湘潭为枢纽，两湖地区的茶通过广州输出到国外。“湘潭亦中国内地商埠之巨者。凡外国运来货物，至广东上岸后，必先集湘潭，由湘潭再分运至内地。又非独进口货为然，中国丝、茶之运往外国者，必先在湘潭装箱，然后再运广东放洋。以故湘潭及广州间，商务异常繁盛。交通皆以陆，劳动工人肩货往来于南风岭者，不下十万人。”③ 五口通商以后，茶叶外销数量进一步增加，广东商人进一步到两湖地区采买茶叶，并且推广了红茶的制造。

红茶的兴起，无疑是由于英国等西方国家对红茶的大量需求，因而刺激了国内市场茶叶生产的迅速转型。随着粤商采买路线的推动，两湖地区红茶产量大幅度增加，成为供应外销市场的支柱。

广东商人深入到两湖产茶区域，推广红茶的制造，这在当时的方志中都有明确记载。在道光后期至同治年间，一直到光绪时期，仍不断向各处

---

① 邹怡：《明清以来的徽州茶业与地方社会（1368—1949）》，复旦大学出版社 2012 年版。

② 陈椽：《茶叶通史》，农业出版社 1984 年版，第 193 页。

③ 容闳：《产茶区域之初次调查》，见容闳《西学东渐记》，湖南人民出版社 1981 年版，第 46 页。

推广。这使得两湖地区的红茶生产区域得以极大扩展，连鄂西南比较偏僻的地方也成为红茶生产的重要地区。

“安化……当清道光二十年前后，英人之在粤南之对华贸易，已有相当进展，时输出品以茶为大宗。两粤茶产不多，爰由粤商赴湘示范，使安化茶农改制红茶（国内以前所产者多为绿茶，不知制造红茶）。因价高利厚，于是各县竞相仿制，产额日多，此为红茶制造之创始，亦即湖南茶对外贸易发展之嚆矢。”① “安化后乡一带，出产以茶为大宗，初有黑茶，引商贩运，销售西北各路。……五口通商，始行创办红茶。”② 从这里可以明确看出，安化已经从黑茶生产中心向红茶生产中心转型。

清同治十年（1871）前后，湖南长沙府醴陵县“近日，红茶利兴，三、四月间，开庄发拣，贫家妇女虽多资余润，然男女杂遝渐染当防，是在贤当事设法而善处之则幸矣”③。“醴陵茶叶以西南近潭、攸诸山为多，东北近浏阳诸山次之。春夏采制，有黑茶、红茶两种。黑茶亦名烟茶，行销县境。红茶则后黑茶而采，输出国外，岁值数十万元。始由粤人擅其利。”④ 这里指出了红茶最开始的生产销售是由广东商人控制的，所以他们独享其利润。

湖南岳州府巴陵县“道光二十三年与外洋通商后，广人每携重金来制红茶，土人颇享其利，日晒色微红，故名红茶。昔之称兰芽、锅青，用火焙者，统呼黑茶云”⑤。

平江“邑产颇多，有茶税。道光末，红茶大盛，商民运以出洋，岁不

---

① 吴觉农：《湖南省茶业视察报告书》，载《中国实业》第一卷第四期，1935年。

② 湖南调查局：《湖南商事习惯调查报告书》附录一《安化黑茶条规》，转引自彭泽益编《中国近代手工业史资料（1840—1949）》，生活·读书·新知三联书店 1957 年版，第 481 页。

③ 同治《醴陵县志》卷一《风俗》，清同治九年刊本。

④ 民国《醴陵县志》卷六《工商》，1948 年铅印本。

⑤ 光绪《巴陵县志》卷七《物产》，清光绪十七年刻本。

下数十万金……第近岁红茶盛行，泉流地上，凡山谷间向种红薯之处，悉以种茶……况茶市方殷，贫家妇女相率入市拣茶，上自长寿，下至西乡之晋坑、浯口，茶庄数十所，拣茶者不下二万人，塞巷填衢，寅集酉散，喧嚣拥挤”①。

羊楼洞“往年，茶皆山西商客，买于蒲邑之羊楼洞……道光季年，粤商买茶，其制，采细叶，暴日中揉之，不用火焙，雨天用炭烘干，收者碎成末，贮以枫柳木作箱，内包锡皮，往外洋卖之，名红茶”②。

此外，咸宁、通山等地的同治年间地方志中，也都提到了红茶。③

从安化、醴陵、巴陵、平江、羊楼洞这样一条线路可以看出，广东商人在这一时期为了得到用以外销的红茶，逐步深入两湖地区推广红茶制造。而这些地区，也成为日后两湖红茶输出的最重要产区。

众所周知，红茶不同于绿茶的地方，在于茶叶采摘后的加工步骤不同，而前期的茶树栽培种植、茶叶采摘等则并无不同。所以由绿茶改为红茶，并无太大困难，不需要很高的成本。尤其在茶农这一环节，无须增加生产成本。因此对广大零散分布的茶农来说，改为制造红茶没有什么成本障碍。这也是红茶制造可以迅速推广的一个关键所在。

综上所述，汉口茶叶来源地的自然地理条件都是非常适宜茶叶生产的，这些地区在明清时期逐步发展为重要的茶叶产地，并形成了向西北销售砖茶、黑茶为主的产区，山西商人在其中起到主导作用。五口通商以后，广东商人深入两湖，推广红茶制造，使得两湖地区成为外销红茶的主要产地。这一南一北的两条线路，在今后汉口的茶叶外销中，起到了不同的作用。

---

① 同治《平江县志》卷二〇《食货志一》，清同治十三年刻本。

② 同治《崇阳县志》卷四《物产》，清同治五年刻本。

③ 同治《咸宁县志》卷四《物产·货类》，清同治五年刻本。同治《通山县志》卷二《土产》：“茶有红、黑二品，随人自为。”清同治七年刻本。

第二节　外部市场变动和汉口茶叶市场的形成（1864—1887）

在《近代中国茶叶的发展与世界市场》一书中，作者陈慈玉在“两湖茶发展与世界市场”一章中有以下论述：英国和俄国在汉口竞买茶叶，以及这种竞争使得汉口形成了一个活跃的茶叶港，汉口和上海在茶叶输出中形成互为消长的关系。而当英国逐渐退出汉口市场之后，汉口的茶叶输出结构也随之变动。这一变动主要是在19世纪七八十年代。

本书则希望立足于汉口的地理位置，在较长的时段内观察汉口茶叶输出的外部因素和自身特征，勾勒出其茶叶输出的整体态势和造成这种态势的原因。上一节提到了汉口在明清时期已经成为一个重要的茶叶输出地，向西北地区销售砖茶、黑茶。五口通商以后，广东商人深入两湖，推广红茶制造，使得两湖地区成为外销红茶的主要产地。汉口逐步发展成为两湖地区红茶的输出枢纽。

由于两湖地区茶叶产量巨大，又是向西北输出茶叶的重要来源地，所以当汉口开埠以后，俄国商人迅速涌入到这一地区，一方面购买茶叶，另一方面设立砖茶制造厂，进行砖茶制造，输出到中国西北地区以及俄国。而英国方面，趁汉口开埠之机，许多洋行也到汉口销售洋货，采买茶叶。

一、以头茶竞买为代表的外部市场需求带动汉口茶市兴盛

（一）汉口茶市在头茶竞买中的优势

我们来看看19世纪60年代世界茶叶贸易的背景。当时世界茶叶交易的中心在伦敦，茶叶从中国运往伦敦费时很久。当时苏伊士运河还未开通，船只需要绕道好望角。由于茶叶本身的特性，越新鲜的茶叶品质越好。如果由于运输耽搁，往往会导致茶叶品质的下降，价格也会下跌。所以最早到达伦敦市场的茶叶，会卖上一个很高的价格。而运输最快的船队，也能够得到丰厚的运费和奖励，所以船队之间的竞争非常激烈，有名

的飞剪船竞赛就是在这一时期如火如荼地展开。早一天得到茶叶，早一天运输，对于当时的茶叶商人来说，都是非常关键的。这个时候，汉口的开埠显得极为重要。1863 年，英国的一艘茶叶飞剪船“挑战者号”上溯长江，在汉口装载了第一批茶叶直接运往伦敦，成为汉口至欧洲航线的开辟者。①

两湖地区的头茶，如果运到汉口市场出售，五月份（是公历的五月，下同）即可开盘。而如果运到上海市场，再进行出售，往往要到六月份。而上海茶市的开盘，也正是在六月中旬前后。如果直接从汉口购买茶叶，然后从汉口直接起运，无疑大大节省了时间。这对于求茶心切的茶商来说，非常重要。所以，上海的洋行在头茶开盘之前都会来到汉口，采买茶叶，直接输出。

在这种情形下，即使到汉口采买茶叶有许多的困难，比如洋行的开支要增加，长江的水道航运危险很大，但是洋行还是不得不到汉口来采买茶叶。尤其是俄国商人的热切购买使得市场上的竞买非常激烈。

俄国商人很早就到汉口来购买茶叶，1865 年，“有九个俄国人住在这个口岸，可以读写汉语，每年春季到这里来，为的是购买茶叶”②。他们为购买茶叶开出的价格也很高，对于好茶，几乎是不惜血本地购买。1869 年，“俄国洋行激烈地竞买最好的茶”，“茶商们说，虽然上海的实际出价可能有些比这里低，但是他们在那个市场能够获得很大利润，可以把中等茶和普通茶卖到那里，而好茶和最好的茶在这里（汉口）更有销路，因为有俄国人的竞买”③。1870 年，“两件宁州乌龙茶卖到 34 两到 35 两每担的价钱……俄国购买者非常喜欢这些茶，以至于九江的茶贩们都把茶运到这

---

① Basil Lubbock, *The Opium Clippers* (Baltimore: Brown, Son & Ferguson, 1946), p. 354，转引自中国航海史研究会编《武汉港史》，人民交通出版社 1994 年版，第 139 页。

② *Embassy and Consular Commercial Reports 1854 –66*, p. 108.

③ *Commercial Reports: Embassy and Consular Commercial Reports 1867 –69*, pp. 190 –192.

里来而不是上海"①。很多英国商人因为俄国商人出价太高，不得不等俄国商人买完最初的好茶后，再开价购买，以较低的价格成交。一旦采买完毕，他们就迅速装船运往伦敦。

苏伊士运河开通后，轮船可以通过苏伊士运河直接到达伦敦，这就节省了很多的时间。可是茶船之间的运输竞赛还如同有惯性一般，继续延续下去。下表显示了1870—1887年从汉口出发的茶船到伦敦所需要的时间，从中我们可以看出，时间从61天压缩到最短只要31.5天，压缩了近一半。

表3.1　茶船从汉口到伦敦的时间

年份	船名	时间（天）
1870	Erl King	61
1871	Enterprise	56
1872	Deccan	50
1873	Venetia	50
1874	Glenartney	49
1875	Glenartney	46
1876	Glenartney	46
1877	Loudon Castle	41
1878	Gleneagles	40
1879	Glencoe	40
1880	Glencoe	38
1881	Glencoe	39
1882	Sterling Castle	32.5
1883	Sterling Castle	31.5
1884	Glenogle	37

① *Commercial Reports*: *Embassy and Consular Commercial Reports 1867–69*, p. 559.

（续表）

年份	船名	时间（天）
1885	Glengarry	45
1886	Glenogle	37
1887	Moyune	36

资料来源：T. J. Lindsay，“The Hankow Steamer Tea Races”.

在当时的报纸上，也不遗余力地记载这种船只之间的较量。比如1877年和1878年的6月5日，《申报》上都记载了从汉口装载新茶的船的动向。“新茶出洋　有火轮船二艘一名掰林以格，系怡和洋行之船，一名拉姆楷苏，皆装载中国新茶星驰出口，昨接新嘉坡电报，知拉姆楷苏船已于前礼拜六赶到，而怡和船则不知消息也。”① 茶船从汉口开出以后，就迅速开往伦敦，沿途还会告诉上海这边船的进度。“汉口新茶运往英国所开各轮船俱如飞而去，而众人以为捷足先登者，无如别灵依掰六及老胜楷苏两船，惟别灵依掰六起轮在先，应先到英，现得新加坡电信，知别灵依掰六船在路又较老胜楷苏快至九点钟光景云。”② 从这两则材料中，我们不难想象当时船只之间争分夺秒竞争的热闹景象。

（二）头茶竞买促进了汉口茶市的发展兴旺

从上文的论述中可以看出，头茶竞买对汉口茶市的好处是不言而喻的，可以说它是汉口茶市兴起的催化剂和有力支撑。虽然在汉口的茶叶交易中，也出现过一些波折，许多洋行倒闭或者一度撤回上海，但汉口的茶叶输出还是占据了中国茶叶输出总量三分之一以上的份额。这其中最重要的就是头茶的输出。从下面的表格中能够看出头茶在汉口茶叶贸易中的比例，在数量上占到了50%～80%。众所周知，头茶的价格是远远高于二茶和三茶的，所以从输出值上估算，头茶占据了汉口茶叶贸易的百分之七八

① 《申报》1877年6月5日。
② 《申报》1878年6月5日。

十以上。其重要性由此可见。

表 3.2 1876—1877 年汉口茶叶到货中头茶、二茶、三茶比例

单位：磅

茶叶种类	1876 年	1877 年
头茶	33700000	36600000
二茶	17500000	10500000
三茶	12522270	9543100

资料来源：*Embassy and Consular Commercial Reports* 1874 - 77, p. 287.

表 3.3 1887—1888 年汉口茶叶到货中头茶、二茶、三茶比例

单位：二五箱

茶叶种类	1887 年	1888 年
头茶	710500	495000
二茶	107500	220000
三茶	70000	126000

资料来源：《中国旧海关史料》汉口海关部分，1888 年贸易报告。

头茶竞买使得汉口茶能够获得较高的价格，部分茶叶由于俄国市场的偏爱而成为市场上的佼佼者。上文中已经提到了俄国商人为了购买优质的头茶，出价往往较高，为顶级茶叶出价一担五六十两也在所不惜。1855 年，宁州茶在上海的售价最高也不过二十两左右。① 而在汉口，宁州茶可以轻松获得三十到四十两的高价，“汉口市场一开市就出现了实际上是中

① 《领事罗伯逊 1855 年度上海港贸易报告》中提出：宁州茶 15.5 ~ 18 两，武宁茶 16 ~ 22 两，湖北茶 16 ~ 21 两。《领事罗伯逊 1856 年度上海港贸易报告》：传说山西商人正在内地大量收购，以供俄国市场，红茶最高价格 19 两。见李必樟编译《上海近代贸易经济发展概况（1854—1898 年英国驻上海领事贸易报告汇编）》，上海社会科学院出版社 1993 年版，第 7、30 ~ 31 页。

国前所未有的过高的买价，如一笔为俄国人付的买价为每担46两。早期的发货大部分从汉口直接运去英国。”① 而最顶级的可以获价六十两。在附表c.1中我们可以看出，1866—1904年宁州茶、祁门茶的售价始终非常高，宁州茶叶由于俄国商人的偏爱而能够保持着很高的价格。而安化、羊楼洞等地较好的茶叶售价也相对较高。可以说，正是对汉口优质头茶的追逐，才使得汉口茶叶市场充满活力。

茶叶市场发生了分化，优质茶叶和普通茶叶的价格逐渐拉开，买方对优质茶的追逐日益激烈。比如1863年，“主要由于俄国市场需要高级茶叶，因此早期到货的销势很旺，但在茶季的其他期间，较低级的茶叶销路极差”②。而根据附表c.1我们也可以看出，顶级茶叶在1866年比普通茶叶不过高出十两左右，是普通茶叶售价的一倍半，而此后顶级茶叶的价格不断攀升，达到普通茶叶的两三倍，最多的时候可以达到五到六倍。为什么对于优质茶的追逐如此激烈呢？一个主要的因素自然是俄国市场对于高品质茶叶的需求，而茶叶输出到伦敦市场的竞争也使得头茶的价格飞速提高。这都导致了茶商们大多选择不惜代价地去竞买头茶。“由于商人们对清帝国内地各省的实际情况几乎毫无所知，这就排除了他们在茶季开始时能对大致的收成量作出任何估计。初期的大批到货未必表明就有较大的收成，而且由于第一批到货总是最好的茶叶，这就迫使希望运出优质茶的商人们，要么立即购入他们中意的那类茶叶，否则就要冒完全买不到的风险，从而使整个茶季没有生意可做；同样不足为奇的是，怀有希望的人们会轻易相信中国人非常懂得怎样使它传播开来的有关歉收或只有中等收成的传说。定货必须履行，海船必须装满，当收成不足的传闻变成大量到货

① 《领事文极司脱关于1866年度上海贸易的商务意见摘要》，见李必樟编译《上海近代贸易经济发展概况（1854—1898年英国驻上海领事贸易报告汇编）》，上海社会科学院出版社1993年版，第130~131页。

② 《参赞威妥玛关于从商业角度看1864年上海港贸易情况的备忘录》记载的1863—1864年茶季的情况，见李必樟编译《上海近代贸易经济发展概况（1854—1898年英国驻上海领事贸易报告汇编）》，上海社会科学院出版社1993年版，第87页。

的事实时，再要退缩就嫌晚了。”① 而汉口领事报告中记载的场景则更为激烈和火热：“茶季在5月27号晚上十点开始，到凌晨两点，所有到达的茶都被定购了（大约50份），价格每个小时都在攀升。那些等着早晨买茶的一无所获。这样的热切和竞争，不在乎质量也几乎不在乎价格了，这些极大刺激了茶商，根本就不在乎茶叶制造和包装的质量。”②

这种竞买的气氛的确非常能感染人。“英国伦敦各茶业行所久怨者，每逢新茶开出，辄见驻中国之各茶师不酌情不量势，惟一味争买，以致一月之内出口到英国者有三四月可销之茶，各业主意，谓英茶师如斯争前恐后，半由前赴汉口所致，或二三人，或三四人，同寓一行内，见同居之人大为办买，不免我亦效之，以多买为荣。”③ 这种情形为当时人所诟病，希望能通过转移到上海集中购买茶叶来消除这种弊端，但是他们也意识到由于汉口商行的存在和俄国人在汉口的竞买，不去汉口办茶似乎是行不通的。

二、汉口茶叶腹地范围扩大

（一）汉口开埠和两湖地区茶叶输出的新路线

广东商人主要把两湖茶叶销往广州，但是受到太平天国运动的影响，贸易路线一度受阻。于是长江下游的开埠口岸上海，成为两湖地区茶叶销售的新去向。1859年3月，容闳从上海出发，前往两湖地区采买丝茶。他经浙江杭州、兰溪到达江西河口、九江，然后进入湖南到达湘潭，进而到达岳州府临湘县的聂家市和湖北蒲圻县的羊楼洞，采买茶叶。至8月，他满载茶叶，经汉口，沿长江顺流而下，至九江过鄱阳湖，然后再经过河口

① 《领事麦华陀1868年度上海港贸易报告》，见李必樟编译《上海近代贸易经济发展概况（1854—1898年英国驻上海领事贸易报告汇编）》，上海社会科学院出版社1993年版，第173页。

② *Commercial Reports: Embassy and Consular Commercial Reports 1867 – 69*, pp. 206 – 207.

③ 《申报》1877年6月11日。

至浙江，回到上海。[①] 容闳还指出，汉口即将开埠，商业上处于重要地位。

容闳的这次两湖之行，可以作为当时两湖茶叶销往上海的一个代表。因为当时汉口至上海的长江干流航线还受到太平军的影响，难以直接通航。但是向上海输出茶叶的线路已经打开，一旦汉口开埠，并可以直接通航上海，两湖地区的茶叶必定会以汉口和上海为主要输出口岸。向广州销售茶叶，肩挑手扛，运费高昂，耗时又长，必定会被取而代之。下面的数字可以证明这一路线转变得非常迅速。“1861 年在外商准备好在汉口营业之前，南方茶商还是将茶叶的大部分运往广州出口。1861 年广州出口的红茶达 247014 担，汉口只有 80000 担。1862 年汉口的红茶出口就达到 216351 担，广州下降到 191919 担。1863 年广州出口的红茶只有 135328 担，而汉口上升到了 272922 担。”[②] 可以看出，到 1863 年，汉口的红茶出口数量已经达到了广州的两倍。此前长期依赖广州一个口岸出口的情况，得到了扭转。

西方商人对于汉口开埠可以说是期待已久，而最令他们跃跃欲试的，应该就是可以深入到这个长江中游的口岸直接采购茶叶了。在上一节中，我们已经论述过，由于国外市场对于红茶的需求，广东商人深入两湖，推广红茶制造，使得两湖地区转变成为红茶的重要产区。这为汉口茶叶输出提供了最基本的物资来源。而汉口处于两湖的中心、长江的中游，这一有利的区位又使得它能够在最短的时间内集中两湖地区的茶叶，尤其是头茶，直接输出国外。这两者的结合，使得汉口开埠后迅速在中国的茶叶输出中占据了重要的地位，成为举足轻重的茶叶港。

（二）宁州红茶、祁门红茶、宜昌红茶纳入汉口茶叶市场销售体系

1. 宁州红茶转向汉口市场销售

江西西北部的武宁、义宁州、铜鼓，是一个较为集中的红茶产区。一

---

① 容闳：《西学东渐记》，湖南人民出版社 1981 年版，第 46～51 页。

② Office of Customs, “Hankow Trade Report for the Year 1864”, In *Embassy and Consular Commercial Reports 1854－66*, p. 111.

般研究认为，福建红茶经河口进入江西，逐渐推广开来，传入江西西北部，就逐渐形成了宁州红茶产区。因为品质优异，宁州红茶成为和祁门红茶、宜昌红茶并列的三大优质红茶之一。

汉口开埠之后，一部分九江茶①输出到汉口，再进一步复出口到上海或国外市场，只是数额比较小。如1864年九江输出到汉口的红茶为979担，1869年为2823担。② 从英国领事报告中，我们也可以看出在19世纪60年代，宁州茶并没有引起很大的关注。当时的茶叶报价中，也没有单列的宁州茶一类。1869年的领事报告提到了宁州茶，认为“宁州茶非常香，但是味道淡”③。

宁州红茶真正引起人们兴趣是在1870年，它以优异的品质获得了高价和认可。“5月18号晚上茶市开盘，两件宁州乌龙茶卖到34两到35两每担的价钱，这一举动并不太引人注意，样茶是早晨从九江运到的，还没怎么展示过。这一地区的茶叶被证明品质特别好，俄国购买者非常喜欢这些茶，以至于九江的茶贩们都把茶运到这里来而不是上海。几天内卖出了32000箱，价格在31两到37.5两之间。”④ 从上面这段文字可以看出，宁州红茶非常受欢迎，当时人们也都公认“宁州乌龙是最好的”。宁州红茶的售价也是最高的，而最好的长寿街茶和安化茶只卖到了30~35.5两。此后，宁州茶在汉口市场上一直以质量优异著称，深得俄国商人的喜爱，售价也一直处于最高端。

汉口茶市开出的高价和买方旺盛的需求，使得茶商们直接把头茶从九江运到汉口而不是上海。他们不直接在九江售茶，则是因为九江的茶市规模不如汉口，收买的洋行太少。“因在本口（九江）收买茶叶之洋行仅有

---

① 这里指的九江茶，主要就是宁州茶经过九江集中后再输出的。

② 《中国旧海关史料》第1册、第4册汉口海关部分（1864、1869年贸易册）。

③ *Commercial Reports*: *Embassy and Consular Commercial Reports 1867–69*, p. 191.

④ *Commercial Reports*: *Embassy and Consular Commercial Reports 1867–69*, p. 559.（这里的乌龙茶并非现在我们所指的乌龙茶，而是当时红茶的一种，就叫作“乌龙”。祁门地区也有这种称呼。）

三家，内中只有一行之商主常住九江，余二行之商主则每年于茶叶出新之时在九江居数日，即往汉口察访盘市，而本口之华商均以此三行收买无多，非洋商聚处，因非大帮生意，故将出新之头茶载赴汉口销售，其二、三茶则径行运赴上海销售。”①

此后，大量的宁州红茶通过九江这一口岸，辗转运往汉口。从海关数字中可以明显看出，九江茶叶输出到汉口的数额节节升高。从1864年的2万多两，猛增到1876年的200多万两，增幅近百倍。由于九江的头茶都运往汉口出售，而头茶在茶叶输出中的比重最高，因此可以说汉口在九江茶输出中占据了最重要的份额。

表3.4　1864—1876年汉口输入九江红茶叶值

单位：两②

年份	茶叶值	年份	茶叶值
1864	27456	1872	1212257
1866	74411	1873	1696164
1867	25812	1874	2249608
1869	70567	1875	2397372
1870	375138	1876	2414033
1871	797663		

资料来源：《中国旧海关史料》第1～6册汉口海关部分，1864—1876年贸易册。

2. 汉口茶市的吸引力和祁门红茶的发展

祁门红茶引进的确切时间，学术界大多认为在光绪初年。1875年，徽州人余干臣在福建罢官后，回到徽州，在至德尧渡街设立红茶庄并试制红茶成功，第二年在祁门历口设分庄试制。1878年，又增设红茶庄于闪里。

① 《九江关税务司辛盛申呈总税务司》，见《访察茶叶情形文件》附件，*Imperial Maritime Customs II Special Series*：*NO. 11 Tea*，*1888*，Shanghai，1889.

② 1873年以前为汉口两，此后为海关两。海关两100两等于汉口两108.75两。

而另外一位推动红茶改进的是胡元龙，他是祁门南乡贵溪人，光绪元、二年间（1875—1876），因绿茶销路不旺，遂考察制造红茶之法，改制红茶获得了很大的成功。① 具体的红茶改制时间和线路不是本书考察的重点，但是光绪初年，祁门由制作绿茶改为制作红茶大致可以确定，而这种技术改变，主要是受到了福建红茶制作的影响。这和宁州红茶是相似的。祁门红茶区域，不仅仅包括祁门一县，还包括邻近的至德、贵池以及江西的浮梁，这些地方所产的红茶，均称为“祁红”。

祁门的地理环境优越，生产出来的茶叶品质非常突出。“祁红”更是发展成为世界上著名的三大高香茶之一。虽然较之福建红茶，祁门红茶只是后起之秀，然而因为品质卓越，其地位最终超越了福建红茶，并成为中国红茶中的佼佼者，在世界市场上也占有重要的份额。

祁门由制作绿茶转变为红茶，可以说也是受到了汉口市场的吸引力，祁门红茶改制的时期，正是汉口红茶出口贸易蓬勃开展的时期，高品质的红茶在汉口非常畅销，处于售价极高、供不应求的局面，同时期的绿茶售价却没有这么高，改制红茶正是应时之举。而祁门地区的茶叶品质特别适合于制作高档红茶，所以能够逐步发展成为重要的红茶生产区。

祁门红茶到汉口销售的线路，是沿水路进入江西鄱阳湖，再集中到九江，最后经九江转口汉口。在海关统计数据中，一概并入九江红茶统计。九江茶逐年增长的数据便包括了祁门红茶。1876 年，汉口输入的九江茶为 2414033 海关两，而在 1880—1886 年，每年输入的九江茶平均近 400 万海关两。② 祁门红茶产量的增加，保证了九江茶叶的大量输出。

但是祁门红茶在汉口的输出并非一帆风顺，它是逐步获得市场认可

---

① 1936 年祁门茶叶改良场编写的《祁门茶业》说是光绪二年（1876）开始由绿茶转制红茶。1916 年 3 月 15 日《农商公报》中认为胡元龙是祁门红茶改制的创始人。1950 年，中国茶叶公司屯溪分公司编写的《皖南茶叶稿述》中认为先是余干臣进行红茶改制而后胡元龙也进行了红茶改制。以上转引自陈椽《茶叶通史》，农业出版社 1984 年版，第 195 ~ 196 页。

② 《中国旧海关史料》汉口海关部分，1876—1886 年贸易册。

的。虽然它品质卓越，但是宁州茶比它捷足先登。习惯于抢购高档茶的俄国商人在很长的一段时间内，仍然为宁州茶出最高价，祁门茶价格则要低一些。例如在1890年的茶市上，“茶季中最好的茶是祁门茶，质量比宁州茶好很多。但由于俄国人不要这种茶，所以卖得很便宜，比1889年每担便宜8到10两”①。此后经常出现有关祁门茶质量优异的报道，其价格也逐渐超过了宁州茶。②

3. 宜昌红茶纳入汉口市场

宜昌茶区主要包括宜昌、宜都、五峰、长阳、鹤峰、秭归、兴山等县，属于鄂西南地区。其中以五峰、鹤峰二县所产之茶品质最佳。宜昌茶区转变为红茶产区，也是在光绪年间。此前，虽有茶产出，但是规模并不大，在咸丰、同治时期关于这一地区产茶的记载并不是很多。湖北宜昌府兴山县“县境旧无茶，咸丰中，九冲山民李进考始种茶，为县境产茶之始”③。鹤峰州“州中产茶甚多，其味较佳于他邑，近有茶行数家，荆、襄人多入山采买”④。到光绪时期，才开始有广东人深入到宜昌、鹤峰等地传授红茶制作方法。在鹤峰州，“（红茶）邑自丙子年（1876）广商林紫宸来州采办红茶，泰和合、谦慎安两号设庄本城五里坪，办运红茶，载至汉口，兑易洋人，称为高品，州中瘠土，赖此为生计焉”⑤。此后，红茶生产发展迅速，成为这里比较重要的产业，连修志的时候都要专门写上一笔：“邑多旷山，物产不饶，而高低皆可种植，果能量土之宜，随物之性，广种滋培，八百里生产，可胜言哉！近今美利日增，惟茶为最，故物产志续修。”⑥

这一地区茶叶产量虽然比鄂东南和湖南少许多，但是茶叶品质较好，成为和宁红、祁红并列的名优茶叶。这一地区的红茶，大部分集中到宜昌

---

① 《中国旧海关史料》汉口海关部分，1890年贸易报告。

② 参考附表c.1《1866—1904年汉口茶市各地茶价》，可以看出祁门红茶和宁州红茶的价格对比。

③ 光绪《兴山县志》卷一四《物产》，清光绪十年刊本。

④ 同治《宜昌府志》卷一一《物产》，清同治五年刻本。

⑤ 光绪《鹤峰州志续修》卷七《物产》，清光绪十一年刻本。

⑥ 光绪《鹤峰州志续修》卷七《物产》，清光绪十一年刻本。

后，再输入汉口。因为数量较少，在海关茶叶统计中，很少单列出来。

以头茶竞买为代表的外部市场，对接近产区的汉口市场有着旺盛需求，这使得汉口茶叶腹地扩大。头茶的竞买使得优质茶叶在汉口卖出了高昂的价格，并获得了销路广阔的市场。所以宁州红茶、祁门红茶和宜昌红茶相继纳入汉口的销售圈，成为汉口的茶叶腹地。而汉口市场所集中的宁州红茶、祁门红茶基本都是从九江转运过来的，主要是这两地的头茶，而二茶、三茶则很少。直到1882年，汉口市场上才出现了第一批九江第二季茶。“看起来，这里有茶叶贸易集中趋势。我在一封茶叶函件中提到，第二季的宁州茶（九江）开始在这个市场上出现，这是一个新的特点。此前，只有头茶到这里。”① 而同时期的其他史料，也反复提到，最好的茶叶都到了汉口，只有第二季、第三季的茶才会到上海，商人们情愿把茶叶运到汉口去卖，即使卖不掉，还可以再转运上海出售，但是如果只到上海的话，那么就失去了一次良好的机会。“尽管上海的茶商要被迫按市价销售，但是长江口岸的开放使他们得到了两个市场的好处。他们可以向汉口和九江开业的外国买主提供茶叶，却保留了撤销供货的权利，如对方出价不高，他们就可以把茶叶运往上海出售。”②

第三节　胜利还是失败？汉口茶市的新格局

正所谓“成也萧何，败也萧何”，头茶竞买对于茶叶生产和销售带来的恶果也是影响深远的。关于中国茶叶在19世纪最后的二三十年间输给印度、锡兰（今斯里兰卡）的讨论非常多，当时人们就找出了各种原因，比如茶叶生产方式落后、茶叶质量不好、茶税过重、茶叶销售环节太多导致

① 茅家琦主编：《中国旧海关史料》第9册汉口海关部分，1882年贸易报告，京华出版社2001年版。

② 《领事麦华陀1875年度上海贸易报告》，见李必樟编译《上海近代贸易经济发展概况（1854—1898年英国驻上海领事贸易报告汇编）》，上海社会科学院出版社1993年版，第374～375页。

售价过高等。在这里，笔者希望通过对汉口茶市茶叶生产、销售环节的讨论，进一步找出当时茶叶问题的症结所在。

一、头茶竞买带来的弊病

关于茶叶生产的环节，在下文会详细论述，这里只是简单地提出一个生产、销售环节示意图。

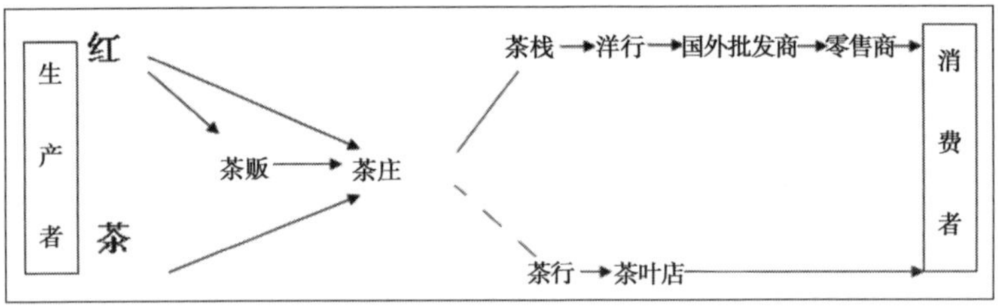

图 3.2　茶叶生产、销售环节示意图

资料来源：根据《江西宁州红茶之生产制造及运销》①、《湖南安化茶叶调查》②、《祁门红茶之生产制造及运销》③中相关内容归纳整理而成。虽然调查都是 20 世纪 30 年代进行的，但其中的很多程序和 19 世纪后半期还是一致的。

注：图中实线代表茶叶之主要销路，虚线为次要销路。线段有箭头者所指为购茶者，线段无箭头者则为代客买卖之经纪商，自己不购买，专门从事介绍交易，从中支取佣金。

（一）生产环节的时间压缩问题

红茶的生产主要分为茶农初制和茶庄精制。初制步骤主要分为“1. 萎

① 金陵大学农业经济系编：《鄂豫皖赣四省农村经济调查报告》第 13 号《江西宁州红茶之生产制造及运销》，金陵大学农业经济系 1936 年印行。

② 经济部资源委员会、经济部中央农业实验所编：《湖南安化茶叶调查》，经济部中央农业实验所 1939 年印行。

③ 金陵大学农业经济系编：《祁门红茶之生产制造及运销》，金陵大学农业经济系 1936 年印行。

凋，俗称‘晾青’，即将鲜叶用日光晒，要非常均匀地摊开并不时翻转。等到叶片软化，变成翠绿色，叶边呈褐色，叶茎皱缩。2. 揉捻——将萎凋后之叶片用手搓揉，到卷缩成条时为止。3. 发酵——叶片揉捻后置于筐中，上面蒙上厚布，凭借日光的热力来发酵。等到颜色变红而发酵香为度。4. 干燥——发酵后，就用日光晒至相当干燥，然后直接出售。”① 这一过程受天气影响，如太阳不好，则需要在室内萎凋、揉捻、发酵，需要时间相对长一些。如在阳光下萎凋、揉捻、发酵，则只需要大半天时间就可以了。茶农清晨采茶回来，立刻进行茶叶初制，至下午太阳落山的时候，一般就可以挑茶出去卖了。因为红茶是发酵茶，即使最后一个环节干燥没有结束，也可以直接出售，因为茶庄还会进一步加工，并不影响茶叶质量。在茶农初制的这一环节，并没有机器的投入，制作时间变化也不大，基本上一天的时间就足够了。

红茶精制的环节就要复杂得多，大致要经过烘焙、筛分、拣别、补火和均堆。由于对茶叶的要求不同，则需要不同程度地筛分和拣别，制出不同花色、不同等级的红茶。这其中的时间变化较大，因为茶庄收购茶农的毛茶以后，大多立即进行烘焙来干燥茶叶，但是筛分和拣别就可能要等收集到一定数量的茶叶以后再进行。等茶庄精制茶叶装箱以后，就可以运到汉口出售了。

茶叶的采摘时间随每年的气候变化而有所不同，但是一般都是在谷雨前后进行第一批茶叶的采摘。“（茶树）时届清明节候次第萌芽，一到谷雨节则叶便舒矣。采茶者以为愈嫩愈为贵，若多延数日，则叶片已老，便成无用，故采摘必在谷雨节之三五日间。”② 采摘后的当天或者第二天就由茶农卖出，直接卖给茶庄或者经过茶贩之手再卖到茶庄。在茶庄再进行精制，制成一批茶叶所需时间则不固定。

---

① 金陵大学农业经济系编：《鄂豫皖赣四省农村经济调查报告》第 13 号《江西宁州红茶之生产制造及运销》之《栽培与初制》，金陵大学农业经济系 1936 年印行。

② 《江汉关税务司裴式楷申呈总税务司》之附件《汉口茶叶公所呈报茶市情形节略》。

前文中已经论述了汉口头茶竞买的激烈情况，最先到达的茶能够获得最好的价钱，而当头茶大量上市的时候，买方也可以进行压价。所以影响到生产环节，就是头茶的生产也变成了“急就章”。很多茶叶精制不到位，烘干不彻底，就被运到了汉口市场。

通过汉口茶市开盘的时间，我们也能从侧面证实茶叶精制环节时间的压缩。从下面的表格中可以看出，汉口茶市在19世纪60年代以后的四五十年中，开市时间早了20天左右。60年代开盘时间都在5月下旬，70年代则基本上在5月中旬，到80年代开始出现5月上旬开盘的情况，而90年代则完全在5月上旬开盘，基本上每十年提前十天。而在茶叶生产方式没有大的变革的情况下，茶叶精制时间的缩短和流通环节的加快可以说是茶市开盘提前的主要原因。

表3.5　1864—1904年汉口茶市开盘时间表

	汉口								上海	
	头茶开盘				二茶开盘		三茶开盘		头茶开盘	
年份	公历		农历		公历		公历		公历	
1864	5月底									
1865	5	26								
1866	5	24							6	25
1867	5	23							6	5
1868	5	27								
1869									6	11
1870	5	18								
1871	5	20								
1872	5	13								
1873	5	16								
1874	5	23							6	9

（续表）

年份	汉口								上海	
	头茶开盘				二茶开盘		三茶开盘		头茶开盘	
	公历		农历		公历		公历		公历	
1876	5	11			6	21	7	28		
1877	5	18			6	18	7	28		
1878	5	14							6	15
1879	5	19							6	11
1882	5	10			6	18				
1883	5	12								
1884	5	10							6	12
1888	5	11								
1889	5	9								
1890	5	7	三	十九						
1891	5	4	三	廿六						
1892	5	5	四	九						
1893	5	4	三	廿一						
1894	5	3	三	廿八						
1895	5	5	四	十一						
1897	5	9								
1898	5	9	闰三	十九						
1899	5	7	三	廿八						
1900	5	7	四	九						
1901	5	9	三	廿一						
1902	5	6								
1903	5	10								

（续表）

	汉口								上海	
	头茶开盘				二茶开盘		三茶开盘		头茶开盘	
年份	公历		农历		公历		公历		公历	
1904	5	10								

资料来源：1882 年以前的数据来自 *Commercial Reports*：*Embassy and Consular Commercial Reports*（*1854－1898*）与《上海近代贸易经济发展概况（1854—1898 年英国驻上海领事贸易报告汇编）》中相关部分。1882 年以后的数据来自《中国旧海关史料》汉口海关部分，历年贸易报告。

注：除了单列的汉口头茶开盘时间以外，其他的时间都是公历。上海茶市开盘时间仅作为参考，故而只列了几年。汉口头茶开盘的数据较为齐备。以汉口领事报告中记载的开盘时间为准，上海领事报告中的时间为参考。同一年份中，上海领事报告中所记载的汉口茶市开盘时间往往要晚一天。因为汉口领事报告中经常提到某天头茶到货，进行了秘密交易或者夜里面完成了交易，而上海领事报告中往往没有这么详细的记载，故汉口领事报告比上海领事报告更精确详细一些，以之为准。

如果梳理一下上面的叙述，可以看出，谷雨前后，茶农采摘茶叶，采摘的茶叶一到两天的时间内卖给茶庄，茶庄进行精制加工后，运往汉口，宁州、祁门红茶还要先运到九江再运到汉口。19 世纪 60 年代，这个过程需要一个月（即从谷雨到 5 月下旬），70 年代缩短为 20～25 天，80 年代缩短为 15～20 天，90 年代则为 10～15 天。

外部市场头茶的竞买造成了茶叶争相早上市，而在技术没有变革的情况下，除了理顺流通环节，就是压缩制作时间。这其中，茶农初制的时间变化不大，主要压缩的是茶叶精制的时间。关于对华茶质量问题的指责，可以说涉及方方面面。从茶农种植茶树、采摘到制作、包装、销售，都有人指出弊病。但是从上文的论述中我们可以看出，最大的问题还是出在茶庄制造环节上。如果按照严格的生产工序精细加工，华茶质量不至于出现明显衰退。

汉口茶市的开市时间不但早于上海，同福州相比也要早。可以说汉口的头茶竞争最激烈，也是头茶开盘时间提前最直接的原因。1877 年的一则福州茶讯中提道：“传闻前礼拜五经有火船两只，载新茶自福州开往英国，按今年福州新茶办运出口较早于往年，盖于汉口茶出口之时不相上下云。”[①] 可见，之前福州茶市开盘是晚于汉口的，当福州茶市提前的时候才同汉口茶市差不多。汉口茶市之早，于此可见。

（二）茶叶赶制带来的质量下滑问题

茶叶精制时间的压缩，可以减少筛分次数，也会减少烘干的时间。如果烘干的时间变短，茶叶含水量大，分量加重，倒是可以在出售时候更有利于卖方。但是这样的茶叶往往不耐储存，尤其是漂洋过海到达欧美市场后，茶叶变质腐烂、味道变坏的情况屡屡发生，严重影响了茶叶的再次销售和保存。在包装上，自然也是马虎了事，这使得茶叶在运输途中非常容易受潮和受到杂质、异味的污染。

下面一则材料说明了由于茶叶的采购进一步接近产区，以及运输方式的变革，使得茶叶生产的质量发生下滑却不容易被发现的情形。

> 过去十年中，英国及其殖民地对茶叶的消费几乎增长了一倍，主要由此而引起的对茶叶的大量需求，以及新口岸的开放，就导致了茶叶质量的下降，以致近来伦敦把这种植物列为容易腐烂的商品。……由于我们接近了产茶区，也就严重地增加了对任何一种中国茶叶的品质作出鉴定的困难。以前，中国人需对这种娇嫩的植物进行非常妥善的烘制和包装，使它经受得住从茶区运到广州的陆上长途旅程；茶叶常要在整整一年之后才在广州转到外国发货人的手中。现在我们发现茶叶在生长后六个月之内竟然已制成商品到了英国消费者的手中。中国人就逐渐地采取了随随便便的操作方法和不牢靠的包装，因为他们发现首要的是必须把茶叶不受损伤地送进外国人的仓库，而从内地的加工厂到这些仓库常是不超过三天的路程。新烘干茶叶的香味欺骗了买主，但英国的客户将要收到的却是毫无香味的制成品。[②]

① 《申报》1877 年 5 月 28 日。

② 《领事文极司脱关于 1867 年度上海贸易的商务意见摘要》，见李必樟编译《上海近代贸易经济发展概况（1854—1898 年英国驻上海领事贸易报告汇编）》，上海社会科学院出版社 1993 年版，第 155 ~ 156 页。

由于从产地把茶叶运到汉口大多通过水路，比起以往经陆路翻越南岭来说，时间是大为缩短，随之而来的是茶叶精制过程中的偷工减料，因为制茶的人深知这样的茶叶也可以卖出去，但是这种做法带给茶叶买主的则是灾难性的后果。“随着茶季的进展，人们发现在保持茶叶质量方面还有欠缺。外国人之间争取成为第一买主的激烈竞争导致中国茶商将尚未成熟的茶叶投入市场。尽管轻度的烘烤和急速的赶制使茶叶还新鲜时同样也能产生香漫美味，但是它会随着时间而消失。要不是苏伊士运河恰巧开放，使运输时间随之缩短，来自英国的抱怨会更加普遍。”① 苏伊士运河的开通，缩短了华茶到伦敦的时间，自然使得草草加工的茶叶不至于立刻变得没有味道。不过这种时间的缩短，更刺激了茶叶制作时间压缩的风气。

“查华茶自开苏伊士运河以来，比年作法均嫌潦草。在外洋买茶之人，常谓到汉口收茶之洋人不留心，实缘在汉口经手之人，知作茶之成本，亦知在汉口收茶之洋人口味，只须半酿半炒，即可合意。是以所得之茶，均极色淡味轻。力量颇小。如日期经久，香味皆无。”② 从中可见，当时人们也意识到这个环节的问题所在。收茶的人尝到的还不错的茶，因为加工不够，到了伦敦就变成很差的茶了。进一步的，他们还把华茶和印度、锡兰茶叶进行了比较，认为印度、锡兰茶叶本身并不比华茶优秀，但是由于烘焙力度大、味道重，而赢得了英国人的喜欢。他们认为华茶也只有改善加工问题，才能站稳市场。

茶叶市场对于头茶的大量需求，使得茶叶制造时间短，而且还要增加出产量，因此引起了一系列的问题。不仅最早一批的茶叶产量难以供应市场需求，而且包装材料也经常不敷使用。“近年来茶叶质量差的原因其实在于为使茶叶及早进入市场而匆忙赶制，以及未加工茶叶变成商品茶所必

---

① 《附件：领事麦华陀 1872 年度贸易报告》，见李必樟编译《上海近代贸易经济发展概况（1854—1898 年英国驻上海领事贸易报告汇编）》，上海社会科学院出版社 1993 年版，第 263 页。

② 《上海华茶公所将茶叶近年情形开具节略》之附件《照译上海洋商和明总会查复华茶日见销滞情形之节略》。

需的各种加工过程杂乱无章。小业主和多半把种茶作为副业的小农们种了50磅或500磅的茶叶，亲自背到邻近显得最有指望的市场去卖。对一个市场的买价感到不满意时，他们甚至会把茶叶运去另一个市场，其间由于茶叶被不必要地曝露于空气之中，以及采茶和烘制之间的间隔延长，以致未烘过的茶叶迅速腐败。打包者们全是一些投机商，多数是异乡人，他们临时租了一间房子，向茶农们小量地收购茶叶。因而来自不同地区的茶叶都被混在一起，难保有纯粹一种香味的茶叶，打包方法也各不一致，都有缺点；如果铅价贵了就用结实的纸头来代替，如果木头缺了，就把它刨得更薄些，直到装一英担茶的木箱不比硬纸匣好多少；因此外包装裂开，里面的铅也就破损了。”① 这样一来，各种茶叶混杂在一起，包装又非常容易受损，即使上等的茶叶运到伦敦以后，也很容易变成劣质茶。

对于在汉口市场上发生的头茶竞买来说，很多时候可以说是轻率、无秩序和过热的。② 这种热切的竞争为汉口茶市注入了活力，使得汉口茶市吸引了大量的头茶交易，成为重要的茶叶销售中心。可是19世纪60年代开始的头茶竞买，经过二十多年的发展以后，对汉口茶的生产和销售都带来了改变，技术上的进步是微乎其微的，但是粗糙的制作工艺及制作过程中的作假等带来的纠葛是常有的。高茶价固然在当时带来了不错的利润，但是这种高价和质量的不均衡，也为汉口茶日后的销售和华茶的衰落埋下了伏笔。关于华茶衰落的原因，笔者认为并不单单是某一方面的，税收问题、小农种植和经营的问题、茶叶加工制造问题、政府保护以及消费者习惯的改变等都是华茶衰落的因素。笔者在前文着重论述的是汉口市场上头

---

① 《领事麦华陀1875年度上海贸易报告》，见李必樟编译《上海近代贸易经济发展概况（1854—1898年英国驻上海领事贸易报告汇编）》，上海社会科学院出版社1993年版，第376～377页。

② 《领事文极司脱关于1865年度上海贸易的商务意见内容摘要》中提到“新的茶季开始时，茶价虽然不象前一年的开盘那么高，但它还是超过了茶商期待的价格，所以许多人又一次用‘轻率’的特征来描绘洋商的业务经营。”他的这种意见，是那个时代常有的看法。见李必樟编译《上海近代贸易经济发展概况（1854—1898年英国驻上海领事贸易报告汇编）》，上海社会科学院出版社1993年版，第103页。

茶竞争引起了交易的过热，并使得茶叶加工过程中出现了质量问题。

二、俄国在汉口市场的集中优势

俄国商人在汉口市场的集中也是逐步完成的。最早的时候，俄国商人是在汉口采买茶叶，并在产茶区设立砖茶厂。俄国对中国西北地区和其国内的茶叶输出，主要集中在两种茶叶上，一种是最优质的头茶，一种是最廉价的砖茶。这和当时俄国贵族和农奴严重分化的消费结构是有关系的。在头茶方面，俄国人不惜花费大价钱也要控制最好的茶叶，而最快获得最好的头茶的地方自然是在接近产区的汉口。而在砖茶方面，俄国人逐步在汉口周围地区设立砖茶加工厂。这样，俄国商人在汉口的贸易优势就日益凸现出来。

随着苏伊士运河的开通和轮船运输的发展，汉口的茶叶对俄输出更加便捷。“1870 年苏伊士运河的开放以及同时俄国把从陆路进口茶叶改为从海路进口这两个意外事件……前一件事把运输业务转移给轮船，这些轮船能够在长江的急流中上驶（这是帆船办不到的），直接从汉口运货去伦敦，而不必在上海转运。后一件事导致设在恰克图的俄国商行迁移到汉口。要是没有发生这件事，长江的一些茶叶口岸就会逐渐退化成为轮船的转运站和装卸货物的地点，中国茶商也就只好把他们的茶叶用船运到下游的上海来。1866 到 1870 年，上海的直接贸易数逐渐回升，其后却稳步下降，这就清楚地表明了事实确是如此。”① 对于俄国商人来说，既然他们既不计较头茶的价格，又能控制低价砖茶的批量生产，在汉口进行贸易对他们显然是有利的。从茶叶输出路线上说，到俄国的茶叶输出分为陆路和海路。海路最初是通过英国转向欧洲大陆；陆路方面，汉口自然比上海更有优势。而海路方面，从汉口输出茶叶到恰克图或者转道天津再经海运到海参崴都日益便捷。

---

① 《领事麦华陀 1875 年度上海贸易报告》，见李必樟编译《上海近代贸易经济发展概况（1854—1898 年英国驻上海领事贸易报告汇编）》，上海社会科学院出版社 1993 年版，第 374 ~ 375 页。

俄国商人在汉口的贸易优势还和他们的贸易组织有关系。较之众多的英国投机商，他们实力更雄厚。“由于对俄茶叶贸易集中在少数人的手中，沿江的俄国商行似乎有能力愿出任何价格购入茶叶而不让它流往上海，因此近年来红茶每担市价达到了 50 到 60 两的空前高价。这就迫使希望获得第一批收成中高级茶叶的英国发货人都去汉口参与第一批的选择，更不用说一批轮船早已去那里装货的事实。”①

三、英国在同俄国竞争中的劣势以及中、英、俄茶商的输赢

上文中已经有很大篇幅提到，为了购买到最好的茶叶，俄国商人总会出最高价，最优质的茶叶大部分都在俄国市场消费了。即使在海关报告中看到大量茶叶出口英国，但是很多茶叶还是从英国转向俄国，那里才是最终的消费市场。

俄国商人和英国商人在汉口市场的竞争，对于英国商人来说有几个不利方面。一是抬高了汉口茶叶的价格，“有指望的前景（指伦敦市场）却由于发货人的急躁而又告丧失。他们坚持认为不管价格如何，在最初的发货中占有一份权利必然是有利可图的。因而在开市时就确立了很高的价格水平，而且在整个茶季中，这个水平成了价格的标准”②。在前文的论述中我们也可以看出，为了和俄国商人竞争购买茶叶，英国商人往往出更高的价钱，结果在运回伦敦市场以后，他们就会面临亏损。二是抢购经常为伦敦带来过多的囤货，结果高价买来的茶叶在伦敦往往要亏损卖出。第三则是茶叶品质也受到了影响，茶叶到伦敦市场以后往往变质或失去香味，买主们为此蒙受损失，消费者也为此充满抱怨。

---

① 《领事麦华陀 1875 年度上海贸易报告》，见李必樟编译《上海近代贸易经济发展概况（1854—1898 年英国驻上海领事贸易报告汇编）》，上海社会科学院出版社 1993 年版，第 375 页。

② 《领事麦华陀 1874 年度上海港贸易报告》，见李必樟编译《上海近代贸易经济发展概况（1854—1898 年英国驻上海领事贸易报告汇编）》，上海社会科学院出版社 1993 年版，第 339 ~ 340 页。

从市场结构上来说，英国人也更倾向于上海。英国的洋行、银行大都集中在上海而不是汉口，如果茶叶贸易全部集中在上海进行的话，那么可以避免在汉口竞买的狂热，也可以大量节约分行在汉口的开支。被俄国人拖到汉口竞买茶叶，增加了他们的交易成本。集中在汉口市场的俄国商人在这个问题上则没有英国商人那么突出。

在英、俄竞争中一个最具有代表性的例子就是发生在1883年的茶叶拒售事件。1883年初，汉口茶商们联合起来“草拟了一系列关于重量的规章，并决定选一个外国人——一个正直聪明、精于茶叶贸易的人，在买者卖者之间的争论中作出公断”。他们的这种行为遭到了外国商人的抵制，于是汉口茶商们决定拒绝出售茶叶，并且要回了样品茶。在僵持中，俄国商人并没有同英国商人站在一条战线上，“在俄国买主中间，进行了一天的讨论，他们并不同意其他的观点，买进了一些最好的部分”①。这立刻导致了外国商人阵线的瓦解，贸易恢复了，并且中国商人的要求得到了满足。与其说这次胜利属于中国商人，不如说是俄国商人击败了英国商人。

英国商人在汉口和俄国人的竞争中，明显处于不利的地位，这种情况加速了英国茶叶消费转向印度、锡兰茶叶。并不是印度、锡兰茶叶的质量高于中国茶叶，而是英国能从消费印度、锡兰茶叶中获利更多。② 采取大规模种植、大规模生产的印度、锡兰茶叶成本低廉，加上税收政策的优惠，茶叶售价非常低。而中国即使能出产很多高品质的茶叶，但是质量参差不齐，在中国市场上的购买又不利于英国商人获利，在这种情况下，中

---

① 《中国旧海关史料》汉口海关部分，1883年贸易报告。1882—1891年十年报告中也提到了这一事件。

② 关于华茶和印度、锡兰茶品质的比较问题，当时已经有众多评论，很多英国人也认为华茶品质更高，印度茶和锡兰茶只是味道比较重而已。很多医生还认为中国茶更利于身体健康，有一定的疗效。甚至他们认为是大众消费满足于便宜的印度茶，口味日益浓重，所以再好的中国茶也不能吸引他们了。华茶的问题并非本身品质不高，而是在加工、运输过程中问题较多，影响了品质，且由于购买和销售过程中的投机行为，使得华茶品质不均衡的问题比较突出。所以，当比较廉价稳定的印度茶逐渐征服了英国大众的口味之后，华茶逐步失去了市场，沦为配角，成为配置拼装茶里面的一小勺。

国茶叶逐渐失去英国市场也是必然的。

罗威廉在《汉口：一个中国城市的商业和社会（1796—1889）》中专门有一章讲茶叶贸易。他重点考察了茶叶公所在对外贸易中的行动，认为："中国商人较之英国商人，起到了更大的稳定作用，而且他们一直热切期望着一个长期健康的市场。因此，他们在汉口是韦伯所谓'经济理性'的坚决拥护者。……西方商人常常为了急功近利而抛弃这些原则。正是中国人再三采取各种市场措施，试图维护市场的公平、稳定与理性。……他们的能力足以保证他们接受中外贸易，但却并不必然意味着他们能够有效地、自如地应付外国竞争者。当面临竞争时，中国国内商业的散漫式结构特征，就被证明是不利的因素，而不是一种有利因素。"①

在前文中我们指出，英国商人、俄国商人在汉口为购买茶叶产生了激烈的竞争，这种竞争还进一步影响了中国茶叶的生产和销售。在这种竞争过程中，俄国商人在汉口市场逐渐集中起来，他们在这里获得了贸易优势，而英国商人则更希望在上海市场进行贸易，在汉口的贸易使得他们往往无法获利甚至亏损。持续的贸易不利局面使得英国市场逐渐放弃了华茶。对于印度、锡兰茶叶的扶持和消费增长也加速了这一过程。华茶不仅仅是输给了印度茶和锡兰茶，更是输给了英国的生产方式。汉口茶也不是输给了另外一个卖者，而是输给了自己的一个买者。在汉口开埠后的前二十多年中，在汉口的茶叶商人表现得还算理性，但是在整个茶叶供应链上依然充满了投机掺假、偷工减料的不理性行为。

在英国方面，虽然很多投机茶叶的商人也亏本破产了，在汉口的茶叶竞买尤其不利于他们，但是在华茶叶贸易的不利局面使得他们加速了对殖民地茶叶产业的扶持，获得了价廉物不差的茶叶。虽然优质茶的比例降低了，但是相对于英国消费者来说，性价比更高的普通茶叶大量普及。这期间，英国茶叶消费已经从上流社会普及到普通百姓。这是资本主义商业和

---

① ［美］罗威廉著，江溶、鲁西奇译：《汉口：一个中国城市的商业和社会（1796—1889）》，中国人民大学出版社 2005 年版，第 193 页。

新的生产方式的胜利。

汉口茶商在交易过程中，并没有输给外国商人，19 世纪 80 年代的几次茶叶事件交涉中，汉口商人还一度获得了胜利。但是，他们既不能控制茶叶的供应链，对茶叶的销售链和外部竞争也无能为力，只能在外部市场剧烈变动下艰难维系着茶叶贸易，而仅仅在一个交易环节上的努力显得苍白无力。开埠后的二十多年里，汉口茶叶贸易获得了很大的增长，但是汉口茶商在 19 世纪 80 年代的这种胜利，可以说是强弩之末。汉口茶逐渐失去了英国市场，这也是华茶逐步失去世界市场的一个重要原因。此后，汉口茶只能更加倚重俄国市场。

俄国商人在竞争中比英国商人付出了更高的价钱，始终占据了优质茶的主导地位，低廉的砖茶也大有销路，可以说在这场较量中赢了他们的对手英国商人一筹。但是从长远看来，英国市场获得了更为廉价和均质的茶叶，消费者得益更多。而俄国则始终以优质茶和低价砖茶来满足其分化的消费阶层。俄国市场消费更为廉价的印度茶，要远远晚于英国。从世界茶叶市场的格局来说，英国更是一个赢家。

第四节　中流砥柱——华茶衰落中的汉口茶市

在第二、三节中，笔者所主要论述的是汉口外部市场的竞争对汉口茶市的影响，以及受其影响汉口茶叶腹地的扩展。这一过程主要是在汉口开埠之后的 20 多年时间内发生的。在这一节中，我们要从汉口本身的区位条件出发，来看看区位优势在汉口茶市发展过程中所起的作用。

一、汉口茶市的优势

（一）靠近产地，交通便利

汉口是两湖地区的交通枢纽，在近代以前就已经成为两湖茶叶销往西北地区的重要集散市场。此后随着外销红茶的兴起，广东商人在两湖推广红茶，以鄂东南和湖南湘、资流域为主的茶叶产区，都以汉口为输出口岸。便利的水系使得两湖地区出产的茶叶运到汉口非常方便。

祁门、宁州则距离九江较近，其茶叶集中到九江后沿长江上溯到汉口，距离也较短。所以即使九江来的茶销路不好，再运到上海，运费损失也不会太大。

正是由于汉口处在中国产茶量最大的区域之一，所以在开埠以后可以迅速集中其周围地区的茶叶，进而输出到长江下游的上海或者直接输出到国外。

（二）传统市场和贸易路线优势

汉口在开埠以前就成为中国中部最大的贸易中心，有“九省通衢”之称。它的商业贸易、金融实力都是中部最强大的，可以为茶叶贸易提供资本、信息、交通等商业网络的支持。茶叶贸易所需要的资金，都是从上海运来，再通过汉口运到产茶的乡间。

以往的贸易路线也是汉口茶叶贸易的优势，山西商人、俄国商人贩卖茶叶到西北地区去，其他内销茶从两湖地区输出，也要以汉口为集中地点。这样汉口就有了茶叶贸易集聚的基础。当开埠以后，受到外部条件的刺激，这种集聚就会迅速发展起来。

（三）税收等优势

此外，在税收等方面，汉口也有一定的优势。根据下面的表格，比较一下当时各地的茶叶税收情况，也可以看出汉口茶叶出口之前所需要缴纳的税金，在全国范围内都属于较低的。而在汉口集中的九江红茶，税收也是较低的，仅仅高于广州一口。

表3.6　1869年各口茶叶（支付出口税前）出口税厘率

单位：海关两

口岸	每担征收量（海关两）		
	自产地运输时	在港口时	总数
汉口	1.25	0.35	1.6

（续表）

口岸		每担征收量（海关两）		
		自产地运输时	在港口时	总数
九江	宁红	1. 621		1. 621
	河口红茶	1. 471		1. 471
	河口绿茶	2. 701		2. 701
宁波		2. 067		2. 067
福州		0. 192	2. 2	2. 392
广州		0. 4	0. 24	0. 64

资料来源：《中国旧海关史料》第四册，京华出版社 2001 年版，第 220 页。出口税为 2. 5 海关两，转口税为 1. 25 海关两。

正是由于上面所说的这些优势，才使得汉口开埠后迅速成为国内茶叶输出的三大口岸之一。而对于俄国商人来说，汉口更是他们制造、采买茶叶的中心。

1888 年是近代华茶输出数量最多的一年，也是华茶走向迅速衰落的转

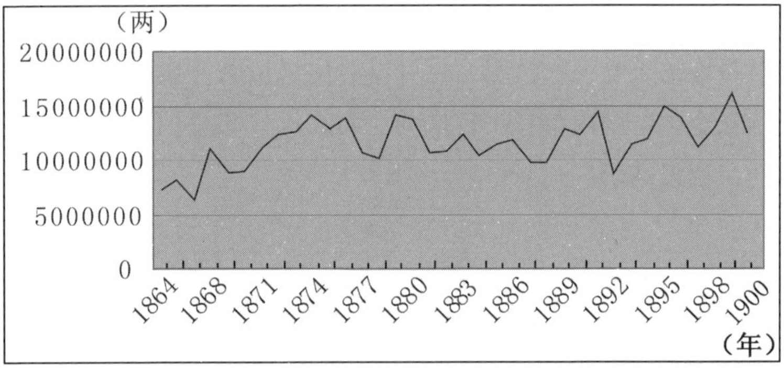

图 3. 3　1864—1900 年汉口茶叶输出总量图

资料来源：《中国旧海关史料》汉口海关部分，1864—1900 年贸易册。

注：1873 年之前为汉口两，此后为海关两。

折点。而对于汉口来讲，到19世纪80年代，它在中国中部茶叶市场的集聚地位已经形成。虽然出现了一段时间的下降，但很快又得以恢复，并继续维持了30多年的繁荣局面，直到“一战”之后，才走向衰落。这和整个中国的华茶走势是不同的。而这种不同局面的形成，正是之前汉口茶叶市场格局的延续，也是建立在汉口独特区位优势之上的。

二、中流砥柱——汉口在华茶输出中地位的抬升

1888年之后华茶的迅速衰落，是华茶逐步丧失英国市场的结果。在19世纪70年代末，英国市场新增的茶叶消费就是以印度、锡兰为主的。此后华茶在英国市场上销量直线下滑，沦为拼装茶中的配角。① 而俄国市场仍然是以中国茶为主流的。所以1888年之后华茶销往俄国的比例超过了销往英国的比例。俄国成为中国茶叶的头号消费国。

而在汉口市场，对俄国茶叶输出的增长也成为汉口茶市的支撑。以英

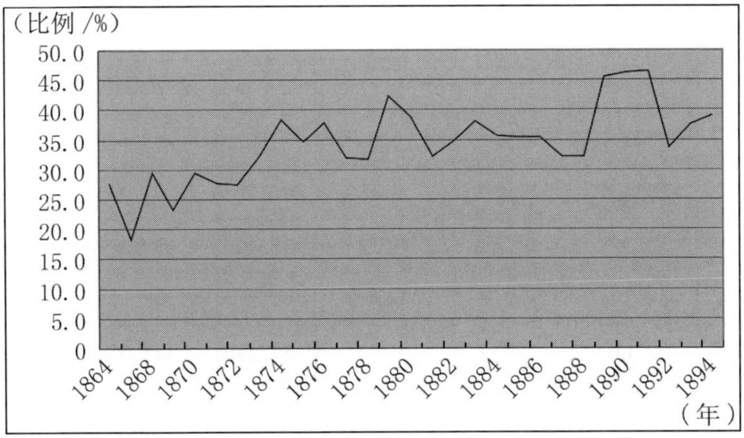

图3.4　1864—1894年汉口茶叶输出在全国所占比例图

资料来源：根据附表c.3制作。

① ［澳］Nick Hall著，王恩冕等人翻译：《茶》，中国海关出版社2003年版。该书对于当时英国社会流行的茶的配制比例有详细介绍。

国为输出对象的福州港衰落了。依靠汉口、九江、宁波茶叶输出英国的上海港也受到了很大的影响，由于对英茶叶输出的减少，上海港更加依赖于汉口茶叶输出的转口。而只有汉口，由于俄国市场旺盛的需求，还能够维持其茶叶贸易的数量，并且一度有较大增长。这种状况使得汉口在华茶输出总量迅速下滑的格局中显得非常醒目，成为华茶输出的中流砥柱，其地位也大大提升。

在上图中可以看出，汉口茶叶输出占全国茶叶输出的比重逐步上升，在1875年以后已经超过三分之一，而到1890年前后已经上升到45%左右，之后比例继续提高。1912—1917年汉口茶叶输出在全国所占比例都超过了45%，加上九江茶叶输出，则接近全国茶叶输出的三分之二。汉口茶叶输出的地位可见一斑。

表3.7　1912—1918年汉口茶叶输出在全国所占比例

单位：担

年份	九江	汉口	上海	全国	汉口所占比例	汉口和九江所占比例
1912	256977	843883	2262	1702891	49.56%	64.65%
1913	285405	782959	3568	1657653	47.23%	64.45%
1914	325356	904266	5252	1831502	49.37%	67.14%
1915	329798	945076	14266	1955331	48.33%	65.20%
1916	304116	855976	9727	1835703	46.63%	63.20%
1917	212631	634213	13581	1379642	45.97%	61.38%
1918	151460	388600	10545	1006316	38.62%	53.67%

资料来源：《最近中国对外贸易统计图解（1912—1930）》第32页第六表《重要出口货物港别数量图》（2）茶类，中国银行总管理处调查部1931年印行。

如果把汉口茶叶出口数量和其他口岸进行比较，我们就能更直观地看出汉口茶叶出口比重的提高，尤其是在19世纪80年代后半期华茶衰落的情况下。

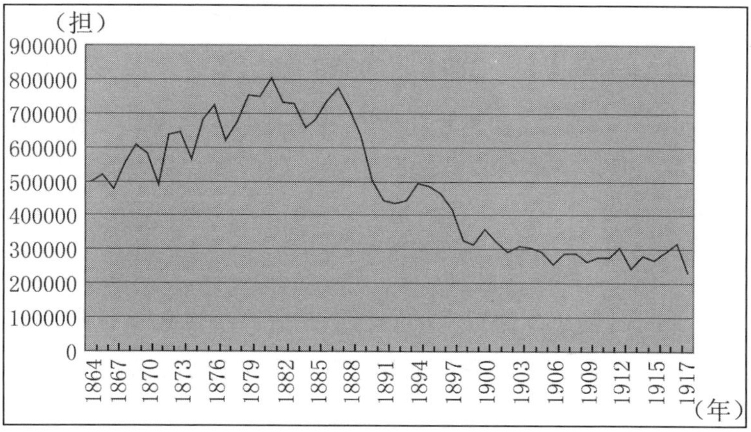

图3.5　1864—1917年福州茶叶出口数量图

资料来源：Thomas P. Lyons，*China Maritime Customs And China' s Trade Statistics*（1859 - 1948）附录光盘：RevdData/Compdata/FZexpc-mp，Published by Willow Crerk Press，2003.

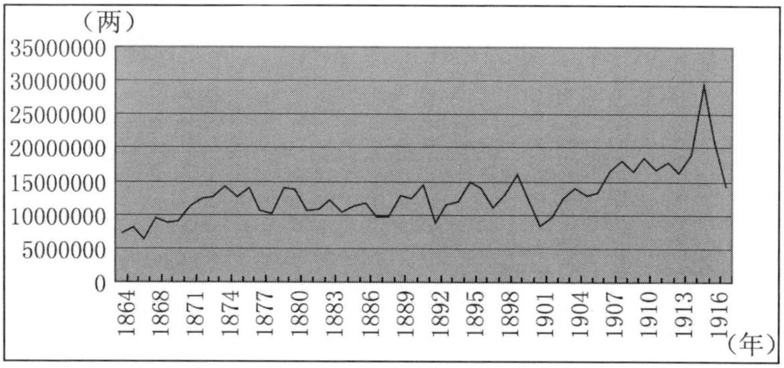

图3.6　1864—1917年汉口茶叶输出数值图

资料来源：《中国旧海关史料》汉口海关部分，1864—1917年贸易册。

注：1. 1873年以前单位为汉口两，以后为海关两。

2. 虽然这幅图中的数据是茶叶出口数值而上一幅图中是数量，但是用来比较大致的贸易趋势，还是可以看出两个口岸茶叶贸易的大致走势的。

对比上面两幅图可以看出，福州茶叶出口在1888年前后开始出现大幅度的下降，此后一路下跌，1891年的茶叶输出不足其最盛时候的一半。1900年以后更进一步下跌，只有此前的30%左右。其茶叶贸易的衰落可以说是毫无转圜余地的。而汉口的情况则要乐观很多。其茶叶输出值虽有所波动，但仍能保持稳中略升的趋势，在1915年前后还有一个新的输出高峰。

失去了大部分的英国消费市场后，华茶的衰落也就不可避免了。汉口由于独特的区位条件，成为茶叶输出的集中地并且吸引俄国商人集聚在这个口岸，使得汉口茶叶输出保持了长时期的繁荣，没有随整个华茶衰落而一蹶不振，并且在华茶输出中的比重日益提高，汉口作为茶叶输出港的地位也更加重要。

三、汉口对茶叶腹地的辐射力进一步加强

在前文中已经提到，汉口茶市的发展吸引了祁门、宁州和宜昌各地的茶叶，纳入汉口的茶叶销售体系中。而这其中，从九江转运过来的祁红、宁红主要还是以头茶为主。

随着汉口茶市的进一步发展，对英茶叶出口衰落又影响了上海市场，所以以往运到上海销售的二茶、三茶也开始陆续到汉口求售。这说明汉口市场的辐射力得以提高。“看起来，这里有茶叶贸易集中趋势。我在一封茶叶函件中提到，第二季的宁州茶（九江）开始在这个市场上出现，这是一个新的特点。此前，只有头茶到这里。”① 此后第三季茶也开始到汉口市场求售。1892年汉口茶市上“宁州二茶比去年多了一倍，而第三季减少了75%”②。

除了二茶等陆续集中到汉口市场之外，新的茶区也吸纳进来。九江口的报告称新的茶区产的上等好茶，也运到这里销售，“间有上等之茶可销

---

① 《中国旧海关史料》汉口海关部分，1882年贸易报告。

② 《中国旧海关史料》汉口海关部分，1892年贸易报告。

售者，俱由内地新产茶之处运来”①。这也是汉口茶区扩大的一个证明。即在茶叶贸易扩展的刺激下，不断有新的茶区加入汉口销售体系。

而九江茶市的成交量日益缩小，到后来竟然没有在九江茶市成交者。1901 年的海关报告中指出“九江茶亦如去年，无在九江成交者”②，说明 1900 年、1901 年两年九江茶市都没有成交量了。到 1902 年“九江茶仍无在九江成交者，观其情形，恐无复有九江成交之日矣”③，这也说明汉口茶市的集中，使得九江茶市逐步萎缩，彻底变成了汉口茶市的供应港。而九江和上海之间茶叶贸易的疏离，也于此可见。

四、汉口茶市受俄国影响加剧，俄国砖茶生产向汉口集中

（一）更加倚重俄国市场

英国买主的减少自然使得俄国商人独占一方市场。以往需要竞价购买的茶叶，现在也可以压压价了。出口到俄国的茶叶在汉口茶叶市场所占的份额日益增加。

下面是 1890—1891 年汉口红茶的出口情况。

1890 年：出口到英国 30169 担，复出口 51110 担，下降了 39040 担；出口到俄国 126410 担，复出口 44157 担，增长了 44588 担。

1891 年：出口到英国 29794 担，复出口 48682 担，总计 78476 担，下降了 6381 担；出口到俄国 135414 担，复出口 48090 担，总计 183504 担，增长了 12937 担。④

俄国市场占据了汉口茶叶出口的主要份额，故而俄国国内的变动对汉口茶市的影响也日益明显。1892 年茶叶出口下降，是因为“俄国最近的饥

---

① 《九江关税务司辛盛申呈总税务司》，《访察茶叶情形文件》附件，见 *Imperial Maritime Customs* Ⅱ *Special Series*：*No.* 11 *Tea*，1888，Shanghai，1889.

② 《中国旧海关史料》汉口海关部分，1901 年贸易报告。

③ 《中国旧海关史料》汉口海关部分，1902 年贸易报告。

④ 《中国旧海关史料》汉口海关部分，1890、1891 年贸易报告。

荒，明年茶季可望恢复到以往的供给水平”①。

俄国国内的购买力也影响到了汉口的茶叶销售的档次分类，“前些年茶叶先运到英国然后再运往俄国，俄国的茶商现在直接从中国运茶。如果1890年合适的茶叶能满足需求的话，那么贸易会非常巨大。现在在俄国只有出售好茶才能获利，因为那里的需求完全发生了变化。从1877年到1888年，俄国纸卢布的汇率非常低，好的茶叶因此非常昂贵，大多数人只能购买差的茶叶。从1888年开始，纸卢布稳步升值，达到了过去十五年的最高点。茶叶，以及其他外国商品，相对便宜了，大量的人立刻转向购买高品质的茶叶，在这里不但卖出了高价，也获得了丰厚的利润”②。俄国国内茶叶消费一直有两极分化的现象，最好的头茶和最差的砖茶都会销到俄国，不过购买力提高的时候，更多的人可以买些好茶了。“近年俄国生意年盛一年，有蒸蒸日上之势，遇有好货，皆不惜重资，争相购买。”③ 俄国国内消费水准的提高，刺激了汉口茶叶的出口。

在汉口茶叶贸易的前期，很多茶叶是通过英国商人之手或者是先出口到伦敦市场，然后再转运俄国的，可以说英国的洋行还控制了部分对俄茶叶贸易。但是随着俄国商人的发展壮大，转而逐步控制起对英国茶叶的销售了。“近年来，茶季早期生意几乎都归俄国人掌控。该国来单订货，较往年尤多，而英商所需之货，该俄行亦乘机趸积。”④

（二）砖茶厂逐步集中到汉口

俄商在湖北设立的砖茶厂是近代湖北最早设立的工厂。“砖茶的制造几乎全部是为了俄国市场。直到最近几年以前，它是在汉口附近内地产茶地区在俄国商人监督下制造的，地点是崇阳、羊楼洞和羊楼司。”⑤ 后来砖

① 《中国旧海关史料》汉口海关部分，1892年贸易报告。

② 《中国旧海关史料》汉口海关部分，1890年贸易报告。

③ 《中国旧海关史料》汉口海关部分，1891年贸易报告。

④ 《中国旧海关史料》汉口海关部分，1898年贸易报告。

⑤ Trade Reports 1876，转引自曾兆祥主编《湖北近代经济贸易史料选辑（1840—1949）》，湖北省志贸易志编辑室1984年印行，第24页。

茶厂从产茶区转移到汉口。“砖茶以往是在产茶地区加工生产的，但是俄国商人现在把它们转移到汉口了。在汉口他们有为蒸汽机配套使用的更大的设备，这比用手工生产更合适也更经济；在这里他们可以保护财产免遭火灾，而如果在远离外国人定居的地方就做不到。”① 在汉口设立砖茶厂也能够获得丰富的原料和充足的资金，以及直接销售的便利。

关于砖茶厂设立的具体时间问题，黄光裕先生曾有专文考证。笔者在这方面没有做太多考证。② 比较确凿的史料除了上面 1876 年砖茶厂都转移到汉口这一条之外，还有 1893 年新泰砖茶厂的开设。“新泰砖茶厂 8 月 27 号开业，这是这里的第三家仍在工作的砖茶厂。”③ 至于十年报告中说的第四个砖茶厂在 1893 年 8 月创建，指的是新泰砖茶厂。但是 1893 年的年度报告中认为加上新泰砖茶厂也只有三家。此处有待进一步考证。

“这些工厂装备有最先进的砖茶制作机器和发电设备，并负责向成千上万的当地居民提供照明用电。砖茶所用原料是普通的茶末……四个工厂共有砖茶压榨机 15 台，每天最多能够生产砖茶 120 篓。这种茶主要销往西伯利亚。”④

俄国在汉口所设立的砖茶厂规模很大，在 19 世纪末 20 世纪初逐渐控制了汉口的砖茶生产，以对俄输出红砖茶为主，直到“一战”时期这些砖茶厂大多停业。

第五节　外销茶的没落和汉口茶叶贸易的全解读

一、对俄茶叶输出的没落及其后果

汉口茶叶以俄国市场为主要的销售对象，在俄国市场上也遇到了印度

---

① *Embassy and Consular Commercial Reports 1874 – 77*, p. 36.

② 黄光裕：《工商史料考证九题》，载《近代史研究》1995 年第 2 期。他认为汉口的前三家砖茶厂是顺丰、德昌、阜昌。新泰是第四家。

③ 《中国旧海关史料》汉口海关部分，1893 年贸易报告。

④ *Hankow Decennial Report 1892 – 1901*，见《中国旧海关史料》。

茶叶的竞争。印度茶叶不仅占据了英国市场的主体，也渗透到了俄国。“据说最近几年，印度茶叶也进入俄国的中亚属国，经过阿富汗，也是通过类似的（走私）方法。”① 当然，印度茶叶还未在俄国市场占据主导地位，只有少量进入。

真正对汉口茶叶输出造成致命打击的，还是“一战”。“一战”时汉口茶叶一度完全失去了俄国市场。1917 年十月革命和第一次世界大战对俄国的影响非常深远。而对汉口茶叶输出来说，则是失去了主要的市场。在十月革命之后的几年里，汉口对俄茶叶贸易一落千丈。此后贸易波动较大，完全视俄国国内情形和中俄外交关系而定。虽然偶有一年贸易量较大，但是茶叶贸易在汉口的地位已经完全不能和之前相比。

对俄茶叶输出的没落对汉口茶叶来说，造成了以下几个很大的影响。

（一）茶叶腹地缩减

在汉口开埠后的 20 多年间，祁红、宁红通过九江转口到汉口销售成为主流，汉口完成了对这些地方茶叶销售的集中。换言之，这些地方已经成为汉口的茶叶腹地。而由于它是通过九江转口的，所以可以称之为间接腹地。1917 年、1918 年汉口茶叶外销一落千丈。祁红、宁红立刻转向上海市场，以上海市场为主要输出口岸，汉口的影响力彻底丧失，这些间接腹地也就纳入上海的茶叶贸易网络了。而对直接腹地而言，其茶叶生产也受到很大打击，迅速萎缩。（关于这一问题，下文另有一节专门叙述，此处只略作说明。）

（二）内销茶重新成为主流，并开始影响外销茶

汉口在开埠之前就已经成为对西北茶叶输出的中心，两湖地区的老黑茶、砖茶等一直是其主要的产品。当对英国、俄国茶叶出口大量增加之后，内销茶成为次要的角色，受外销茶的影响很大。在茶叶选择上，最好的茶叶都用来制作外销头茶，之后的副产品和夏季、秋季采摘的老叶，才用来制作茶叶或茶砖销售国内市场。外销茶选择之后的茶叶才能归内销茶市场支配。

---

① 《中国旧海关史料》汉口海关部分，1891 年贸易报告。

由于外销茶以红茶为主，茶砖亦以红茶砖为主，也称为“米茶砖”。从制作来看，也是因为红茶生产较多，红茶砖是作为红茶的副产品而出现的。茶的税收较高，而茶砖的税收很低，因此生产茶砖比生产粗茶利润高得多。“据言粗茶到汉，将来必日形递减，因该茶内地厘金、山价等费过重，非需银八两不能装运出口。平日此等粗茶皆备搀杂别处佳茶之用为多，即使运汉行销，亦不过沽银八两，为种茶者计，不如听之长足以作砖茶之为，得尚属有利可获云云。”① 由此可见，由于税收的原因，与其卖销路不好且利润低的粗茶，还不如制造茶砖更有利可图。“至于低价之粗茶甚少，因已改作茶末以备俄商购制砖茶之用为多。”②

在1891年之前，红茶砖的数量在红茶出口最盛的时候，占据了茶砖数量的绝大多数，其比例高达80%以上，有的年份还超过了95%。此后红茶砖的数量一度出现了下滑，绿茶砖的数量反而超过了红茶砖。但是这些出口的绿茶砖基本上是由俄国商人收买后转销蒙古等地，销往俄国的全部是红茶砖。“1894年至1938年间，砖茶销俄，约占全部出口砖茶百分之九十五六，惟真正销于俄国者，不过红砖茶一项，其大宗青茶砖，系由俄商收买、转售蒙古及边疆一带。”③ 比如1908年直接出口俄国的茶砖中红茶砖有139208担，绿茶砖不过33854担。

表3.8　1880—1898年汉口红茶砖出口及占茶砖总数比例

单位：担

年份	红茶砖数	绿茶砖数	茶砖总数	红茶砖占茶砖总数比例
1880	152339	15937	168276	90.5%
1881	143593	47949	191542	75.0%

① 《中国旧海关史料》汉口海关部分，1894年贸易报告。

② 《中国旧海关史料》汉口海关部分，1895年贸易报告。

③ 《湖北省银行通讯》1946年新九期，转引自曾兆祥主编《湖北近代经济贸易史料选辑（1840—1949）》第一辑，湖北省志贸易志编辑室1984年印行，第13页。

（续表）

年份	红茶砖数	绿茶砖数	茶砖总数	红茶砖占茶砖总数比例
1882	154834	38004	192838	80. 3%
1883	141571	15822	157393	89. 9%
1884	152977	9313	162290	94. 3%
1885	164729	14511	179240	91. 9%
1886	204206	14077	218283	93. 6%
1887	228340	9461	237801	96. 0%
1888	266943	14023	280966	95. 0%
1889	217755	15272	233027	93. 4%
1890	211514	21114	232628	90. 9%
1891	111958	143745	255703	43. 8%
1892	109262	108292	217554	50. 2%
1893	152887	130850	283737	53. 9%
1894	164704	149225	313929	52. 5%
1895	169359	185094	354453	47. 8%
1896	217545	204560	422105	51. 5%
1897	271356	208109	479465	56. 6%
1898	206203	241873	448076	46. 0%

资料来源：《中国旧海关史料》汉口海关部分，第 8 ~ 28 册贸易册部分。

而“一战”后对俄茶叶输出一度断绝，红茶销路迅速下滑，作为红茶副产的红茶砖也失去了原料和销路，供应我国西北地区的老青茶砖重新成为主流。如湖北羊楼洞地区就主要生产老青茶砖，当时金陵大学农业经济系就去当地调查，专门编制了调查材料，以往盛极一时的红茶砖则不再成为被关注的对象。①

二、对汉口茶叶贸易数据的全解读

（一）汉口茶叶贸易的阶段划分

从附表 c. 5 中可以看出，汉口茶叶输出在 1866—1917 年这个时段内，仍然是以先出口到其他中国口岸再出口国外为主。直接出口国外的茶叶共值 196595593 两，占茶叶输出总数的 28. 8%；出口到其他中国口岸的茶叶共值 347376614 两，占茶叶输出总数的 50. 8%；复出口的茶叶 139731691 两，占茶叶输出总数的 20. 4%。

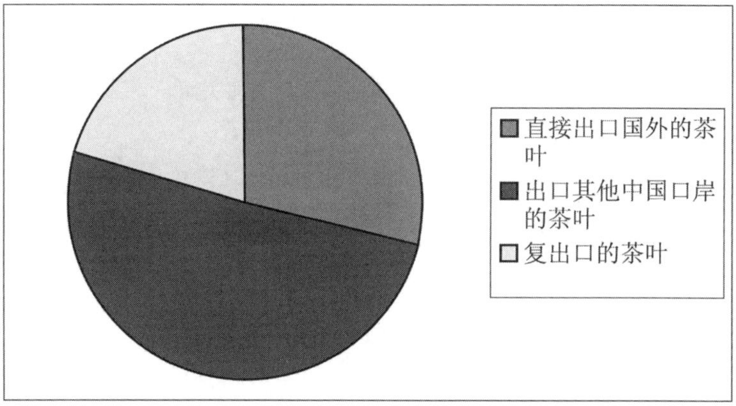

图 3. 7　1866—1917 年汉口茶叶输出分类比例图

资料来源：根据附表 c. 5 制作。

但是在不同的时段，汉口茶叶输出的构成又是不同的。以 1887 年为界，大致可以分为两个阶段。1887 年之前，由于英国和俄国在汉口竞买茶叶，而英国更倾向于把汉口茶叶运到上海后出口，所以上海和汉口两地市

① 调查材料即金陵大学农业经济系编《鄂豫皖赣四省农村经济调查报告》第 11 号《湖北羊楼洞老青茶之生产制造及运销》，金陵大学农业经济系 1936 年印行。书中提到以往红茶砖生产非常兴盛，现在则非常少。

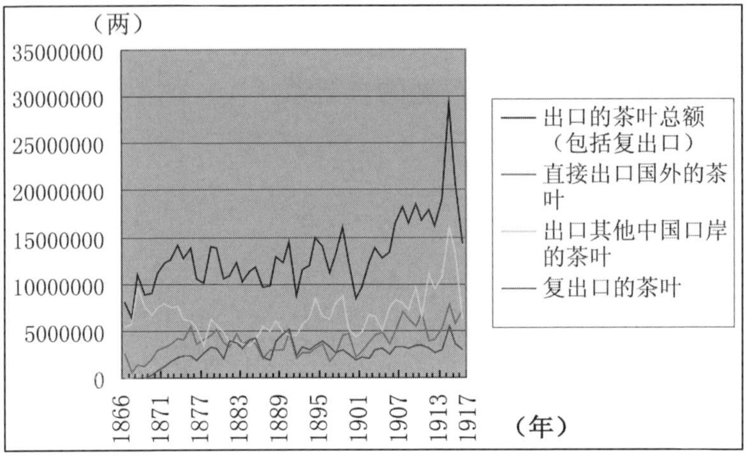

图 3.8　1866—1917 年汉口茶叶输出分类图

资料来源：根据附表 c.5 制作。

注：1873 年之前的单位为汉口两，之后为海关两。

场之间形成一种竞争关系。直接出口到国外的茶叶和出口到其他中国口岸（基本上都是出口到上海）的茶叶之间，呈现负相关关系。而由于汉口复出口的茶叶也以出口国外为主，所以复出口茶叶和直接出口国外的茶叶又明显相关，而和出口他口茶叶之间是负相关的。

表 3.9　1866—1886 年汉口茶叶输出之相关关系分析

	出口总额	出口国外	出口他口	复出口
出口总额	1			
出口国外	0.807046	1		
出口他口	0.127496	-0.38858	1	
复出口	0.58559	0.716353	-0.65398	1

资料来源：根据附表 c.5 制作。

而 1887 年之后，随着英国对华茶叶贸易的衰落，俄国购买者在汉口市场上成为唯一的主力，茶叶经汉口直接出口或者转到上海出口，只是运输问题，而没有明显的市场竞争关系。相应地，直接出口国外的茶叶、出口他口的茶叶和复出口茶叶之间都是正相关关系。而出口他口的茶叶和出口总额之间的相关性也大大提高。

表 3.10　1887—1917 年汉口茶叶输出之相关关系分析

	出口总额	出口国外	出口他口	复出口
出口总额	1			
出口国外	0.782315	1		
出口他口	0.907652	0.499744	1	
复出口	0.609	0.435328	0.377989	1

资料来源：根据附表 c.5 制作。

（二）复出口茶叶的变化

正如前面文章中提到，汉口茶市吸引了宁州、祁门等地的红茶通过九江转口汉口销售，这一过程是从汉口开埠以后就开始了，到 1880 年左右基本完成。根据附表 c.6 和图 3.9 可以看出，汉口茶叶复出口数值在 1864—1880 年呈明显的上升趋势，之后的十几年中有几次大的波动，在 19 世纪 80 年代茶叶输出高峰期间，茶叶复出口也达到了新的高峰，之后便基本稳定在 1880 年左右的水平上。

汉口茶叶复出口是通过茶市吸引优质茶叶出口国外开始的。从图 3.10 中可以看出，汉口茶叶复出口主要是以出口国外为主的，复出口到国内市场的只占较小比例，尤其是在 1892 年之前。这也印证了前面我们论述的，九江来茶主要是优质头茶，大多直接被俄国商人购买，只有少量没有销路的才会转到上海市场。而随着英国购买茶叶的减少和华茶的衰落，九江茶叶复出口的数值也有一定的减少，主要表现在复出口国外的数值减少了。例如 1885 年复出口到英国的九江茶叶有 3152525 海关两，而到 1895 年只有 446191 海关两了。

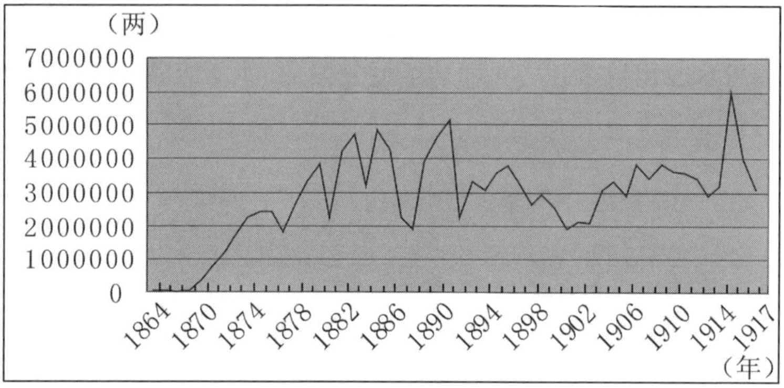

图3.9　1864—1917年汉口茶叶复出口数值图

资料来源：根据附表c.5和c.6制作。

注：1873年之前的单位为汉口两，之后为海关两。

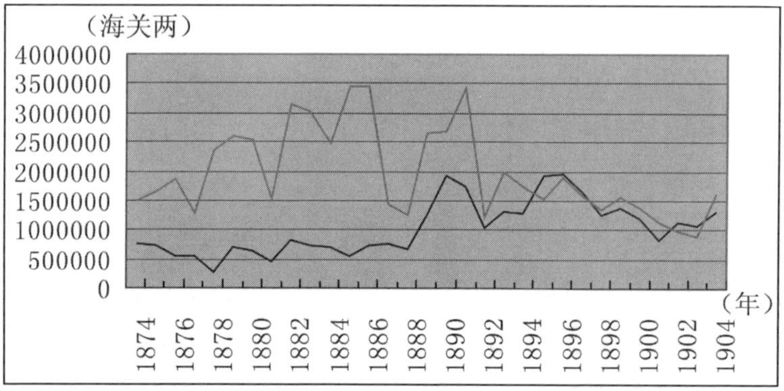

图3.10　1874—1904年汉口茶叶复出口分类图

资料来源：根据附表c.6制作。

说明：上面一条曲线代表汉口茶叶复出口到国外的数值，下面一条曲线代表汉口茶叶复出口到国内其他口岸的数值。

从附表c.7中我们可以看出，复出口的九江茶前期以出口到英国为主（其中有很大一部分再运到俄国），复出口到上海的只占较小比例。后来对英茶叶输出减少，对俄茶叶输出增加，表现为通过天津输出的茶叶和输出到敖德萨的茶叶数值的增加，也反映了英、俄在汉口市场此消彼长的一个过程。

（三）直接出口的变化

影响汉口茶叶直接出口的因素很多，既有市场的因素，也有交通条件的约束。在汉口和上海之间，围绕茶叶直接出口的竞争一度非常激烈（下文关于上海和汉口关系中会有详细论述，此不赘述）。在 1875—1885 年形成了一个茶叶直接输出的高潮，但是由于海轮在和江轮的竞争中失败以及茶叶输出下滑等原因，茶叶直接出口量出现下滑，在汉口茶叶出口中的比例反而降低了。此后也没有占据绝对优势。

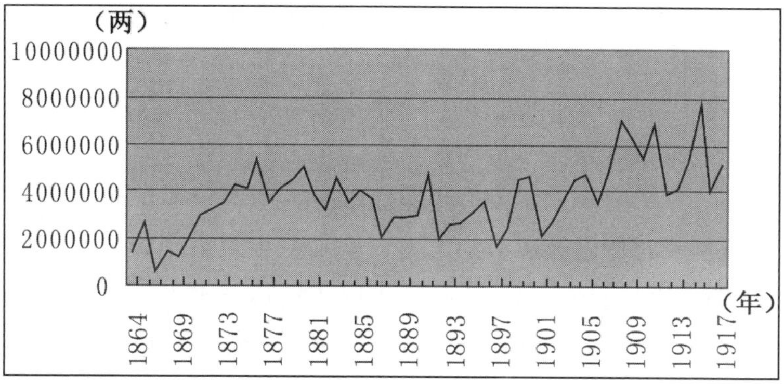

图 3.11　1864—1917 年汉口茶叶直接出口数值图

资料来源：根据附表 c.5 和 c.8 制作。

注：1873 年之前的单位为汉口两，之后为海关两。

（四）出口到中国口岸的汉口茶叶

分析图 3.12 及附表 c.9 可以看出汉口茶叶输出到中国口岸的变化。有几个变化值得注意：一是砖茶输出的大量增加，砖茶输出值直线上升；二是茶叶输出数值和数量都有所下滑；三是从输出到上海一口变为上海、天津两口并重。对天津出口的增加也是由于对俄茶叶输出的增长造成的，是汉口茶叶输往俄国茶叶路线转变所致。

汉口茶叶输出数据的解读，是对前文的一个印证。汉口茶叶输出仍然以输出到国内口岸为主，其中有部分时间直接输出茶叶的比例较高。汉口茶市的发展吸引了九江等地茶叶通过汉口转口输出，这使得汉口茶叶复出

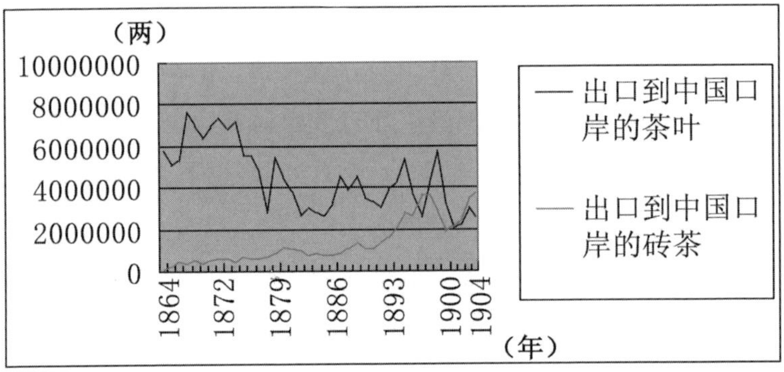

图3.12　1864—1904年汉口茶叶、砖茶输出到中国口岸数值图

资料来源：根据附表c.9制作。

注：1873年之前的单位为汉口两，之后为海关两。

口增长很快。在英、俄竞争激烈时期，汉口、上海两地市场形成竞争，汉口茶叶的直接出口国外和出口到国内口岸之间也是负相关关系。此后俄国市场成为汉口茶叶市场输出的主体，英国市场逐渐丧失，表现为转口到国外的茶叶减少，砖茶输出数量增加，对天津口岸的输出提高。

第六节　茶农经济和茶叶腹地变迁

一、贸易变化对茶叶生产造成的影响

在前文中我们对汉口茶叶贸易过程予以描述，在汉口开埠直至抗战之前的70年时间内，汉口茶叶贸易可谓历经沉浮，既有迅速增长的时期，也有完全衰落之时。在此期间优质茶和普通茶的行情各有不同，红茶和砖茶的销量也都有自己的消长趋势。这种贸易情形对分散在广大腹地上的茶叶生产和加工会有怎样的影响？这是本节要探讨的第一个问题。

（一）茶叶生产、加工方式

如果考察从汉口开埠前后一直到20世纪30年代的茶叶生产、加工方式，所面临的一个困难就是早期的资料不足。所幸在1930年之后，当时的南京金陵大学农业经济系对宁州（1935年茶季）、祁门（1934—1935年）、

安化、羊楼洞（1934 年）等重要产茶区进行了详细的实地调查，对茶叶生产制作方式、茶叶运销和资本组织以及茶农经济等都有深入的研究。对比 19 世纪关于茶叶生产的一些材料，我们大致可以发现茶叶生产方式的变化。

1. 红茶生产、加工

对比宁州、祁门、安化三处茶叶调查资料可以得知，三处红茶生产方法大同小异，除了小的步骤上有所区分外，加工程序都是一致的。在关于宁红的调查中发现，宁红的做法和祁红差不多，是因为祁红也是从宁红学习了制作方法。这里就以宁州红茶为例，分为生产、初制、精制三个方面进行介绍①：

（1）生产：种植—锄耘—施肥—剪枝—防害—采摘。

种植：当地茶树之种植方法，计分直接播种与育苗移植二者，就中以育苗移植者居多。茶业兴盛时代，茶树距离颇密，行间不过三尺，株间只一二尺。年来茶叶销路衰落，茶价步跌，茶农迭遭亏折，每多淡心经营。茶树之凋萎者，往往不事补种，甚至有将茶树砍去，改种他项作物者。因之现在之茶树距离，疏密极不一致，尤以平地为甚。

锄耘：普通每年施行掘地锄草一二次，大都于春间秋末时行之。亦有从间作物耕耘之便，不另施行锄耕者。

施肥：普通每年施肥一二次，约在春秋两季行之。施用肥料，以人粪为大宗，次之为草木灰。据云茶市兴盛时代，颇多施用菜饼、桐饼者，今则不复多见。施用方法，即以肥料置于茶树根部之四周，上覆以土。该区茶园，大都间种杂粮，每多因间作之施肥，顺便及之。无间作之茶园，往往完全不施肥料，听其自然，因之茶树生长不良，茶味淡薄，叶质老硬。

剪枝：茶树剪枝得法，颇可增加茶叶收量。当地茶农大都不行剪枝手续，惟每有将衰老茶树齐根剪去，使根部重发新芽者。如此须俟二三年

---

① 下面关于茶叶生产、初制和精制的材料，全部以宁州为例。资料来源：金陵大学农业经济系编《鄂豫皖赣四省农村经济调查报告》第 13 号《江西宁州红茶之生产制造及运销》，金陵大学农业经济系 1936 年印行。

后，方可续采。亦间有每二三年剪枝一次者。皆于五月间行之。

防害：年来茶农以业茶无利可图，对于茶树之保护，多不注意。每因严冬，茶树之遭冻而死者颇多。近且有茶蛄蚜虫发现，危害茶树嫩芽。一般茶农，不仅无法挽救，亦属无力防治。

采摘：茶子种植五年后，方可采取，每丛只产鲜叶六七两。七八年始可大量采收。该区茶市畅旺时期，茶树收采茶叶，皆始于谷雨前后。年来因销路板滞，茶商抑价收购，茶户乃各延迟采摘，借增数量，冀补抑价之损失。摘茶工作多由妇女充任，每人每日可采摘鲜叶一二十斤。如雇工采茶，嫩叶二十两大秤，每斤需摘工铜元十枚，老叶则需五枚至八枚。

茶叶采摘以后，就进入初步加工阶段，由茶农在家中完成。

（2）初制：萎凋—揉捻—发酵—干燥。

土法初制，须赖日光之力为之，如遇阴雨，即属无法举行。兹将一般茶农之红茶初制方法略述如下。

萎凋：俗称“晾青”，即将鲜叶薄摊于晒簟上，利用日光晒之，愈匀愈好。并须不时翻转，俾鲜叶所受日光之热力，得以均匀。候叶片软化，变成翠绿色，叶边呈褐色，叶茎皱缩，搦之柔而不拆为度。过与不及均非所宜。

揉捻：将萎凋后的叶片置于盘箕内，以手搓揉，或以脚翻转践蹂。至茶汁溢出、茶叶成条时为止。

发酵：叶片轻揉捻成条后，茶汁外浸，乃散摊于晒簟上，俟外部水汁蒸散，握之不成团块时，盛于茶箩或撮箕，用足践紧，上覆以厚布，置日光下，借日光之热力，任其发酵。俟至颜色变红而发酵香为度。

干燥：发酵完成后，即可施行干燥。其法极简，即将茶叶薄散于晒簟上，利用日光晒至相当干燥，即可收起出售。

（3）精制：烘焙—筛分—拣别—补火—均堆。

第一步——烘焙：茶户制售的毛茶尚含有多量水分，茶号购入后，第一步即须施行烘干手续，俗称“打毛火”。其法即将毛茶置焙笼内，罩于炭火上焙之。焙时须时加翻转，俾能干燥均匀，约焙至九成干，即可取出盛于囤内，以待筛分。有时天气潮湿，在筛分之前，尚须复烘一次。

第二步——筛分：筛分之作用在使茶叶形状整齐，手续颇繁。茶筛名称计有花筛一号、二号、三号、四号、粗尾、中尾、小尾、草尾、铁棚、生末等十余类之多。筛分工作，计分大茶间（一名“抖茶间”）、揸头间、复抖间、抖头间、尾子间、珠子间、片子间、茅茶间八步进行。此外附设各项风车及捞拣，分别簸筛。

第三步——拣别：当地拣茶，皆由妇女为之。工资以拣茶数量计算，普通每斤拣工铜元三四枚，伙食自备。其由包拣工头招雇者，工头须抽取佣金，照例每斤二文，但实际有抽至四五文者。拣工每人自备竹筐二只、小凳一条，向看拣工头领茶，以筐盛装，置茶箱内拣之，拣毕送至看拣者审查，如认真合格，即可过秤落簿，否则须发还复拣，直至合格为止。

第四步——补火：茶叶在筛拣期间，难免不被潮湿浸入，故在均堆之前，须加烘焙一次，名曰“补火”。

第五步——均堆：俗称“官堆”，将各种筛分之茶倾入均堆场内，做成整齐之立体方堆，以铁耙向其侧方徐徐梳耙，自上而下，使茶堆混合流下。用撮箕撮茶暂盛箱内，称其重量，以便计算箱数，名为“小堆”。小堆之后，复有大堆，即将各箱之茶复倾于场上，掺入芽茶珠子等，梳耙如前，务使均匀，随后即可装箱起运。

下面的图 3. 13 则是关于湖南安化红茶精制的程序图，虽然烦琐，但是基本的程序仍然是以上五个步骤，只是需要反复重复其中的一些环节，来达到细分和精制加工的目的。

从茶叶生产到初制、精制，红茶生产始终没有形成规模化，也没有形成一定规模的机械化（有些曾经有过试验，但是非常之少）。在汉口引进机器制茶可以说很难行得通。“机器制茶一层，在中国恐难进境（在北华难以取得进展，正如我们所说，过去一季收益很好，茶商们也认为老方法获益很多），缘去年华商有拟购机器试办之意，因欲为之集股推行，以尽

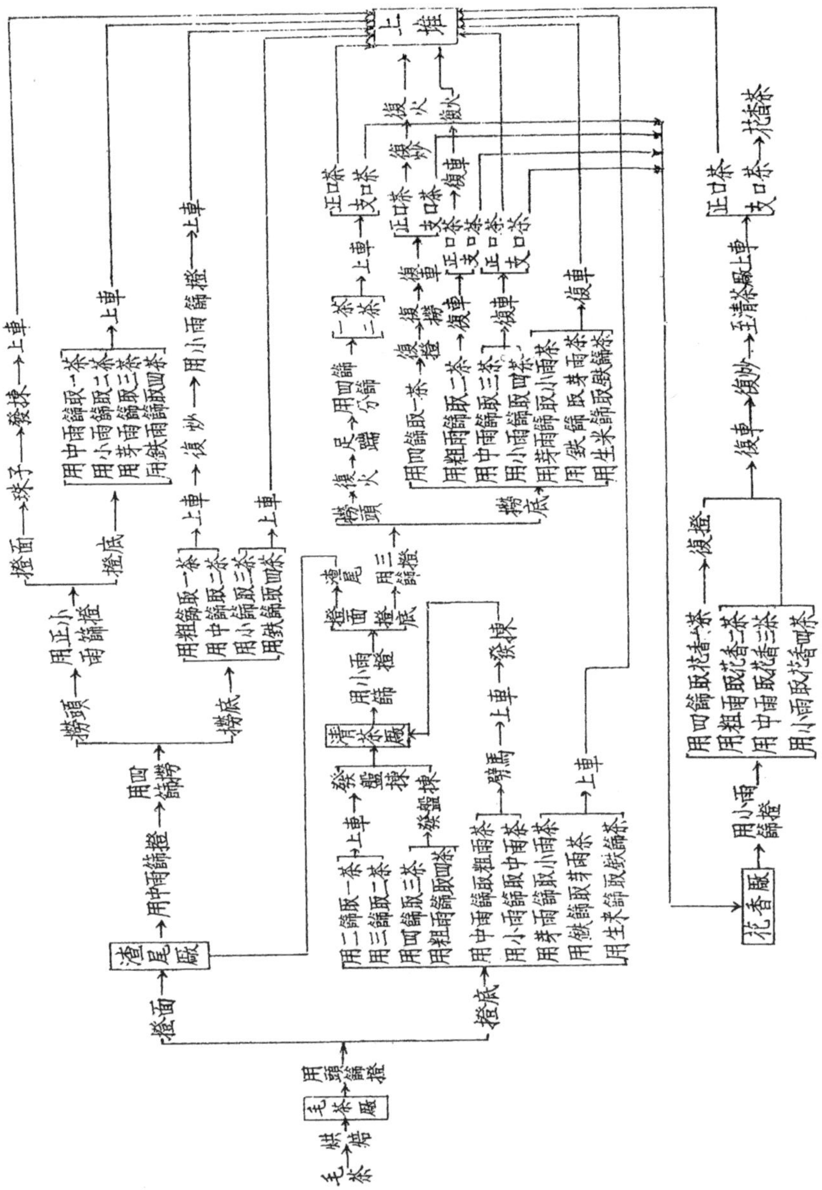

图 3.13　湖南安化红茶精制程序图

资料来源：经济部资源委员会、经济部中央农业实验所编《湖南安化茶叶调查》，经济部中央农业实验所 1939 年印行。

其利，而华商复以不如仍从旧法之善为词。是以难于勉强就绪也。”① 中国商人资本分散，茶叶生产、加工各环节之间联系松散，加上当时茶叶仍在俄国市场有不错的销路，机器制茶的改革也就不了了之。

但是在茶农生产方面还是存在一定的区别，茶叶贸易兴盛时期，茶农大量植茶，并予以悉心施肥照料；而茶叶贸易衰落之时，茶叶则疏于管理，很多沦为间种作物，施肥也是沾了其他作物的光，茶叶质量更是下滑。茶叶采摘，在红茶兴盛时期，都是赶早采摘，出优质头茶为主。而红茶贸易衰落后，茶叶采摘时间延后，茶农多采摘质量重的大叶，用来制作销售国内市场的红茶或者砖茶等。茶叶制作方面，在前文中我们曾经提到，头茶竞争使得茶叶加工过程大为压缩。

可以说，汉口茶叶贸易的兴盛刺激了茶农生产和茶叶加工者的积极性，茶叶生产数量也在这一阶段大幅提升。但是生产方式并没有发生质的变化，技术上并没有提高，甚至还在一些环节出现问题。这为华茶衰落埋下了伏笔。而茶叶贸易衰落后，茶农对茶叶生产更加不重视，茶叶贸易情形进一步恶化。

2. 砖茶生产——机器使用较为广泛

俄国商人在汉口附近产茶区域设立砖茶厂生产砖茶，就开始使用机器。例如 1893 年新泰砖茶厂成立的时候，就使用了新的机器，而此前的砖茶厂也已经使用机器了。“新泰砖茶厂是这里的第三家仍在工作的砖茶厂。我听说这家工厂用的都是最新的机器。”② 这些砖茶厂集中在汉口的租界地区，以品质较差的粗茶为原料制作砖茶，也进口部分锡兰红茶作为配料。

“这些工厂装备有最先进的砖茶制作机器和发电设备，并负责向成千上万的当地居民提供照明用电。四个工厂共有砖茶压榨机 15 台，每天最多能够生产砖茶 120 篓。”③ 1900 年，俄国砖茶厂的生产能力为每年 20 多万

① 《中国旧海关史料》，1898 年贸易报告。

② 《中国旧海关史料》汉口海关部分，1893 年贸易报告。

③ *Hankow Decennial Report 1892 – 1901*，见《中国旧海关史料》。

篓。① 当时汉口市场上外销的砖茶，主要就是这些砖茶厂生产的。此外有一家中国人自己在武昌开办的兴商砖茶厂，也采用机器生产。

而国内市场销售的砖茶，大多是在产地直接生产，再运销北方各省。

到20世纪30年代调查羊楼洞地区茶叶生产的时候，情况已经发生了很大的变化。由于俄国人砖茶厂在“一战”后大多不能经营，山西、广东茶商兴办的砖茶厂得以获利。当时砖茶贸易分为两种，一种是在茶叶产区直接生产砖茶，然后运往汉口出售，另外一种是生产包茶。

砖茶生产：在羊楼洞地区调查了山西帮茶庄义兴、聚兴顺及兴隆茂三家砖茶厂。义兴茶庄压制茶砖采用锅炉气压机及水汀装置，其他两家则用螺旋式攀盘压榨机。② 平均每担砖茶生产中，机器生产所需的费用为0.86元至1.25元不等。③ 在产地的砖茶厂大都规模小，资本薄弱，机器也比较落后，不能和汉口的加工厂相比。

包茶生产：产地茶庄收购毛茶，加工制造，运销汉口，以供砖茶厂压制砖茶之原料者，谓之“包茶”，又称“老青茶”或“老茶”。有九家庄号开设于羊楼洞，两家开设在赵李桥，除宏源川为山西帮经营外，余皆为本地帮。宏源川曾压制砖茶有年，近以直接销路断绝，改做包茶。各庄所生产包茶，基本全部运往汉口销售。④

俄国商人到汉口及其周围地区采买茶叶，最早带来了新式的生产方式，此后俄商置办的砖茶厂在汉口砖茶出口中占据主导地位，华商也逐渐开始仿效设厂，使用机器生产。“一战”后华商资本逐渐扩大，设厂增多。此后逐渐发展为产地设厂生产砖茶和初步加工包茶再到汉口集中加工砖茶的两种模式。机器生产在砖茶的制作中非常普遍。

---

① 《中国旧海关史料》汉口海关部分，1900、1901年贸易报告。

② 金陵大学农业经济系编：《鄂豫皖赣四省农村经济调查报告》第11号《湖北羊楼洞老青茶之生产制造及运销》，金陵大学农业经济系1936年印行，第19~21页。

③ 金陵大学农业经济系编：《鄂豫皖赣四省农村经济调查报告》第11号《湖北羊楼洞老青茶之生产制造及运销》第八表、第十表，金陵大学农业经济系1936年印行。

④ 金陵大学农业经济系编：《鄂豫皖赣四省农村经济调查报告》第11号《湖北羊楼洞老青茶之生产制造及运销》，金陵大学农业经济系1936年印行，第32页。

（二）生产种类之变化

在前文中，我们已经论述了两湖地区红茶推广的过程，以及山西商人和俄国商人在两湖地区采办老茶和砖茶，此处不再赘述。这一过程是随着茶叶贸易的兴起而产生的，红茶生产占有优势地位。

随着对英茶叶输出的衰落，红茶输出也有所下降，但是对俄红茶输出仍能保持，砖茶输出还有所增加。这一时期以生产外销红茶和红砖茶为主，内销仍以老青砖茶、毛红等为主。

此后对俄茶叶贸易也一度衰落到谷底，老青砖茶的制造迅速增加，以内销市场为主导。红茶、红砖茶的主导地位被老青砖茶取代。"光绪初年，羊楼洞之红茶贸易，曾极一时之盛。只因欧战暴发，红茶销路，一蹶不振，茶户率皆改制老茶。近年来印度、锡兰、爪哇等国，实行茶叶生产限制协定，我国低级红茶销路，颇呈活跃之象。今年羊楼洞已有广帮协顺益茶庄开始购办红茶精制，但茶农因感红茶制造，手续较烦，制造红茶者，尚属寥寥。殊不知复兴红茶制造，不仅红茶本身，能以增加收入；且可借以调剂老茶之产额，俾其价格提高。更以红茶与老茶之采制时期，不相抵触，人工分配上，亦多便利。一举数得，亟应提倡，促其实现。"① 可见，到20世纪30年代金陵大学农业经济系调查羊楼洞地区的时候，红茶生产反而不为人所熟知了。

生产外销红茶，大多要尽早摘取春、夏季节的嫩叶制作，而老茶的制作则是用夏、秋老叶。当红茶贸易兴盛时，茶农无不尽早采摘茶叶，唯恐其变老卖不出好价钱。而主要生产老茶的时候，则以采摘老叶为主。"当地采制老茶，计分青茶、红茶及老茶三种。以采制时期言，大概青茶采于谷雨，红茶采于小满，小满一过，即有开始采制老茶者，但为数极少，且所采之茶皆作'洒面'用。在立秋至秋分间（八月至九月）始为老茶之主要采制时期。老茶之采摘，颇为粗放。其采茶方法，即以钩状锋如半月形

① 金陵大学农业经济系编：《鄂豫皖赣四省农村经济调查报告》第11号《湖北羊楼洞老青茶之生产制造及运销》，金陵大学农业经济系1936年印行，第42~43页。

之茶刀，连枝带叶割下，如割草然。”① 老茶采摘的粗放模式已经完全不同于红茶之精细。

宁红、宜红区也多改为生产青茶、绿茶。宁州地区“年来红茶销路一蹶不振，茶农相率改制青茶，以充内销”②。在鹤峰，“多数茶农之制茶无法出售，故茶农或置茶园荒芜于不顾，或改制内销绿茶，较为有利。现时宜昌所售之绿茶，大都五峰、鹤峰之产品”③。

（三）各项成本之对比——茶叶生产之退步

把19世纪后半期茶叶生产之各项成本和20世纪30年代的予以对比，并对比不同区域之生产成本，有利于我们进一步了解茶叶生产和贸易的状况。

表3.11　1887年汉口茶叶成本

单位：海关两

项目	成本
毛茶之价	4.00～12.00
种茶人的捐税	0.51
子口税	1.31
慈善捐	0.10
装箱、木箱、铅罐等	1.00
茶园的工资和苦力开支等	2.00
烘焙与装箱	2.00
利息（约10%）	0.15
运至港口搬运费	0.70
贩茶人在卖与外国人之前的全部成本	11.77～19.77

① 金陵大学农业经济系编：《鄂豫皖赣四省农村经济调查报告》第11号《湖北羊楼洞老青茶之生产制造及运销》，金陵大学农业经济系1936年印行，第11～12页。

② 金陵大学农业经济系编：《鄂豫皖赣四省农村经济调查报告》第13号《江西宁州红茶之生产制造及运销》之茶叶产量部分，金陵大学农业经济系1936年印行。

③ 戴啸舟：《鄂西茶业》，载《实业部月刊》，1937年。

（续表）

项目	成本
外国买主的佣金和栈租等	1.18～2.00
关税	2.72
运费（每吨 12 半箱，3 镑）	2.46
伦敦码头与货栈费用	1.23
合计	19.36～28.18

资料来源："Report for the Year 1887 on the Trade of Hankow", In *Commercial Reports*: *Embassy and Consular Commercial Reports 1884－88*, p. 170.

表 3.12　20 世纪 30 年代祁门、宁州红茶生产成本

祁门红茶			宁州红茶		
项目	每市担用费（元）	占总用费之百分比	项目	每市担用费（元）	占总用费之百分比
毛茶	59.52	64.4%	毛茶	32.10	61.6%
制造	16.41	17.8%	制造	8.58	16.5%
捐税	1.06	1.1%	捐税	1.14	2.2%
包装	3.59	3.9%	包装	2.75	5.3%
运输	4.85	5.3%	运输	4.48	8.6%
销售	3.13	3.4%	销售	1.81	3.5%
资本利息	3.8	4.1%	资本利息	1.21	2.3%
合计	92.36	100%	合计	52.07	100%

资料来源：1. 金陵大学农业经济系编：《祁门红茶之生产制造及运销》第四十六表，金陵大学农业经济系 1936 年印行。

2. 金陵大学农业经济系编：《江西宁州红茶之生产制造及运销》第二十九表，金陵大学农业经济系 1936 年印行。另外，根据其中各表组合编制了附表 c.10，可从中知道详细的生产成本。

对比表 3.11 和表 3.12 可以看出，在 1887 年，汉口毛茶占其生产成本的 35%～60%（指未卖与外国人之前全部成本），如加上佣金和栈租，其所占比例更低。而20世纪30年代，宁州红茶毛茶占总成本的61.6%，祁门红茶占64.4%，较1887年来说高出了很多。20世纪30年代祁门、宁州红茶成本中下降最多的是捐税，分别只占1.1%和2.2%的比例，而在1887年，捐税则占10%左右。茶叶制造所占的比例也下降了，20世纪30年代需要的制造、包装费用占总成本的20%左右，而在1887年制造和包装至少占总成本的35%。

就上述比较而言，茶叶税收的降低对于茶叶贸易来说是有利的因素，但是茶叶制造和包装费用比例的降低，则是茶叶贸易衰落的一个表现。随着现代化的发展，农产品的加工和包装费用应该日益提高。但是由于华茶贸易并没有走向现代化，反而日益衰落，因此商业资本更加薄弱，能够用于精制和包装的资金也就更少。这不得不说是一种退步。

二、商业力量的变化

（一）本地商人的兴起

上文提到广东商人在红茶推广中的作用，而山西商人则是贩运两湖茶到西北地区的主要力量。但是随着两湖茶叶产量的增加和茶叶贸易的兴盛，本地商人的力量也开始崛起，其中比较突出的是湖南商人。

“始由粤人擅其利，光绪初，邑人（醴陵）始自起组织茶号，营业颇盛，有谦吉、启泰、大中诸行，多在县城来龙门一带。设子庄于各乡村，挂秤收买，发拣焙制、装箱，运至汉口转售外商。”①

湖南商人的兴起和西北茶政的变化也有很大的关系。“甘新茶政向由晋商承办，谓之东商，口岸略同盐法。回变后，东商逃散，左相求之不得，遂饬湖南人承办，谓之南商，所销运皆湖南砖茶。及晋商归，复向南商承拨分销。至今东商仅十之三，南商十之七。另有湖北羊楼洞茶谓之散茶，偶有贩运，只可于南东两商口岸不到之地销售，其余各茶，均由官商私带，查禁甚严，究不能止。茶政归兰州道主持。”② 由于西北回民起义，原来茶叶销售

---

① 民国《醴陵县志》卷六《工商》，1948年铅印本。

② 〔清〕裴景福：《河海昆仑录》卷二《甘茶新政》，中国国际广播出版社2016年版，第146页。

体系难以为继，新兴的湖南商人迅速成为向西北输出茶叶的主力。

到20世纪20年代，湖南商帮已经成为汉口最有实力的商帮。“汉口茶业公会中，以湖南帮实力最为雄厚，会员最多，经营最大。”①

湖北羊楼洞地区由于茶叶出产集中，本地商人的实力也有所壮大。“有九家庄号开设于羊楼洞，两家开设在赵李桥，除宏源川为山西帮经营外，余皆为本地帮。各庄所生产包茶，基本全部运往汉口销售。”② 传统的由山西商人控制的砖茶输出，也改为以本地人为主了。

两湖地区本地商帮的兴起，也有一些是因为茶叶贸易衰落后，外地商帮退出了这一地区的茶叶输出贸易，本地商人才开始介入，但是资本规模普遍较小。“在欧战前，该地（鄂西）茶商，均来自粤省。资本雄厚，每年制茶箱数均在三万至四万担之间。……迨欧战既起，茶市阻滞，茶商亏损资本，外帮商人再不进山采办，只本地商人集资购买，资本既不充足，自不能大量采办。”③

（二）俄国商人力量的壮大

俄国商人力量的壮大，在前文中已经多次提及，一方面是在红茶输出中成为最大的买主，进而还控制了部分对英茶叶输出贸易，另一方面则是垄断了砖茶的生产和销售，在对我国北方地区的砖茶输出贸易中也占有重要份额。在汉口茶市中，俄国商人的分量可谓举足轻重。直到“一战”后，这一情况才有所改变，但仍然对汉口茶叶输出有着很大影响。

自俄国施行茶叶托拉斯，并划内、外蒙古地区为经济范围后，加之我国国内战乱频仍，交通阻隔，华商类皆不可直接交易，大部分茶砖皆在汉口售与俄商，然后销售给消费者。茶庄出售茶砖与洋行，多系直接买卖，无须经过茶栈介绍，故于售价中只扣去营业税、检验费及茶楼磅费，茶庄

---

① 实业部国际贸易局编：《武汉之工商业》，实业部国际贸易局1932年印行。

② 金陵大学农业经济系编：《鄂豫皖赣四省农村经济调查报告》第11号《湖北羊楼洞老青茶之生产制造及运销》，金陵大学农业经济系1936年印行，第32页。

③ 戴啸舟：《鄂西茶业》，载《实业部月刊》，1937年。

可实得售价约 95%。①

（三）茶叶贸易衰落导致的资本萎缩和贸易零碎化

随着茶叶贸易的衰落，很多茶栈和洋行相继倒闭，外地资本也逐渐退出了这一领域。继而兴起的是本地商人，资本规模较小，其贸易也转而以国内贸易为主，大多改制绿茶或老青砖茶等。

下面的材料则说明了在汉口的茶叶贸易呈现出零碎化的趋势。

“武汉茶行，从清末相沿至民国初年，仅有‘部帖’者二十余家，多集结于河街米厂一带，资金有纹银十万两、几十万两至百万两不等。另有以买办阶级为后台的茶栈六七家，和俄商兴泰、顺丰、阜昌及英商怡和、太平等洋行收购红茶，或设厂制茶砖出口。自 1914 年第一次世界大战期间，连续七八年，红茶外销呆滞，洋行停购，茶栈逐渐收歇，茶行情况有些变动，有的停业，有的缩小营业范围，但茶行员工人为了谋生，三五人临时凑合而成的‘撮摸’行，先后组成数家，维持茶业市场。……茶行关闭了十多家，所存仅有少数几家。1927 年宁汉分裂，国民党封锁武汉现金，武汉的洋例纹银由五千两换上海规元一千两，低至一万两换一千两，在这种情况下不仅国内各省在汉争购，而新进的忠信昌茶栈以有当时‘俄商协助会’资金支持，也收购箱红，这段时期‘撮摸行’买进卖出，得利不少。例如，我这年正月从同元解雇后，与别行店员四人合股，每人出资三五百元不等——主要是以客款付客账，‘撮摸’到八月中秋，共积累资本二万多元。同年秋季，老行逐渐复业的有五六家，与‘撮摸行’形成对立，老行经营到 1932—1933 年歇业改业，仅存利森一家。其余‘撮摸’行上十家，经营市销和津、沪、粤、豫等省市的内销为主，外销次之。”②以往大的茶行倒闭之后，继之兴起的则是规模小资金少的“撮摸”行，其

① 金陵大学农业经济系编：《鄂豫皖赣四省农村经济调查报告》第 11 号《湖北羊楼洞老青茶之生产制造及运销》，金陵大学农业经济系 1936 年印行，第 40 页。

② 程静安：《旧武汉茶业的回忆》，见中国人民政治协商会议武汉市委员会文史资料研究委员会编《武汉工商经济史料》（《武汉文史资料》汇编专辑），1983 年印行，第 134 ~ 135 页。

贸易规模和抵抗风险能力大大不如茶行以往。

三、腹地的变迁

（一）腹地范围的变化

在汉口开埠以后的十几年内，汉口茶市的兴盛产生了强大的吸引力，宁州红茶、祁门红茶和宜昌红茶相继纳入汉口的销售圈，宁州、祁门和宜昌成为汉口的茶叶腹地。汉口主要是通过九江吸纳宁红、祁红，通过宜昌吸纳宜红，以头茶为主。随着汉口茶叶贸易的进一步发展，九江等地的第二季茶、第三季茶也到汉口求售，汉口对腹地的辐射力加强。茶区不断扩大，“内地多年产茶之区，地土现已力薄，而茶株年老不换新秧，故其叶苦涩味薄，间有上等之茶可销售者，俱由内地新产茶之处运来”①。

我们对汉口红茶腹地进行划分，可以分为：祁红区，包括安徽祁门、至德和江西浮梁；宁红区，包括江西修水、武宁、铜鼓；湖北红茶区，包括湖北蒲圻、崇阳、通山、通城、咸宁以及湖南临湘、平江；湖南红茶区，包括浏阳、安化、新化、邵阳、宁乡、湘乡、桃源等县；宜红区，包括宜昌、宜都、五峰、恩施、兴山等县。其中，祁红、宁红和宜红都是通过通商口岸转口到汉口的，祁红区、宁红区和宜红区可以算作汉口茶市的间接腹地，而两湖红茶区则是直接腹地。两湖红茶产量最大，但是最好品质的红茶则是来自间接腹地的三个产区。而砖茶的腹地，则以湖北羊楼洞和湖南安化为两个中心，主要集中在两湖地区。

茶叶贸易衰落后，腹地的缩减主要是间接腹地的丧失，从九江出口的祁门红茶、宁州红茶全部改为由上海出口。宜红也部分转向上海，“五峰红茶均运汉销售，惟汉市低落，则改运沪市”②。至于其直接腹地，虽然茶叶输出大为减少，但是仍以汉口为输出口岸，依旧是汉口茶叶腹地所在。

---

① 《九江关税务司辛盛申呈总税务司》，《访察茶叶情形文件》附件，见 *Imperial Maritime Customs* Ⅱ *Special Series*：*No. 11 Tea*，1888，Shanghai，1889.

② 戴啸舟：《鄂西茶业》，载《实业部月刊》，1937 年。

（二）腹地之间的对比，解剖茶农经济

宁红、祁红和安化红茶，是汉口红茶输出中最为重要的三种红茶。其中安化可以算是汉口茶市的直接腹地，而祁门、宁州（修水、铜鼓、武宁）则是两个间接腹地，对比其在20世纪30年代茶业情况，我们也可以从中看出汉口茶叶贸易衰落对这些地区的不同影响。

安化地区：98家茶农平均每家茶园面积2.66市亩，其中自耕率96.97%。各种经营面积分配之百分数，茶园占27.28%。茶农平均每家产茶129市斤，平均每亩产茶47斤。茶农平均每家茶收益11.24元，占农户植产收益之10.20%。茶农所产之茶98.14%用以出售。茶地间种面积为茶地面积的70%。①

宁州地区：21家茶农平均每家茶园面积2.46市亩，其中自耕率92%。所种茶叶食粮及其他等项之作物亩数比例，茶叶种植面积占13.9%。茶农平均每家产茶91市斤，平均每亩产茶37斤。茶农平均每家茶收益15.68元，占农户植产收益之7.8%。茶地每市亩收入26.91元，其他田地16.45元，但每亩茶地中茶叶收入只有329.3元，其他为间作产品收入。茶地间种面积为茶地面积的98%。茶树栽培和茶叶采摘以家工为主，每市亩平均栽培用家工0.5元，雇工0.4元，雇工每工用费平均为0.34元；采摘用家工8.9元，雇工1.5元，雇工每工用费平均0.31元。毛茶初制中家工占71%，雇工占29%，雇工每工用费平均为0.35元。②

祁门地区：124家茶农平均每家茶地面积5.2市亩，其中83%是山地，自耕率95%。茶叶种植面积占土地利用之32.7%。茶农每家植茶收益104.86元，占农户总收入之48.9%。每亩产毛茶126.3市斤。茶地间种面积为茶地面积的9.7%。茶树栽培和茶叶采摘每亩平均栽培用家工3.3元，雇工3元，雇工每工用费平均为0.28元；采摘用家工0.8元，雇工4.3

---

① 经济部资源委员会、经济部中央农业实验所编：《湖南安化茶叶调查》，经济部中央农业实验所1939年印行。

② 金陵大学农业经济系编：《江西宁州红茶之生产制造及运销》，金陵大学农业经济系1936年印行。

元，雇工每工用费平均 0.49 元。毛茶初制中家工占 27.5%，雇工占 72.5%，雇工每工用费平均为 0.5 元。①

对比上述的三个地区可以看出，茶地面积最小、占农家耕种面积比例最低的就是宁州地区，最大、最高的是祁门地区。茶农每家从茶叶中的收益以祁门最高，宁州次之，安化最低。但从比例上讲，祁门远远高于另外两个地区，安化的比例高于宁州。每市亩的产量也以宁州最低。茶地间种也是茶业衰落的一种表现。祁门地区的间种比例最低，不足 10%，而安化地区则有 70%，宁州地区的茶地可以说是全部间种了。施肥方面，最为用心的也是祁门地区。

雇工方面，祁门地区雇工比例远远高于宁州地区。从宁州调查中也可以看出当时人对这一问题的认识："茶市不景气，茶农淡心经营。采茶时期，人工最感不敷，而当地采茶多系家工，甚少雇工，且每工之平均用费颇低，农村经济衰落之景象，于此益可见矣。"②

如果我们把安化和宁州两地做比较的话，就可以看出，宁州地区的茶业衰退更加严重，安化地区茶农收益虽然不高，比宁州地区每户低了 4 元多，但是考虑到宁红和安红之间的价格差，尤其是历史时期宁红的售价一般在安红的两倍以上，那么很明显，宁红的衰落更为严重。以往茶树种植过密的宁州茶区，如今不但疏于管理，而且几乎全部间种了粮食作物，并且在采摘时期都无力雇佣很多工人。茶叶销路之不畅，亦可见矣。宁州地区的红茶以汉口为主要输出口岸，以汉口市场上的俄国商人为主要销售对象，一旦这个市场失去了，转向上海市场之后，宁红的销路非常之差，随之带来茶农经济的衰退也就不足为奇了。而安化地区作为汉口茶叶的直接腹地，并且生产花香、毛红、老茶等供应国内市场，所以即使外销茶衰落了，仍不至于严重衰退。

---

① 金陵大学农业经济系编：《祁门红茶之生产制造及运销》，金陵大学农业经济系 1936 年印行。

② 金陵大学农业经济系编：《江西宁州红茶之生产制造及运销》，金陵大学农业经济系 1936 年印行。

至于祁门地区，同为汉口茶叶的间接腹地，为何祁门地区茶业状况要远远好过安化和宁州呢？这其中的缘由恐怕超出了本书探讨的范围。由于徽州绿茶一向以上海为主要销售市场，徽商亦在上海有雄厚实力，转向上海市场的祁红自然比宁红更有优势，祁红的地位也就日益高于宁红了。

在港口—腹地的这一链条中，简单地说港口带动了腹地的经济发展，显然是不足以说明两者之间的关系的。在上文中，笔者以 20 世纪 30 年代汉口的三个茶叶腹地（宁州、祁门是曾经的茶叶腹地）为对比，分析其茶农经济状况，对比其衰落程度，希望从中可以看出失去了港口的腹地发生了怎样的变化。其中，安化地区虽然有衰退，但由于仍能通过港口输出内销茶，所以茶农经济仍能保持一定规模。宁州地区则在转向上海这一港口的过程中非常失败，其茶农经济衰退也最为严重。而祁门则在转换输出口岸中获得了较大的成功。

小　结

茶叶作为汉口最重要的输出商品，在汉口贸易中的地位可谓至关重要。而汉口茶叶贸易在近代中国茶叶贸易中的占比，也是三分天下有其一。为何近代的汉口能够成为茶叶港？本章所讨论的正是这个问题。传统的区位优势和新兴的外部市场刺激了汉口茶叶贸易的发展，而深居内陆的沿江条件又不能使得汉口市场完全发育。在竞争中，俄国买主占据上风，在汉口市场完成集聚，逐步成为汉口茶的主要销售对象，而对英输出则迅速衰落。这一过程伴随着腹地的扩张和茶叶生产的扩大。如果以 19 世纪 80 年代中期为界，此后汉口茶市主要面向俄国市场，供应红茶和红砖茶。腹地范围进一步扩张。汉口茶叶贸易在华茶贸易中的比重也提高了，这主要是由于其他地方华茶贸易衰落远比汉口严重。而当俄国市场完全丧失之后，汉口茶叶之间接腹地几乎全部丧失，直接腹地也发生萎缩，汉口市场再次成为以内销茶为主的茶叶集中地。茶农经济之衰落也非常明显，在不同的腹地范围内呈现出差异。

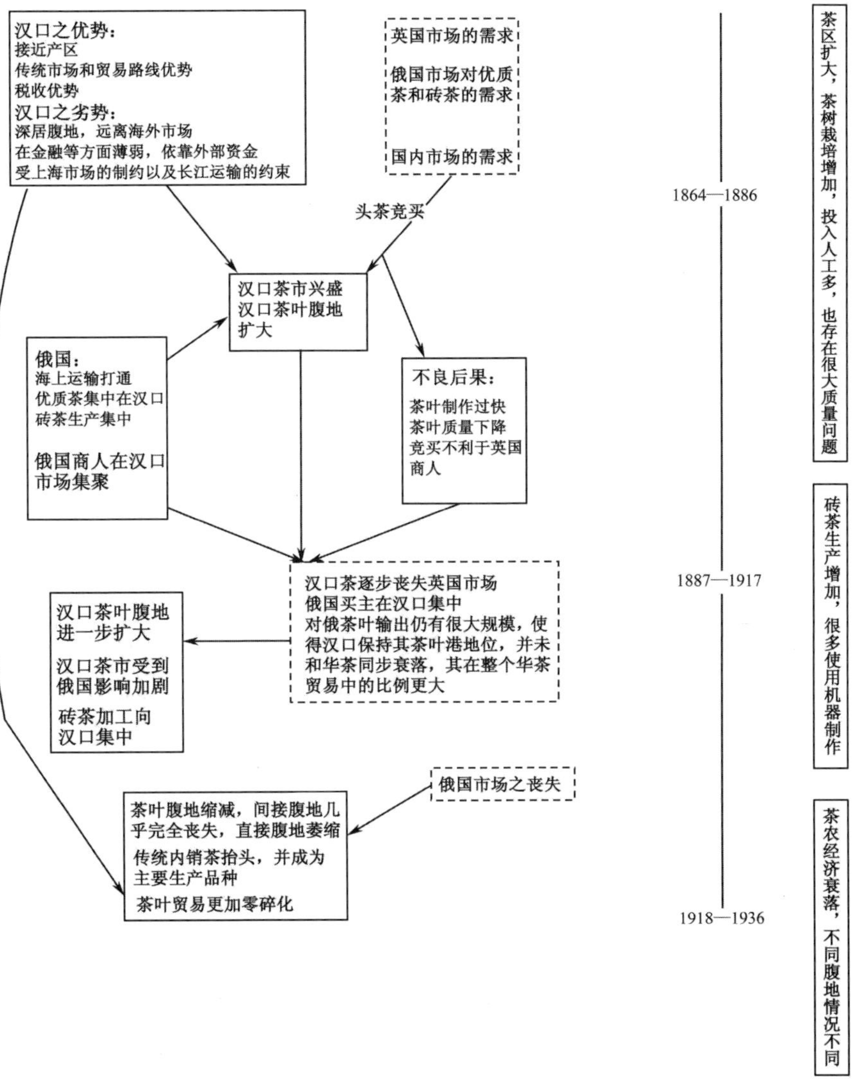

图3.14　1864—1936年汉口茶叶贸易趋势示意图

说明：虚线框部分表示外部市场，最右边部分表示茶叶生产和茶农经济。

第四章　桐油贸易

第一节　引言

1936年位居中国出口商品第一位的，不是人们通常熟知的茶叶、丝绸或者其他农产品，而是从桐树种子里面提取的桐油。桐油因为干燥性极强，又有防水防腐的作用，是最好的油漆原料。桐油在车船、建筑、用具等方面广泛使用，且可以作为其他工业原料（如油墨、代用橡胶、假漆等）。① 桐油的照明性较差，但是在煤油进入中国广大农村之前，植物油照明一直是农村照明的首选，故而桐油产地也经常以桐油作为照明用油。我国桐油产量长期位居世界首位，三年桐和千年桐是我国桐油的主要来源。三年桐较耐寒，主要分布在长江流域，生长快，三年开始结实，最长收获年限约十五年。千年桐耐寒性较差，主要分布在珠江流域，六七年才开始结实，而收获年限较长，约二十年。

桐油贸易早在近代中国开埠之前就已经存在。随着中国对外贸易的发展，桐油开始逐步进入国际市场。近代早期，桐油贸易仍以国内市场为主。随着桐油作为工业油漆重要原料被广泛应用和美国等国家工业的迅速发展，桐油成为中国近代对外出口的重要商品。在国际市场需求的带动下，国内油桐树的种植，桐油的生产、加工、运输和贸易迅速发展。从集中出口的港口

① 乔曾鉴等编：《植物学——种子植物及植物地理学基础》，高等学校交流讲义，中央人民政府高等教育部教材编审处1954年印行，第107页。

城市到种植油桐的内地山村，都受到了这一发展的带动影响。

民国时期我国桐油产量长期占世界桐油产量的 80% ~90%，全年输出曾高达 10 万吨，其中以四川省产量最大，湖南省桐油品质最好。[①] 按省份计，桐油的产地主要集中在四川、湖南、湖北、安徽、河南、浙江、陕西、广西、贵州等地。其中又以四川和两湖为主，靠近产地的汉口长期以来是桐油的最大集散地。民国时期，汉口的桐油出口量最高占到中国桐油出口量的 80% 左右，国外因之将中国的桐油多称为"汉口桐油"[②]，足见汉口在近代桐油贸易中的地位。1864 年，桐油贸易首次出现在汉口海关贸易报告中，可以说从开埠开始，桐油贸易就是汉口贸易的组成部分，只是当时桐油贸易所占的比例还比较小。到了 20 世纪初，汉口的桐油贸易迅速扩大，七七事变前桐油已成为中国最重要的出口物资之一。

以往对近代桐油贸易的研究，军之、白水、罗威廉、侯坤宏、陈晖、陈礼茂以及张丽蓉都发表过论文。[③] 此外，在刘翠溶《汉水流域的贸易及其对经济发展的影响（1800—1911）》一书的第三章中，也有关于桐油贸易的论述。[④] 以上的研究或是关注较小区域内的桐油贸易，或是关注一个

---

① 乔曾鉴等编：《植物学——种子植物及植物地理学基础》，高等学校交流讲义，中央人民政府高等教育部教材编审处 1954 年印行，第 107 页。

② 当时报刊上的《最近国外需要之国产品》一类的文章中，对于国外所需桐油，基本上都是用"汉口桐油"这一名称，即使汉口桐油衰落后仍然沿用。

③ 军之、白水：《湖北桐油产区及市场》，载湖北地方志编纂委员会办公室编《湖北省志资料选编》第二辑，1983 年印行。William T Rowe，"Tung Oil in Central China：The Rise and Fall of a Regional Export Staple"，《第二次中国近代经济史会议论文集》，台湾"中研院"经济研究所，1989 年。侯坤宏：《抗战时期的中国桐油事业》，载台湾"中研院"近代史研究所编《近代中国农村经济史论文集》，台湾"中研院"近代史研究所，1989 年。陈晖：《抗战前武汉桐油的出口贸易》，载《史志文萃》1992 年第 3 期。陈礼茂：《浅议近代汉口的桐油贸易》，载《武汉交通管理干部学院学报》1998 年第 1 期。张丽蓉：《长江流域桐油贸易格局和市场整合——以四川为中心》，复旦大学历史地理研究中心 2003 年硕士学位论文。

④ 刘翠溶：《汉水流域的贸易及其对经济发展的影响（1800—1911）》（*Liu Ts'ui-jung：Trade on the Han River and its Impact on Economic Development*，*1800 – 1911*，Taipei，1980.）。

短时段内中国桐油贸易的状况。而本书着重探讨汉口桐油贸易的几个基本阶段、汉口桐油的运销网络、汉口桐油贸易及其对桐油生产的带动这几个问题。

第二节　汉口桐油贸易的阶段划分

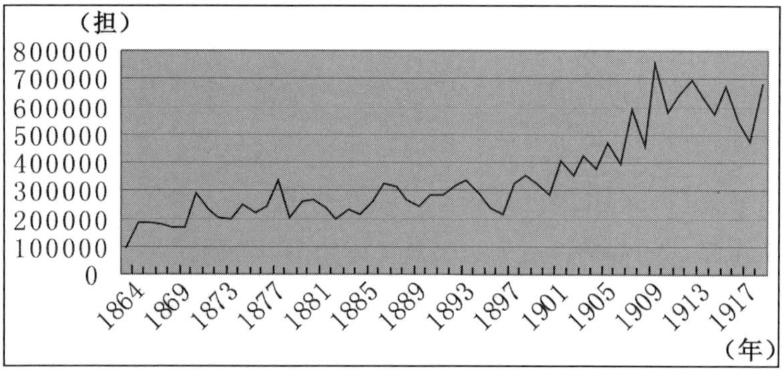

图4.1　汉口桐油输出数量图

资料来源：《中国旧海关史料》，根据汉口历年数据整理。

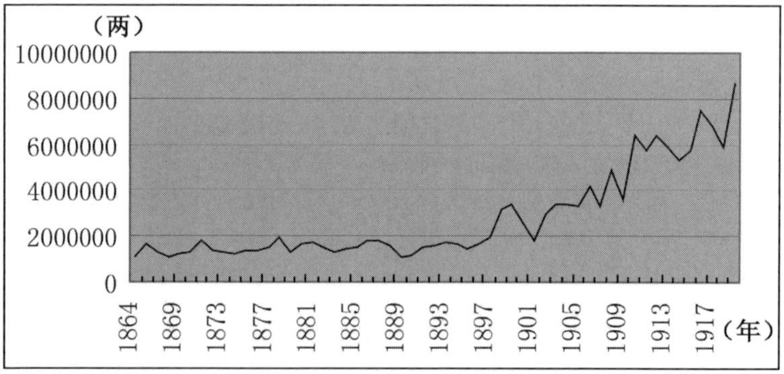

图4.2　汉口桐油输出数值图

资料来源：《中国旧海关史料》，根据汉口历年数据整理。

注：1873年以前的单位为汉口两，之后为海关两。

上面的两幅图分别代表了汉口桐油输出的数量（担）和输出数值

（两），这中间既包括了输出国外的桐油，也包括输出到国内其他口岸的桐油。

根据上面两图及相关数据，可以把汉口桐油贸易划分为两个阶段。

一、国内贸易阶段（1864—1909）

桐油贸易在开埠之前就存在于汉口贸易的记录中，开埠后也立刻见于海关记载。但是数量一直变化不大，主要用来满足国内市场的需求。直到国外市场把桐油作为工业原料后，桐油的出口扩大，相应地，汉口桐油输出值也增加。

笔者把 1864—1909 年作为汉口桐油贸易的国内阶段，这其中又以 1898 年为界分为前后两个阶段。

汉口桐油直接输出到国外的明确记载始见于 1900 年，此前汉口桐油出口主要是通过上海转口输出。到 1910 年，情况有了较大的变化，汉口直接输出到国外的桐油超过了 100 万两，桐油出口在整个桐油贸易中所占的比例也逐步提高。据此，把 1864—1909 年作为汉口桐油贸易的国内市场阶段，又以 1898 年为界，划分为前后两期，1898 年后桐油贸易的数量和价格都有所上升，导致了贸易数值较大幅度的上升，基本维持在 300 万两左右。下表对此进行了详细说明：

表 4.1　1864—1909 年汉口桐油销往中国口岸数值

单位：两

年份	销往中国口岸桐油数值	年份	销往中国口岸桐油数值
1864	1114304	1870	1304660
1866	1627011	1871	1825701
1867	1261422	1872	1384149
1868	1110442	1873	1300134
1869	1213465	1874	1228396

（续表）

年份	销往中国口岸桐油数值	年份	销往中国口岸桐油数值
1875	1394084	1893	1709317
1876	1388194	1894	1619163
1877	1522785	1895	1453156
1878	1971001	1896	1643070
1879	1278427	1897	1940228
1880	1619200	1898	3178445
1881	1760034	1899	3358668
1882	1532588	1900	2553989
1883	1305769	1901	1795718
1884	1428307	1902	2925389
1885	1513354	1903	3416158
1886	1804383	1904	3394696
1887	1832611	1905	3290059
1888	1579136	1906	4110206
1889	1091853	1907	3152386
1890	1161027	1908	4342313
1891	1514255	1909	3329264
1892	1563299		

资料来源：《中国旧海关史料》第 1 ~ 48 册汉口海关部分。
说明：1873 年以前单位是汉口两，之后为海关两。

在汉口开埠之前，桐油贸易就已经存在，当时的桐油多由杂货行经营，所以当汉口开埠之后，桐油贸易很快就出现在海关报告之中。当时的贸易量就比较大，每年由汉口输出的桐油贸易值都在 100 万两以上。不过，长期以来，汉口的桐油贸易中的绝大部分为国内贸易，而桐油出口在整个桐油贸易中所占的比例也极低，我们还是把汉口作为国内桐油集散中心较为合适。从全国来看，桐油出口在整个桐油贸易中所占的比例很低，而在所有出口商品中所占的比例就更是微乎其微。可以说，整个中国桐油贸易都处于一个内贸为主的阶段，而在这其中，汉口是最大的桐油集散中心，桐油输出量居全国第一，上海、镇江、宁波以及北方的港口如天津等输入了大量来自汉口的桐油。

此处的两个细节问题是，1875 年法国人克鲁兹发现了桐油强烈的干燥性，可以代替亚麻仁油作为工业油漆的原料，此后中国桐油开始作为一种新型的工业原料出口。但中国桐油出口实则更早，1864 年前后上海就有桐油出口到日本。而从海关资料来看，1875 年之后，桐油的出口并没有出现一个明显的增长，直到 1897 年以后，不论国内市场的桐油贸易，还是桐油出口贸易，才有了较大的增长，汉口输出的桐油贸易值在 1898 年首次达到了 318 万两，而不再徘徊在 100 多万两级别内。

二、国际贸易主导阶段

汉口桐油国内贸易和国际贸易并举，国际贸易逐渐占据主导地位的时期是 1910—1936 年。

1910 年，汉口的桐油贸易总值达到了 6449421 海关两，直接出口的桐油达 1015345 海关两。此后仍保持较快的增长速度，到 20 世纪二三十年代，又有了质的飞跃。下表说明了 1910 年以后汉口桐油出口比例的增长。

表 4. 2　1900—1918 年汉口桐油直接出口数值及其在桐油贸易中的比例

年份	直接出口到国外的桐油数值（单位：两）	直接出口的桐油占汉口桐油贸易的百分比
1900	5335	0. 21%
1901	1734	0. 10%
1902	1109	0. 04%
1903	—	—

（续表）

年份	直接出口到国外的桐油数值（单位：两）	直接出口的桐油占汉口桐油贸易的百分比
1904	4552	0.13%
1905	30151	0.91%
1906	61561	1.47%
1907	161305	4.86%
1908	515600	10.60%
1909	293232	8.09%
1910	1015345	15.74%
1911	912216	15.63%
1912	746925	10.53%
1913	709905	11.24%
1914	960222	16.36%
1915	688834	10.74%
1916	799075	9.64%
1917	861314	10.47%
1918	10425	0.14%

资料来源：《中国旧海关史料》第31~81册汉口海关部分。1903年数据无。

从上表可以看出，1910年直接出口的桐油占到汉口桐油贸易的15.74%，此后就一直维持较高的比例，除了1918年因“一战”的影响而出现低谷。桐油贸易值在1910年首次突破了100万海关两，此后又略有回落，但相对于1910年之前则明显增加了。

1918年以后，桐油出口跻身我国十二项主要出口货物之列。1919—1921年，桐油出口占我国出口总值的1.1%，位居第十名；到1936年则占出口总值的10.3%，位列第一。① 由于海关统计体例的变化②，难以给出和表4.2相衔接的20世纪二三十年代的汉口桐油直接出口数值及其在桐油贸易中比例的连续数据，但是以下的一些数据大致可以反映它的基本状况。

表4.3　外销桐油占汉口桐油贸易比例（1931—1937）

年份	外销桐油（万担）	桐油总输出（万担）	外销桐油占总输出的比例
1931	94	105	90%
1932	61	68	90%
1933	78	83	94%
1934	32	41	78%
1935	35	41	85%
1936	44	46	96%
1937	54	55	98%

资料来源：实业部汉口商品检验局：《检验年刊》，1934年、1938年。
说明：1936年、1937年外销桐油及桐油总输出的计量单位是万公担。

虽然经汉口商品检验局检验的桐油没有包括汉口桐油贸易的全部，但是它所反映的桐油内销和外销的比例还是基本说明了外销桐油所占的绝对优势。

虽然本书研究的时间下限是1936年，但对于桐油贸易来说，这确实是一个高峰和增长旺盛期。此后由于中国抗日战争全面爆发，桐油作为军需物资，是重要的战时出口物资，中美之间签署了桐油贷款协议。这一时期

① 严中平等编：《中国近代经济史统计资料选辑》表19，科学出版社1955年版，第76页。

② 因为1919年以后海关统计按照货物分类，如桐油一项下面只有各关原货出口和进口，而原货出口中没有分为直接出口到国外和国内各通商口岸两项。

桐油已经成为战略交换物资，其贸易性质和此前不同。而且由于日军封锁，很多桐油转而从云南出口，不再取道汉口，所以本书也不再把它纳入研究范围。

三、汉口桐油占全国桐油贸易的比例

汉口桐油输出占全国桐油贸易的比例，是一个重要指标，以此衡量汉口在全国桐油贸易中的地位。但是关于汉口桐油在全国所占比例，学界则往往混淆不清，主要是由于是否把汉口复出口桐油计算在内造成的。

表4.4给出了1912—1920年汉口桐油出口占全国桐油出口的比例，毫无疑问，汉口桐油输出占据了全国的绝大部分，最高的年份超过了90%。汉口作为全国桐油输出的中心，集中了出口到国内各埠和国外桐油的70%以上。

表4.4　汉口桐油输出占全国比例（1912—1920）

单位：海关两

年份	汉口桐油出口值	全国桐油出口值	汉口占全国比例
1912	6399657	8446300	75.8%
1913	5870796	6855547	85.6%
1914	5308839	6448080	82.3%
1915	5748490	6278195	91.6%
1916	7463178	8736999	85.4%
1917	6856979	8496926	80.7%
1918	5910770	9906476	59.7%
1919	8721593	12364698	70.5%
1920	6856570	10612698	64.6%

资料来源：《中国旧海关史料》，根据汉口和全国历年数据整理。

1920年以后，由于海关统计的全国贸易年册只统计各关原货出口，即各关直接输出部分，而不记载复出口，所以单从原货出口值来看，汉口占全国原货出口比例不高，但是如果把复出口部分加入，汉口桐油出口在全国所占的比例仍然很高。①

表4.5　汉口桐油出口及复出口（1922—1933）

年份	出口（担）		复出口（担）	总共出口（担）	出口值（海关两）	全国桐油各关原货出口值（海关两）	汉口占全国比例
	出口国外	出口国内其他口岸					
1922	39288	330884	608707	978879	13781881	15772935	87.4%
1923	49310	309178	674055	1032543	22614729	28504807	79.3%
1924	51064	334222	732925	1118211	22117931	26137078	84.6%
1925	49496	285662	804229	1139387	21699742	25254507	85.9%
1926	68609	255978	632584	957171	19341876	23871044	81.0%
1927	26338	298912	574294	899544	22317876	23694204	94.2%
1928	84375	330777	647861	1063013	23247440	32275563	72.0%
1929	70130	214423	743684	1028237	22659355	33265952	68.1%
1930	24241	203871	682773	910885	28695114	28743944	99.8%
1931	72044	180520	479947	732511	16935846	19308017	87.7%
1932	364411	122579	281485	768475	14448361		
1933	69713	327025	581345	978083	14920692		

资料来源：1.《近12年来汉口大宗出口土货数量与价值统计》，见实业部国际贸易局编《最近三十四年来中国通商口岸对外贸易统计（1900—1933）·中部》，实业部国际贸易局1935年印行。

2. 上海海关高等专科学校图书馆藏旧海关史料：《汉口贸易年册》1923年、1927年和1930年部分，通过这些年册可以印证资料来源1中的数据是和汉口贸易年册中的数据吻合的。感谢唐巧天为笔者提供这些资料。

3. 湖北档案馆藏：《英商访华团在汉日程表会议记录汉口对外贸易总值表汉口市战前出口货物价值及现时产销概况表》，卷宗号LS25－1－724。

① 在各海关的贸易年册中，出口和复出口数据是有的，但是这些年册并没有收入京华出版社出版的《中国旧海关史料》中，笔者也就无从得知，只能通过其他途径的数据补充。

根据上述数据可以看出，汉口直接出口国外和国内各埠的桐油在30万担左右，复出口的桐油则有60万担的规模，经汉口复出口的桐油占汉口桐油输出的三分之二。而把出口、复出口加和计算，汉口桐油输出的数值非常庞大，占据了全国桐油出口值的80%以上。

第三节　汉口桐油的运销网络

桐油是桐实经过加工后压榨而出。出产一担桐油，往往要用四五担的桐实。所以运输桐实到通商口岸加工是不现实的，运费过于高昂。只能在产地收集桐实、加工成桐油后运往通商口岸，再进行精炼加工。

“收聚因感交通不便，及种地分属各小地主，故甚为困难，内地人工较低，而桐实运价又过昂，故长江上流、汉水、西江流域及小产区，均设榨油坊，各将近处及附近桐实收聚而榨油，以售于最近商埠，或转口商埠之油商。”① 这一则材料就说明了在内地加工桐油的便利之处，人工费低，省运费。

在产地就近生产出来的桐油，经过层层运销网络后，集中到汉口。

一、汉口桐油来源地和集中网络

桐油的生产对自然环境要求比较高，长江流域的温度、湿度和土壤最适合桐树的生长，尤其是川、湘、鄂三省，占据了全国桐油生产的大部分，贵州、陕西、山西、河南、安徽、江西的部分桐油也都集中在汉口运输，下面将汉口所集中桐油的来源地大致列出②：

四川省桐油产量最大，产区极广。大略如下：计有云阳、开江、开

① ［美］C. C. CONCANNON 著，凌锡安译：《桐油概况》，实业部汉口商品检验局1933年印行，第8页。

② 此处有两点值得说明，一是因为汉口桐油来源地极广，难以完全无遗地统计，此处根据方志、海关资料和民国调查资料中较多出现的县份统计，二是行政区划基本依据1935年为标准年代。

县、奉节、万县、石砫、宣汉、梁山、长寿、渠县、万源、涪陵、重庆（巴县）、合江、泸县、江安、兴文、安县、长宁、珙县、庆符、高县、屏山、荣县、大竹、忠县、井研、资中、巫山、丰都、垫江、叙永、筠连、乐山；合川、南充、广安、阆中、遂宁、盐亭、蓬溪、江油、巫溪、江津、綦江、南川、彭水、酉阳、秀山、黔江、广元、雷波、古宋、古蔺、西充、马边、射洪、巴中、武胜、仪陇、苍溪等县。如果我们进行划分的话，这些县基本集中在长江、嘉陵江、乌江三大流域，尤其是以长江流域为主。

湖南省桐油产地，可分为澧水流域、沅江流域、湘江流域三大区，计有澧县、大庸、永顺、常德、芷江、靖县、辰溪、保靖、溆浦、湘潭、长沙、浏阳、醴陵、耒阳、桂阳、郴县、衡阳、洪江、沅江、凤凰、麻阳、桃源、乾城、石门、汝城、津市、湘乡、攸县、安化、新宁、城步、慈利、常宁、安仁、道县、新田、宜章、永兴、资兴、蓝山、泸溪、辰溪、永绥等处。

湖北省桐油产地，计有宜昌、沙市、荆州、建始、利川、宣恩、汉口、武穴、安陆、应山、襄阳、郧阳、来凤、均州、老河口等地。

陕西省桐油产区，计有紫阳、白河、兴安、旬阳、汉中、汉阴、石泉诸县。

贵州省桐油产区，计有铜仁、松桃、镇远、省溪、青溪、江口、印江。

安徽省桐油产区，计有徽州、歙县、婺源、宣城、广德诸地。

河南省桐油产区，计有邓州、淅川等地。

此外，山西、江西等地的一些桐油也运到汉口。

需要说明，汉口桐油的来源地一再发生变化，上面大略归纳的是整个研究时段曾经作为汉口桐油来源地的主要县份。

上面已经提到了桐油的来源地，下面就是汉口桐油的一个集中网络。

四川桐油产区多在长江、嘉陵江、乌江各流域附近，桐油先就近输入商务较繁荣的城市集中，主要有泸县、宜宾、南充、合川、涪陵以及重庆和万县，再集中到万县、重庆两大油市出口。其中，距重庆、万县较近或有河道可以运输的，则直接由产区运往万、渝二油市，然后集中汉口出口，称为“川桐”。贵州乌江流域产的部分桐油也经由涪陵地区，再取道湖南运到汉口。临近万县的部分湖北、陕西桐油也集中到万县后再运往汉口。

湖南的桐油主要集中在湘江、沅江和澧水流域，桐油顺水而下，主要集中在长沙、常德、岳州、洪江和津市，然后集中汉口出口，称为“南桐”。其中洪江产的洪油主要是供应国内市场，所以有一部分直接运往镇江，不是集中到汉口。此外四川的秀油和贵州的部分桐油取道湖南辰州，另外部分贵州桐油取道洪江，然后在湖南市场集中后运到汉口。

陕西桐油，主要集中在紫阳、白河、兴安、旬阳几个地方，然后沿汉水集中到湖北襄阳老河口，会同湖北西北所产的桐油一起运到汉口，称为“襄古桐”；汉口以上长江沿岸所产的桐油主要集中在沙市，称为“荆沙桐”；汉口长江以下的桐油主要集中到武穴后运往汉口，称为“边江桐”。以上是几条比较主要的桐油运输路线，都是取道水路。另外尚有部分陕西桐油经过潼关，经陇海铁路转至京汉铁路后运到汉口。

大量的汉口桐油就是大致沿着以上这样的网络集中起来的，由于加工方法和自然品质的不同，各地来的桐油差别巨大，到汉口后则主要分为桐油、洪油和秀油几个品种，其中品质较好的桐油大多供应国外市场，部分供应国内市场，而较差品质的桐油，如洪油、秀油则只供应国内市场。

二、内、外销桐油之区别

（一）内、外销桐油来源地之不同

从汉口输往国内外市场的桐油，其来源地也可以大致予以分类。以往的研究只是给出各地出产的桐油占中国桐油贸易的总比例。实际上各地的桐油会输出到什么市场，也是有所区分的，有比较固定的销售网络。

“桐油销场，分国内国外两路，洋庄所办多属川货，如美庄所办顶号货，月初做开三十二两，现约二十八九两。法庄所办较次，每担相差五两左右。……内地所销为襄桐及洪桐等。现价上等二十四两，下等二十两。……按此货在本国境内，用以油漆船舶等木器，而外人则常以为胡麻油之代用品。以其性易干，故制造油漆、漆布及颜料等，为用日广。”① 这则材料说明，洋庄经营的出口桐油大多来自四川，而供应国内市场的桐油则以洪桐、襄桐这些来自湖南、湖北的桐油为主。

下面就以1932—1936年汉口商品检验局所检验的桐油为例，做一简单说明。

表4.6　汉口内、外销桐油产地

年份	外销桐油（万担）			内销桐油（万担）	
	四川	湖南	湖北	四川	湖南
1932	45	12	3	0.8	6
1933	67	10	1		4.5
1936	28	13	3	1.3	1.5

资料来源：实业部汉口商品检验局编《检验年刊》，1932年、1934年、1938年印行。

从上面的表格中不难看出，经由汉口出口的桐油绝大部分来自四川，其次是湖南、湖北，而内销的桐油则主要来自湖南。

（二）内、外销桐油的销售地

中国的桐油出口市场向来以美国为最大宗，纽约桐油市场的价格左右着中国桐油市场的价格。汉口的桐油出口也不例外，关于这一点，以前的学者多有论述，此不赘述。

至于国内市场，则以上海、镇江为主。1864年、1866年、1867年三年的海关统计数据显示，汉口桐油运往上海和镇江的比例高达99.5%、99.6%、96.5%。此后由于海关统计分类的变化，我们无法计算出汉口桐

① 《桐油之到销状况》，载《银行杂志》1923年第一卷第一期。

油输出到上海和镇江的精确比例，但是从汉口长期作为国内最大桐油原货输出地，而上海、镇江恰恰是国内最大的桐油输入地来看，不难判断在国内市场上，上海、镇江输入了大部分汉口输出的桐油。以 1912—1920 年为例，汉口占据了桐油原货输出量的近 80%，而上海、镇江占据了国内桐油进口量的 56%。① 下面表格中几个年份的数据更是提供了相关依据。

表 4.7　汉口各类桐油输往上海、镇江占内销桐油比例

年份	输往镇江、上海的桐油（担）	内销桐油总数（担）	输往镇江、上海的桐油占内销桐油的比例（%）
1930	89491	117081	76
1931	48832	70533	69
1933	40622	48108	84
1936	12480	15589	80
1937	5437	9671	56

资料来源：据实业部汉口商品检验局：《检验年刊》1932 年、1934 年、1938 年。《汉口商业月刊》第一卷第七期，1934 年 7 月。

从中我们不难看出上海、镇江占了较高的市场份额。

综上所述，我们可以大致看出汉口桐油的主要来源地，通过一些网络结点逐步集中到汉口。不同地方集中到汉口的桐油又销往不同的市场。

三、汉口桐油复出口的变化

在第二节中，笔者曾经分析过，1920—1933 年，汉口桐油出口仍然占全国桐油的绝大部分，而其中三分之一是从汉口直接输出的，三分之二是复出口其他口岸的桐油。但是，这种情况在 20 世纪 30 年代发生了变化。

岳州、长沙、重庆、万县、宜昌是汉口桐油的主要供给港。这些口岸

① 《出口土货产销总册·桐油》，见《中国旧海关史料》第 67、79、89 册。

的桐油输出到汉口，经过精加工，再出口到上海或者国外市场。这使得汉口成为国内最大的桐油输出口岸。而在20世纪30年代，随着长江流域各口岸的发展，这种情况发生了变化。由于缺乏埠际贸易资料，笔者只能寻找1936年一年的完整的桐油埠际贸易资料来做一个分析：

附表d.1给出了1936年国内主要通商口岸桐油输出及输入的数量和数值，根据这一数据，可以计算出每一口岸的桐油输往各处的比例，也可以计算每一口岸桐油来源地所占的比例。

从各埠桐油输出值来看，汉口仍然最多，在3000万国币元以上。重庆、万县、岳州各有1000多万国币元。其他口岸数值都不足500万国币元。输入值则以宜昌、汉口、上海为巨，上海为4600万国币元，汉口为1800万国币元，宜昌为1300万国币元。

从输出口岸的角度来看，重庆桐油60%输往宜昌，30%输往上海，输往汉口的不足10%。万县桐油一半输往上海，近30%输往宜昌，输往汉口的不足20%。宜昌桐油输往汉口和上海各占一半。可见汉口以上长江这几个通商口岸以上海为主要输出口岸，对汉口的依赖性不强。长沙、岳州的桐油基本都输往汉口，以汉口为桐油输出枢纽。

从输入口岸的角度来看，宜昌桐油三分之二来自重庆，其余来自万县。

汉口桐油60%以上来自岳州，13.6%来自万县，9.7%来自宜昌，7.9%来自长沙，6.9%来自重庆，汉口最重要的桐油供给港无疑是岳州。上海桐油的69.4%来自汉口，其余17%来自万县，9%来自重庆，3.2%来自宜昌，其他口岸的供给较少。镇江的桐油基本都来自汉口。

综上所述，可以看出汉口主要转口的是来自岳州的桐油。汉口以上长江干流的通商口岸，其桐油输出经汉口复出口的比例不高。但是汉口仍然是国内最重要的桐油输出口岸，其桐油在国内市场主要供应上海。

四、桐油市场的发展及价格变动

根据张丽蓉的研究，她认为民国时期形成了一个整合的成熟的桐油市场。她对 1935—1938 年间四川四个县桐油价格指数进行相关分析之后，认为它们之间是高度相关的，是统一的桐油市场。①

笔者对附表 d. 2 进行分析，发现如果把这四个县每年的数据都进行相关分析之后，结果出现很大的差异。

表 4. 8　1935—1938 年四川四县桐油价格相关分析

1935 年	开县	忠县	合川	南充	1936 年	开县	忠县	合川	南充
开县	1. 000				开县	1. 000			
忠县	0. 718	1. 000			忠县	0. 970	1. 000		
合川	0. 149	0. 636	1. 000		合川	0. 607	0. 690	1. 000	
南充	0. 680	0. 913	0. 610	1. 000	南充	0. 423	0. 425	0. 817	1. 000
1937 年	开县	忠县	合川	南充	1938 年	开县	忠县	合川	南充
开县	1. 000				开县	1. 000			
忠县	0. 992	1. 000			忠县	0. 799	1. 000		
合川	0. 947	0. 948	1. 000		合川	0. 185	0. 122	1. 000	
南充	0. 946	0. 931	0. 856	1. 000	南充	0. 299	0. 124	0. 915	1. 000

资料来源：根据附表 d. 2 分析得出。

从上面的分析可以看出，1935 年四县之间开县和忠县、忠县和南充之间相关性比较明显，其他则较弱。1936 年相关性有一定提高，1937 年各县之间相关性最为明显，而 1938 年相关性又较弱。而开县、忠县之间的相关性在四县中最高。

仅这一份资料的分析，似乎还不能说明什么问题，故笔者找到万县 1930—1936 年桐油价格逐日、逐月的数据，附表 d. 3 是万县每月桐油最高

① 张丽蓉：《长江流域桐油贸易格局和市场整合——以四川为中心》，复旦大学历史地理研究中心 2003 年硕士学位论文。

价格、最低价格和普通价格，附表 d.4 是根据逐日桐油行市计算的万县桐油每月均价。

根据附表 d.2 和附表 d.3，可以计算开县、忠县、合川、南充四县同万县之间桐油价格的相关性，参见下表：

表4.9 1935—1936 年四川四县和万县桐油价格相关分析

1935 年	开县	忠县	合川	南充	万县	1936 年	开县	忠县	合川	南充	万县
开县	1.000					开县	1.000				
忠县	0.718	1.000				忠县	0.970	1.000			
合川	0.149	0.636	1.000			合川	0.607	0.690	1.000		
南充	0.680	0.913	0.610	1.000		南充	0.423	0.425	0.817	1.000	
万县	0.708	0.716	0.575	0.717	1.000	万县	0.933	0.917	0.487	0.315	1.000

资料来源：根据附表 d.2、d.3 分析得出。

从这一次的相关分析中可以看出，万县、开县、忠县之间的相关性最强，而万县同其他两县之间的相关性较弱。

在地域上来讲，可以说川东是四川桐油出产最多最集中的地方，万县又是桐油输出的枢纽，其周围的县和万县之间属于整合的桐油市场，而和其他地方之间尚没有完全整合。张丽蓉认为四川桐油全省市场的整合程度不如局部高，没有形成全省统一的市场。而笔者分析认为，只有川东地区才形成了高度相关的整合的市场，其他地方如南充、合川等县和万县之间的相关性不高，不能算是高度相关的整合市场。

从时间上来讲，桐油市场是逐步发展成熟的，尤其对外出口桐油数量和价格的激增，带动了桐油贸易的成熟发展。下表给出了 1930—1936 年万县桐油最高价、最低价、普通价和均价之间的年际相关分析。可以看出，其年际相关性是在增强的，也就是说相邻两年之间，逐月的价格走势是逐渐趋向一致的，这也可以反映出市场的成熟度增强了。

表4.10　1930—1936年万县桐油价格年际相关分析

年份	1930—1931	1931—1932	1932—1933	1933—1934	1934—1935
普通价	-0.201	0.584	0.619	0.624	0.891
最高价	-0.386	0.622	0.628	0.498	0.740
最低价	-0.084	0.640	0.477	0.778	0.823
均价		0.759	0.622	0.610	0.891

资料来源：根据附表d.3、d.4分析得出。用每年的12个月份的数据作为一列，同下一年的12个月份的数据进行相关分析，因为每月均价缺少1930年的数据，故没有这一项的1930—1931年相关分析。

汉口桐油涉及的腹地范围广，贸易时间跨度长，价格资料难以完备。以四川作为例子，不仅仅是因为四川桐油输出在汉口桐油中比例高，而且因为四川桐油主要供应国际市场，更能反映国际市场桐油需求增长对国内市场的影响。通过一系列的相关分析我们可以看出，在时间上，桐油市场是逐步走向成熟的，而从地域上看，川东地区形成了高度相关的统一市场。这种统一和成熟，无疑是由于国际市场需求和高昂价格带动的。

第四节　汉口桐油贸易对桐油生产、加工的带动

一、桐树种植的推广

随着汉口桐油出口的增加，桐油作为湖南、四川等省份的重要出口物资而受到重视，政府大力提倡油桐树的种植，桐油的产量也有所增加。下面的表格比较了1914年和1929年各省桐油出产状况，可以看出其中的增长状况。

表4.11　1914年与1929年中国各省桐油出产估计比较

省别	1914年（吨）	1929年（吨）	增加倍数
四川	8318	36650	3.4
湖南	9421	33350	2.5

（续表）

省别	1914 年（吨）	1929 年（吨）	增加倍数
湖北	3541	20000	4.6
浙江	9242	13500	0.5
广西	3600	8350	1.3
共计	34124	111850	2.3

资料来源：《中国桐油生产概况》，载《工商》半月刊第四卷第二十四号，1932 年 12 月，第 27 页。

说明：每吨等于二千磅。

桐树种植面积的迅速扩大是当时颇值得关注的事情，例如湖南省“省府特详订造产计划，推广植桐，曾于二十八年（1939）冬颁订各县乡镇保甲植桐大纲。规定各乡镇每年植桐三千株，分令各县遵照办理，由湖南省合作事业委员会指导各县组织合作社，向金融机关贷款，协助进行。二十九年（1940），省政府更求办理核实，加强措施，复依照本省施政方针及上年植桐计划大纲，分订湖南省勘查各县乡镇保甲植桐成绩办法，及湖南省乡镇保甲桐林保护办法”①，在四川、湖北等省份也有类似的措施出台。四川省推广桐树种植的成效更早出现。40 年代初对于四川省桐树的调查显示，幼桐（指 0～9 岁的幼桐）的数量占据一半以上。可以推算出这些桐树都是在 20 世纪 30 年代种植的，而这正是桐油贸易最为辉煌的一个时期。

表 4.12　四川桐树各组年龄分配

单位：%

	0～9 岁	9～18 岁	18 岁以上	共计
川东区	68.6	27.2	4.2	100

① 《湖南桐油生产概述》，载《购销旬刊》第七十一期，改版后第一卷第六、七期合刊。

（续表）

	0～9 岁	9～18 岁	18 岁以上	共计
川南区	60. 1	31. 5	8. 4	100
川北区	43. 1	30. 8	26. 1	100
平均	58. 8	29. 1	12. 1	100

资料来源：孙文郁、朱寿麟：《四川桐油之生产与运销》，金陵大学农学院 1942 年印行，第 208 页。

从上面可以看出在四川省内部，桐树的种植也是有空间差异的，川东是桐油集散最为集中的地方，也是受到桐油出口益处较多的地方，故而幼桐树种植的比例最高，接近 70%，而在其他地方则要低一二十个百分点。市场对于桐树种植的促进作用不言而喻。桐油贸易的发展和桐树种植的扩大，也不可避免地影响到了当地经济的发展。一是增加了当地的农业收入，促进了地方经济的发展。“近桐油见重外方，得价特昂……故植桐者众”①，“近以油价高昂，农人多植之”②，“桐、茶油出息，维系民众生计不少，商务亦因之进展”③。尤其是桐树不需要肥沃的农田，而多植于荒山，不需要和粮食种植等争地即可增加收入。虽然在整个桐油贸易中，获利最多的可能是层层转卖的商人，但是桐农也获得了很大的收益，这是毋庸置疑的。在 20 世纪二三十年代，中国丝茶贸易衰落之后，桐油的兴起无疑为中国的外贸做出了巨大的贡献，对地方来说，也从中获利甚丰。二是改变了桐油的应用，很多地方开始用煤油取代桐油照明。桐油的照明性很差，但是在传统时代，很多地方仍然以它作为照明材料。随着桐油价格的增长和桐油贸易的发展，桐油逐渐不再应用于照明，煤油则取代它来照明。这种改变无疑是进步的。

---

① 民国《澧县县志》，1939 年刊本。

② 民国《筠连县志》，1948 年铅印本。

③ 曾继梧等编：《湖南各县调查笔记·物产类》，1931 年铅印本，转引自戴鞍钢等主编《中国地方志经济资料汇编》，汉语大词典出版社 1999 年版，第 165 页。

独特的地理区位优势和商埠自身繁荣的条件使得汉口长期处于桐油贸易的龙头位置。桐油出口贸易刺激了汉口桐油贸易的发展，也使得桐油成为民国时期重要的出口物资，并进一步带动了桐油生产的发展。

二、植桐在农家经济中的比重

在桐油大量出口国外市场以前，其经济地位并不高，多是零星种植，不占用耕地面积，收油后部分用于自家照明或者油漆物品，少量用于出售，其在农家经济中所占比重非常小。

随着桐油输出的扩大和桐树种植的增加，植桐在农家经济中的比重也有了很大提高。下面的表格就给出了20世纪30年代四川桐农种植桐树所占田场面积的比例。

表4.13　四川桐农平均每家田场面积与桐树面积地权之分配

地区		田场面积及地权分配（市亩）			桐树面积及地权分配（市亩）		
		共有面积	自有面积	租进面积	共有面积	自有面积	租进面积
川东区	宣汉	1.93	1.83	0.10	0.15	0.15	0.00
	开县	54.02	53.52	0.50	14.36	14.03	0.33
	万县	15.62	1.19	14.43	2.59	0.33	2.26
	忠县	5.06	5.06	0.00	1.3	1.30	0.00
	丰都	2.45	0.80	1.65	0.75	0.17	0.58
	涪陵	6.56	3.35	3.21	1.43	0.49	0.94
	巴县	17.36	15.72	1.64	2.73	2.56	0.17
	渠县	9.34	9.12	0.22	1.66	1.63	0.03
	广安	8.78	1.94	6.84	0.49	0.24	0.25
川南区	古蔺	10.63	5.90	4.73	3.72	2.17	1.55
	叙永	10.19	7.22	2.97	3.22	2.25	0.97
	长宁	14.74	2.70	12.04	2.91	0.09	2.82
	宜宾	9.04	3.43	5.61	0.97	0.50	0.47
	乐山	18.01	5.15	12.86	2.15	0.80	1.35

（续表）

地区		田场面积及地权分配（市亩）			桐树面积及地权分配（市亩）		
		共有面积	自有面积	租进面积	共有面积	自有面积	租进面积
川北区	合川	11.14	7.25	3.89	2.07	1.61	0.46
	武胜	9.55	8.55	1.00	1.73	1.70	0.03
	蓬溪	14.19	10.43	3.76	5.61	4.25	1.36
	西充	26.99	26.06	0.93	3.99	3.75	0.24
	仪陇	39.91	37.45	2.46	5.22	4.94	0.28
	苍溪	18.11	18.11	0.00	6.05	6.05	0.00
共计		303.62	224.78	78.84	63.10	49.01	14.09
平均		15.18	11.24	3.94	3.16	2.45	0.70
桐树面积占田场比例					21%	22%	18%

资料来源：孙文郁、朱寿麟：《四川桐油之生产与运销》，金陵大学农学院 1942 年印行，第 211 页。

说明：共 20 县、376 农家，田场面积中包括桐树面积。

根据上面 20 个县的统计数据可以看出，桐树种植占 376 家农户田场面积的 21%。以自家田场上种植为主，租用土地上种植的很少，这和桐树是多年生植物是有关系的。

相对于历史时期桐树零星种植来说，四川桐农将 21% 的田场面积用来种植桐树可以说是一个很大的增长。但是如果和汉口茶叶腹地进行比较，茶叶种植所占面积还是要超过桐树种植的。

三、桐油出口对汉口桐油贸易的促进

近代桐油贸易的迅速发展，主要是国际市场的需求所导致的，而不是国内市场的自然发展。从上文所分析的汉口桐油贸易阶段中，我们可以看出，在桐油贸易以国内贸易为主的时期，汉口就已经是国内最大的桐油集散地，但是真正使汉口桐油贸易发生巨大变化并使得桐油占据重要经济地位的，则是在国际贸易时期。

汉口在国内桐油贸易中一直具有举足轻重的地位，这使得汉口同样能够在桐油出口贸易中脱颖而出。在汉口桐油大量出口之前，桐油主要是通过上海转运出口的，一旦国外对于桐油的需求量迅速增加，各方商人必然会更进一步，到汉口来收购桐油出口。因此，较为现代的桐油加工、运输、检验机构就在汉口发展起来了。

我国传统的桐油加工、运输、检验方式是分散而落后的。国外所需中国桐油，主要是用来制作油漆或作为其他的工业原料，但是在国内，桐油则是用于油漆船只、家用器具或者用于照明。农户散种的桐树，或者榨取少量的桐油自用，或者去油坊换取桐油，大规模的集中加工非常之少。这样的加工方法很难保证桐油的品质，而国内市场对高品质桐油的需求量也没有急剧扩大，对桐油品质的检验也难以运用新的科学方法。

（一）加工

国外对高品质桐油的大量需求，带动了桐油加工、运输和检验方法的现代化。上文提到油桐的种仁含油约40%，即使全部榨出，其重量也远远小于桐实的重量，所以桐油贸易中运输桐油而非桐实成为节约成本的必然选择。但是在各地作坊中加工出来的桐油，质量往往难以保证，纯度不高。因此，桐油的精炼加工成为提高桐油品质的重要方法。桐油集中到汉口以后，被注入大的油池，然后提纯。“货抵洋行，再注入澄验池中，如法精制。”① 在相当长的时间内，较大的储油池和精炼厂都是由汉口的桐油出口行控制的。“洋商之营桐油输出业者，多设有精制厂，将所采办之原油，设油厂去其渣滓，则成精油，此种精制厂咸集中于汉口，以该埠为全国最大之桐油聚散中心故也。”② 汉口储油池的储油能力相当强大，“汉口各家储油池柜存储桐油力量，共有一万六千三百五十吨”③。这种储油能力保证了汉口在收购桐油中占据优势，可以根据桐油价格涨落来进行贸易，

① 既明：《汉口之桐油》，载《银行杂志》第一卷第十七号，1924年。
② 杨大金编：《现代中国实业志》，商务印书馆1940年版，第681页。
③ 李昌隆编著：《中国桐油贸易概论》，商务印书馆1933年版，第114页。

而不必担心到货无处储存的问题。

在汉口经过精加工后的桐油，质量非常优良，而加工后剩下的油销往国内市场供船户使用，渣滓则用作肥料出售。这样的加工环节确保了桐油得到最大限度的利用，也保证了桐油加工的质量和利润。

（二）检验

由于出口桐油品质需求较高，且桐油价格上升导致的掺假现象不断发生，对桐油检验的要求也提高了。1918 年的海关报告中就提到万县桐油出口行采用旧的检验办法，“然磨油匠仅以其经验，考察油之体质颜色气味若何，商人于此种陈法，信之太深，因受亏损”。劣质掺假的桐油运到汉口后，洋商拒绝收购，或者是大打折扣，“乃采用一种科学试验新法，系春间日商以苛严之法，冒抵制之险而发明者”①。这里可以看出，桐油出口的需求刺激了汉口桐油检验的发展。从当时汉口商品检验局的统计数据来看，高品质的桐油大多用于出口。1931 年，出口桐油中最优等、优等和普通的桐油占到了 80%，达 53 万担，没有掺假或者不合格的油。而内销桐油中最优等、优等和普通的桐油只有 3000 多担，占内销桐油的 5% 左右，其他的就是次等、不合格的掺假油。② 其他年份的数据也与此大致相当。由此我们可以看出，桐油加工和检验的进一步发展，和桐油出口贸易的高要求息息相关。

（三）包装和运输

桐油的包装和运输技术的提高也受到出口的影响。桐油最初是装在桐油篓中，会有一定的渗漏，长途贸易损失尤其大，且会影响其他货物。最早尝试运往美国的桐油，就是因为包装不过关而在途中完全漏掉了。铁桶和木桶在出口桐油的包装中占据了主要地位。当时的关册中屡次提到桐油的包装问题。“桐油……现用旧桶装运，多所渗漏。故无大利，倘能设法改良，其销必广。”③ “惜无装此油之桶，故不无阻滞。刻有进口板料进口

① 《中国旧海关史料》第 80 册，京华出版社 2001 年版，第 564 页。

② 实业部汉口商品检验局：《检验年刊》，1932 年。

③ 《光绪二十七年汉口华洋贸易情形论略》，见《中国旧海关史料》第 34 册，京华出版社 2001 年版，第 156 页。

上等者来自欧洲，次等者来自日本。”① 进口材料在一定程度上改进了桐油的包装。此外，轮船运输为桐油的快速输出提供了便利条件。直到20世纪20年代，桐油从产地运输到汉口还要依靠民船，民船运输占极大的比例，但更长距离的出口贸易就必须由轮船完成，带有储油设备的油轮发挥了巨大作用。

当桐油出口所带来的这些包装、检验、储存、运输方面的进步，在汉口形成一定规模以后，就进一步促进了汉口桐油贸易的发展。而一旦轮船运输可以更便捷地深入到更加内部的港口（如重庆等），加工、检验机构也转移到更低一层的桐油集中市场后，桐油集中到汉口出口的优势就消失了，汉口作为最大的桐油出口市场的地位也就被取代了。

小结（兼与茶叶比较）

汉口由于接近中国中部桐油生产地，成为桐油输出之枢纽。在国内贸易阶段，桐油输出值比较平稳，增长不大；受到国际需求刺激后，汉口桐油输出迅速增长，步入国际贸易阶段。然因深居内陆，桐油输出仍有很大部分需要通过上海再出口国外。然在1864—1936年这一较长时段内，汉口一直是最大的桐油输出口岸。其桐油来源地范围广泛，两湖、四川、贵州、陕西、江西、安徽、河南等地都有桐油输往汉口，而其中尤以川东和湖南沅、澧流域为主。各种桐油汇集到汉口后，又供应不同的市场，供应国外市场的以四川桐油比例最高，而国内市场则以湖南桐油为主。随着长江各口岸的发展，汉口桐油直接输出的比例降低，转口的比例提高，三分之二的输出是复出口。但是20世纪30年代其他长江口岸进一步发展，桐油直接输出到上海，跳过汉口，这使得汉口桐油出口受到一定影响。长江干流的宜昌、重庆、万县对汉口的依赖减弱，而岳州、长沙的桐油仍全部

① 《光绪二十八年汉口华洋贸易情形论略》，见《中国旧海关史料》第36册，京华出版社2001年版，第163页。

输出汉口。

由于汉口桐油输出贸易的迅速发展，带动了桐油市场的成熟和整合，对于腹地来讲，则是桐树种植扩大，植桐在桐农经济中所占比重提高，并且带动了汉口桐油加工、检验等环节的发展。

茶叶和桐油都是汉口的重要出口货物，在时间上来看，前期是茶叶执牛耳，后期则有桐油的辉煌期。两者进行对比，可以看出汉口贸易发展和它同腹地关系的变化。茶叶由于其易腐烂的性质，必须在产地就近加工，而且要立刻加工，否则就会影响质量。而桐油则是由于重量问题，桐实运到口岸的费用比较高昂，所以也需要在产地加工成桐油，然后再集中到口岸。但是桐油比茶叶相对来说质量均一性比较高，到产地后可以集中再提炼加工，而茶叶则没有进行再加工（砖茶除外）。所以在桐油贸易方面，汉口的储存、再加工优势可以体现出来。在茶叶和桐油出口中，同样存在一个复出口下降的问题，即长江流域其他口岸直接输出到上海而非汉口，造成了汉口腹地范围的缩减。这和汉口的内陆性密不可分。当汉口的贸易本身出现问题或者长江流域其他口岸条件发展成熟后，汉口的中转作用也就不复存在了。在这种过程中，两湖地区作为汉口的直接腹地，和汉口关系变化不大，而江西、安徽和四川作为汉口的间接腹地，其货物要么输出上海，要么输出汉口，变动很大。

第五章　汉口同其他长江流域港口之间的贸易关系

如果要深入研究汉口和它广大腹地之间的关系，那么汉口同其他长江流域港口之间的关系是无法绕开的。汉口位于长江、汉江交汇点，是长江中游的枢纽港，这种独特的地理位置决定了汉口和其他长江流域港口之间贸易的密切关系。一方面，长江中上游的众多港口从汉口输入洋货，又把土货输送到汉口，另一方面汉口又以上海为其土货输出地和洋货来源地。

五口通商以后，汉口与上海之间的贸易关系逐渐发生变化，茶叶等出口物资开始沿江而下，经上海出口。随着汉口自身的开埠和长江流域其他港口的陆续开埠发展，以汉口为纽带的长江流域港口间贸易关系也在不断变迁，继而影响了汉口的腹地范围及其同腹地之间的经济关系。

第一节　开埠早期汉口与各港口的贸易关系（1864—1899）

——以汉口和上海贸易关系为例

一、汉口同上海贸易总量分析

汉口在清代就已经发展为“天下四聚”之一的商业重镇。作为淮南盐贸易的中心以及两湖米的输出口岸，汉口同长江下游的贸易关系非常密切，同扬州、南京、苏州等的贸易往来较多，但同上海的贸易并不突出。

随着上海和汉口的相继开埠及对外贸易的扩大，上海逐渐成为汉口国内外贸易最重要的关系口岸。

早在汉口开埠之前，已经有茶叶运往上海出口，加之一度受太平天国运动的影响，经广州出口的两湖茶叶逐渐减少。在上海的领事报告中就多次提到湖北、湖南的茶叶，并指出湖北茶是由长江运来上海的。① 由于内陆地区物产丰富，汉口和长江航线也一直受到很大的关注。在《天津条约》刚刚签订以后，“长江的开放使人们产生了很大的期望……船舶可以从它的入海口上驶到六百海哩之遥的汉口”，“长江沿岸的主要城市有镇江、南京……其中最重要的城市汉口可以说是汉口、汉阳和武昌三个城市组成的……汉口的开放对我们的进口贸易来讲是最重要的事”。② 像旗昌洋行这样的商行，很早就意识到长江航运可以带动上海和汉口之间数额巨大的贸易往来。“（茶叶）肯定还将顺长江而下。仅以两湖茶叶而论，总量便估计有 7 万吨。……继 7 万吨货物之后，还有更多的生意可做。回程货运量同样是巨大的。”③

在开埠之后的几年中，汉口对上海的贸易总值就达到了 3000 万两。从长期趋势来看，除个别年份略有下降外一直呈增长趋势。贸易总值显著增长，1899 年达到了开埠时的 3 倍。详见图 5.1。

汉口进出口贸易中上海部分占汉口贸易总值比例呈现了不同的变化趋势。从海关贸易数据的统计来看，开埠之初，汉口与上海之间的贸易占据了汉口整个进出口贸易的绝大部分，此后的 30 多年里，也一直占据半数以上。1864—1899 年，汉口进出口贸易中上海部分占汉口贸易总值的比例平

---

① 《领事罗伯逊 1855 年度上海港贸易报告》《领事罗伯逊 1858 年度上海港对外贸易报告》，见李必樟编译《上海近代贸易经济发展概况（1854—1898 年英国驻上海领事贸易报告汇编）》，上海社会科学院出版社 1993 年版，第 7、66 页。

② 《领事罗伯逊 1858 年度上海港对外贸易报告》，见李必樟编译《上海近代贸易经济发展概况（1854—1898 年英国驻上海领事贸易报告汇编）》，上海社会科学院出版社 1993 年版，第 68 ~ 69 页。

③ 1861 年 2 月 1 日金能亨致 P. S. 福士函，P. S. 福士藏件，转引自［美］刘广京著，邱锡鑅、曹铁珊译：《英美航运势力在华的竞争（1862—1874）》，上海社会科学院出版社 1988 年版，第 7 页。

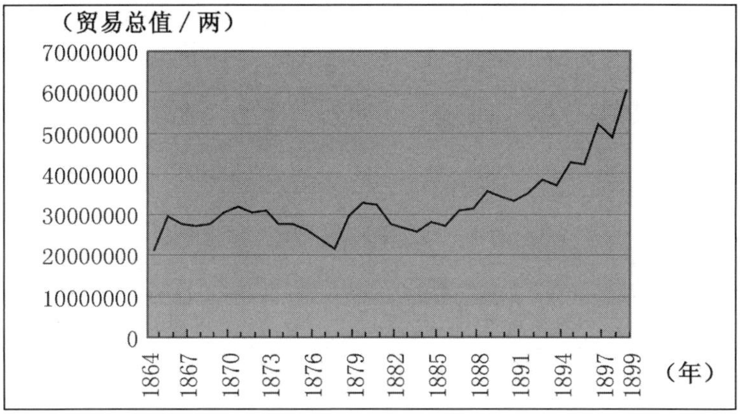

图 5.1　1864—1899 年汉口进出口贸易中上海部分总值图

资料来源：根据附表 e.1 制作。

注：1873 年以前单位为汉口两，此后为海关两。

均为 70.69%①。从下面图 5.2 中可以看出，除个别年份外，这一比例都维持在 60% 以上，最初的十年高达 80% 以上。但是从整体来看，呈缓慢下降的趋势。可以说在汉口与上海的贸易中，总量上升了，但比例下降了。

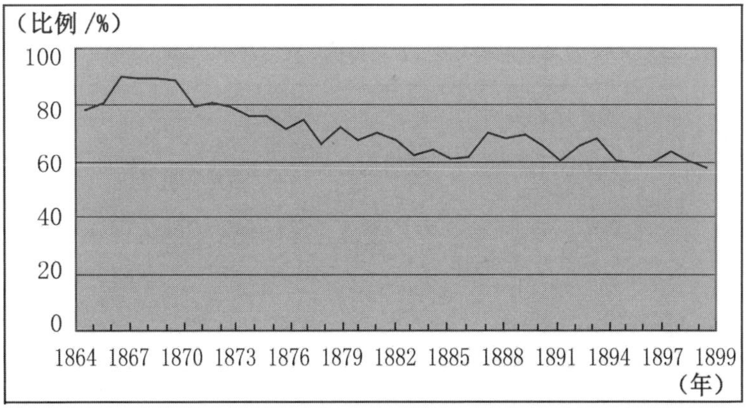

图 5.2　1864—1899 年汉口进出口贸易中上海部分占汉口贸易总值比例图

资料来源：根据附表 e.1 制作。

① 根据附表 e.1 计算，包括洋货进口、土货进口、土货出口和复出口。

如果我们把汉口同沿海口岸进行比较，就可以发现汉口直接进出口贸易值小，而依赖其他口岸转口的洋货较多，输出到其他口岸的土货数额非常高，并通过其他口岸进一步输出到国外。这也就造成了汉口对上海贸易的依赖。

表5.1　1870—1900年全国四大港（汉申津穗）净进出口总额①比较（每十年）

年份	汉申津穗合计	汉口		
	进出口总额（海关两）	进出口总额（海关两）②	占四港比例	位次
1870	113729983	33766249	26.69%	2
1880	148919738	42285209	28.39%	2
1890	161483331	36405599	22.54%	3
1900	239105628	57050639	23.86%	2

资料来源：武汉外贸志办公室编：《全国四大港间接对外贸易额比较统计表》，1982年，转引自曾兆祥主编《湖北近代经济贸易史料选辑（1840—1949）》，湖北省志贸易志编辑室1984年印行，第285～287页。

表5.2　1870—1900年全国四大港（汉申津穗）直接对外贸易额③比较（每十年）

年份	汉申津穗合计	汉口		
	进出口总额（海关两）	进出口总额（海关两）④	占全国比例	位次
1870	120917526	2290335	1.89%	3

① 此处净进出口总额包括洋货净进口、土货净进口和土货出口。资料中称为“全国四大港间接对外贸易额比较统计表”，但实际上包括了直接进口的洋货等，称为间接对外贸易是不合适的。

② 1870年的单位为汉口两，其余为海关两。

③ 此处的直接对外贸易额包括直接从国外进口的洋货、直接出口到国外的土货和经汉口转口出口到国外的土货。

④ 1870年的单位为汉口两，其余为海关两。

（续表）

年份	汉申津穗合计	汉口		
	进出口总额（海关两）	进出口总额（海关两）	占全国比例	位次
1880	519523290	7672117	1.48%	3
1890	215902770	5818489	2.69%	4
1900	370067000	6961025	1.88%	3

资料来源：武汉外贸志办公室编：《1867—1948 年全国四大港直接对外贸易额比较统计表》，1982 年印行，转引自曾兆祥主编《湖北近代经济贸易史料选辑（1840—1949）》第一辑，湖北省志贸易志编辑室 1984 年印行，第 288～291 页。

对比表 5.1 和表 5.2，我们可以看出汉口直接从国外进口洋货和出口土货的比例在全国所占份额极小，始终不足 3%。但加上和其他中国口岸的贸易额，就跃居全国第二，仅次于上海，由此可见汉口同其他中国口岸的贸易额数量之大。体现在汉口与上海的贸易关系上，就是汉口对上海的依赖性强，洋货进口和土货出口大多依赖上海转口。

而 1900 年以后，汉口土货直接出口、洋货直接进口上升非常迅速，上海在汉口贸易中的比例进一步下降，汉口对上海的依赖度没有开埠之初的二三十年间那么高，这也是本书划分时段的依据。

二、汉口与上海贸易的结构分析

如果我们把上海同汉口的贸易进一步细分，就可以发现，在这其中占比例最大的是土货出口，其次是洋货进口，比例最低的是土货进口。如下图所示。

正如前文所提到的，两湖地区的茶叶等土产具有巨大的吸引力，很多洋行在汉口开埠后立刻到汉口采购茶叶，并把洋货带到汉口销售。所以土货出口和洋货进口在汉口与上海贸易中占据了主要地位，而从上海进口中国土货，就处于次要的地位。

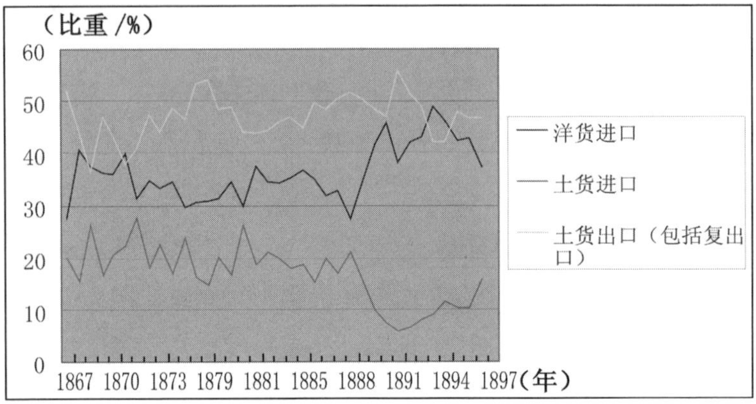

图 5.3　汉口进出口贸易上海部分中各类贸易的比重图

资料来源：根据附表 e. 1 制作。

根据下面三幅图，我们可以做进一步的分析。

洋货进口：来自上海的洋货在汉口洋货进口中一直保持了极高的比例，除了 1880—1888 年这九年的比例稍低外，其余都保持在了 80% 以上，有些年份几乎接近 100%。正如前文中所指出的，汉口作为长江口岸，不论洋货直接进口还是土货直接出口，比例都低于沿海口岸，对于上海的依赖

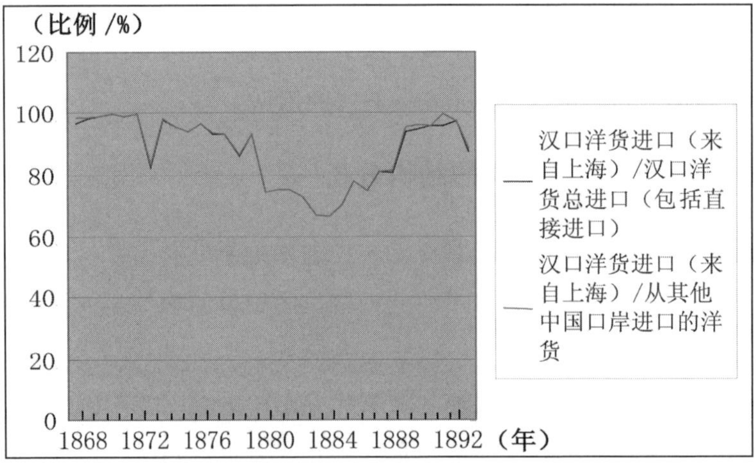

图 5.4　汉口洋货进口（来自上海）在汉口洋货进口中的比例图

资料来源：根据附表 e. 1 制作。

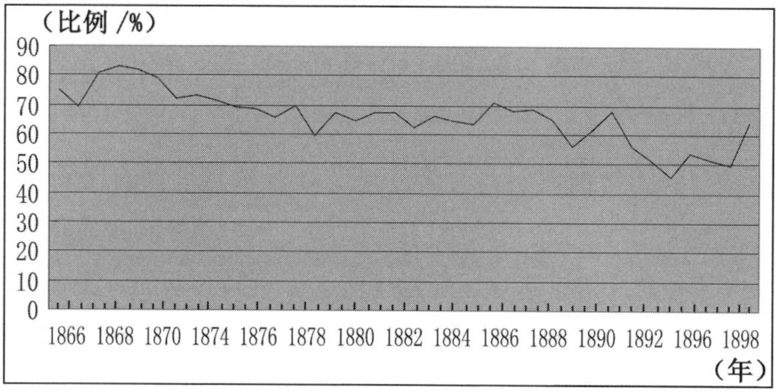

图5.5　汉口出口到上海的土货在汉口土货出口中的比例图

资料来源：根据附表 e.1 制作。

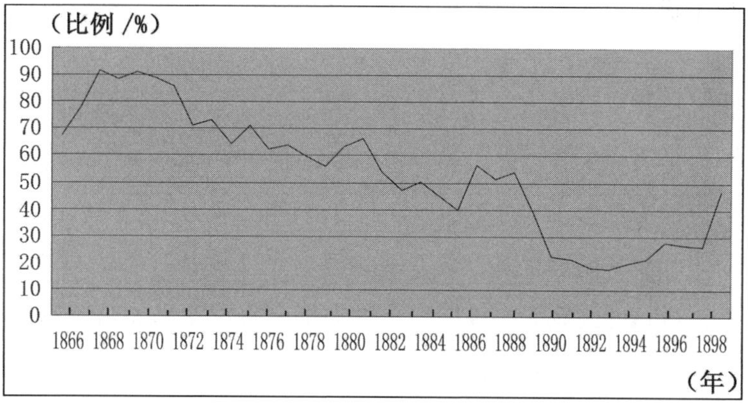

图5.6　汉口从上海进口的土货在汉口土货进口中的比例图

资料来源：根据附表 e.1 制作。

性很大，在洋货进口方面体现得尤其明显。从图 5.4 中可以看出，1880—1888 年这一时段内从上海进口的洋货比例下降，但是值得注意的是，这一时段内汉口洋货直接进口的比例并没有上升。从海关报告中可以看出，这一时段进口增加的有来自汕头和香港的糖、鸦片等。① 由于海关统计中，

① 《中国旧海关史料》第 10、12、13、14 册汉口贸易报告。

香港是和内地其他港口统计在一起的，所以很难单独剥离出其具体数值。但可以肯定的是，汉口洋货直接进口比例在1864—1899年这一时段内都是极其微小的。

土货出口：土货出口不但占汉口与上海贸易中最大的比例（这在图5.5中可以体现），而且变化趋势同整个汉口与上海间贸易总趋势最为吻合，都是略有平缓下降。后期下降幅度略大于贸易总趋势，主要是因为茶叶出口很大一部分转移到天津。1890年出口到上海和天津的茶叶分别是4683631海关两和71005海关两，到1895年变为3110393海关两和5323165海关两，天津超过了上海，而到1899年出口到上海的茶叶只有2119730海关两，而出口到天津的茶叶高达6527667海关两。① 此消彼长之间，汉口土货出口到上海的比重有所下降。此外，出口到宜昌的土货值也略有增加。

土货进口：土货进口的比例在整个汉口与上海间贸易所占比例最小。汉口从上海进口的土货在汉口土货进口中的比例在后期有大幅度下降。除了从汉口进口土货数量一度下滑这个原因之外，最为主要的原因是汉口从九江进口茶叶数量的增加和从宜昌进口土货的大幅度增加。1872年以后，汉口从九江进口的红茶大幅度增加，每年都有数百万海关两，最高时候达500万海关两，显然在汉口土货进口中占据了很大比例。② 宜昌开埠以后，对汉口的土货出口量迅速增加，1878年，宜昌出口到汉口的土货只有9580海关两，到1885年增长到100万海关两，1890年达287万海关两，到1895年则超过700万海关两，与上海和九江之和大致相当。所以上海土货进口的绝对数量有所下降，但是相对比例更有大幅度的下滑。

三、轮船运输中体现的汉口与上海贸易关系

汉口开埠之初，长江航运还有很多困难。1863年，英国和美国开来的

---

① 《中国旧海关史料》第16、23、29册汉口海关部分。

② 《中国旧海关史料》第5~29册汉口海关部分。

轮船在汉口—上海航线上急进，而且要在没有浮标和标灯的情况下克服急流险滩。① 但是这种困难并没有阻碍轮船进入长江的步伐，在反复的竞争中，吃水浅、速度快、运量大、燃料省的装有蒸汽机的美国明轮船取得胜利。② 在这一过程中，外国轮船由于其自身所具有的优势在长江航运中发挥了重要作用，汉口与上海之间的贸易关系也与之密切相关。

“1860 年［英法］盟国舰队打开了长江并把外国工艺引入腹地……当商人们到达汉口时，他们发现中国人非常欢迎买主到当地购买中国产品，因为这使中国人可以避免以前把产品通过陆路和几乎处于完全无政府状态的内地运到沿海地区所必须承担的巨大风险和耽误。”③ 这段话里面所提到的“避免风险和耽误”，很大程度上就是依赖外国轮船运输的快捷便利。外国轮船的优势大体上可以在下面一段话中体现出来：“盖洋船不仅迅速安稳，俱在中国帆船以上，且其所载货物，可向保险公司纳费投保，华商稔知其优点所在，故均趋之若骛。迨至本书所述期内（1859—1871 年）洋商又渐将其旧有帆船弃置不用，而群以轮船为代，于是中国帆船，相形益绌。”④ 此外，较之中国帆船，轮船更容易避开国内战乱的影响。外国轮船所不及中国帆船之处，是轮船运费较高。即使开埠最初几年过去之后，外国轮船运费在竞争中有所下降，仍然是高于中国帆船。但是外国轮船由于自身所具有的优点，所以保证了“长江贸易中的某些货品所具有的稳定的吨位需求”⑤，这些商品由于价值高昂，因而运输中求快求安全，这就使得

---

① 聂宝璋编：《中国近代航运史资料》第一辑，上海人民出版社 1983 年版，第 142 页。

② 聂宝璋编：《中国近代航运史资料》第一辑，上海人民出版社 1983 年版，第 142 页。

③ 《领事文极司脱关于 1867 年度上海贸易的商务意见摘要》，见李必樟编译《上海近代贸易经济发展概况（1854—1898 年英国驻上海领事贸易报告汇编）》，上海社会科学院出版社 1993 年版，第 154 页。

④ 班思德编：《最近百年中国对外贸易史》，转引自聂宝璋编《中国近代航运史资料》第一辑，上海人民出版社 1983 年版，第 190 页。

⑤ ［美］刘广京著，邱锡鑅、曹铁珊译：《英美航运势力在华的竞争（1862—1874）》，上海社会科学院出版社 1988 年版，第 99 页。

轮船公司可以坚持高运费。“在一定限度的运费范围内，中国货物宁可选择取价较高的轮船运输，因而产生了一种弹性不大的需要。”① 这其中不仅包括国外贸易的重要商品，还包括长江中上游同下游之间国内贸易的物品，比如棉花、糖、桐油、药材等。中国土货的转口贸易由外国轮船运输所占的比例也逐渐增加。

表 5.3　1864 年、1866 年通过外轮装运的贸易值占汉口贸易总值的比例

单位：汉口两

项目	年份	运汉外货	运汉国货	出口中国货和再出口的中国货与外货	运往其他通商口岸的中国货和再出口至各通商口岸的中国货与外货	总计
通过外轮装运的贸易值	1864	5470839	1826223	1282881	11167558	19747501
	1866	11188795	3804847	2542644	10159199	27695485
汉口贸易总值	1864	5949539	6310875	1394683	13307157	26962254
	1866	12172426	5747740	2765126	16220335	36905627
外轮装运贸易值占汉口贸易总值比例	1864	91.95%	28.94%	91.98%	83.92%	73.24%
	1866	91.92%	66.20%	91.95%	62.63%	75.04%

资料来源：1. 外轮装运的贸易值部分取自《英美航运势力在华的竞争（1862—1874 年）》第 69 页表 13《通过外轮装运的汉口贸易》。

2. 贸易总值部分取自关册，《中国旧海关史料》第 1、2 册汉口海关部分。

表 5.3 所展示的，正是开埠之初轮船在整个汉口贸易中的比重，一开始就占据了半数以上。而其中和上海的贸易往来，更是以轮船为主，我们

① ［美］刘广京著，邱锡镖、曹铁珊译：《英美航运势力在华的竞争（1862—1874）》，上海社会科学院出版社 1988 年版，第 72～74 页。

从轮船运输中也可以进一步分析汉口与上海之间的贸易关系。1867 年上海—汉口航线中由外轮装运年值 1000 两以上的货物中，洋货汇总价值为 10279772 两，占全部由通商口岸进口的洋货（千两以上）的 99.6%（全部由通商口岸进口的千两以上的洋货总价值为 10331420 两）。[①] 也就是说，从上海由轮船运来的洋货几乎占据了汉口洋货进口的全部，其他口岸进口值可以忽略不计。而土货进出口方面，也存在着同样的情况。1867 年，汉口的土货进口中，从上海由轮船运来的价值千两以上的土货汇总为 770 万两，而全部由通商口岸进口的土货（千两以上）汇总值为 832 万两，由上海进口的占据了 92.6%，从汉口出口的土货经轮船运往上海的占 89.8%。[②]

表 5.4　汉口与其他通商口岸（主要是上海）之间由外轮装运的中外商品分类统计

单位：汉口两

年份	运入汉口外货（主要来自上海）		自汉口运出土产（主要运往上海）		自其他口岸运入汉口土产（主要来自上海）	转口至中国各口岸		总计
	棉织品、毛织品、鸦片	其他	茶叶	其他		外货	土产	
1867	8136913	2240266	5767352	6073000	7847668	97883	32150	30195232
1868	7664238	1469969	7533944	5063443	4733851	88346	11296	26565087

① 《1867 年上海—汉口航线和上海—天津航线由外轮装运年值 1000 两以上的货物名单·上海运汉口的洋货》，见《英美航运势力在华的竞争（1862—1874）》第 198 ~ 202 页。其数据相对于海关数据略微低，但由于是统计的 1000 两以上的货物，所以略低是正常的。不过这个数据已经非常接近于海关数据的总值，所以由此计算的比例可信度较高。

② 《1867 年上海—汉口航线和上海—天津航线由外轮装运年值 1000 两以上的货物名单·上海运汉口的中国货》《1867 年上海—汉口航线和上海—天津航线由外轮装运年值 1000 两以上的货物名单·汉口运上海的中国货》，见《英美航运势力在华的竞争（1862—1874）》第 198 ~ 202 页，都是统计的价值千两以上的货物。

（续表）

年份	运入汉口外货（主要来自上海）		自汉口运出土产（主要运往上海）		自其他口岸运入汉口土产（主要来自上海）	转口至中国各口岸		总计
	棉织品、毛织品、鸦片	其他	茶叶	其他		外货	土产	
1869	7975607	1352207	7005969	5460728	5745702	51167	14941	27606321
1870	9184070	1995363	6212144	5271232	7022292	85035	39535	29809671
1871	9295809	1738746	6848788	6780337	9558537	75817	205184	34503218
1872	7658344	2167069	7261457	7238612	7084812	84099	373963	31868356
1873	8361789	2399738	7396104	6965040	9519569	139139	817320	35598699
1874	7558491	2517125	7693508	6347311	7265934	202886	769511	32354766

数据来源：1867—1872 年数据来自《汉口与其他通商口岸由外轮装运的中外商品分类统计表》，见《英美航运势力在华的竞争（1862—1874）》第 131 页；1873—1874 年数据来自《汉口与其他通商口岸（主要是上海）之间由外轮装运的中外商品分类统计表》，见《英美航运势力在华的竞争（1862—1874）》第 185 页。

如果我们把表 5.3 中通过轮船运输的汉口贸易值和关册中汉口的贸易总值进行对比，就可以发现，轮船运输的汉口贸易值占汉口的贸易总值的 90% 左右。虽然没有得出具体的比值说明汉口与上海间贸易由轮船运输的比例，但可以大致估算。

表 5.5　上海与汉口贸易中轮船运输所占比例估算

年份	A1 汉口与其他通商口岸之间由外轮装运的商品总值（汉口两）	A2 关册中汉口贸易总值（汉口两）	A3 外轮运输占汉口贸易总值比例 = A1/A2	A4 与上海贸易占汉口贸易总值比例	A5 上海与汉口贸易中轮船运输最低比例
1867	30195232	30699065	98.36%	89.70%	89.53%

（续表）

年份	A1 汉口与其他通商口岸之间由外轮装运的商品总值（汉口两）	A2 关册中汉口贸易总值（汉口两）	A3 外轮运输占汉口贸易总值比例 = A1/A2	A4 与上海贸易占汉口贸易总值比例	A5 上海与汉口贸易中轮船运输最低比例
1868	26565087	30590753	86.84%	89.21%	87.57%
1869	27606321	31185152	88.52%	89.46%	88.09%
1870	29809671	34280299	86.96%	88.66%	86.96%
1871	34503218	40581128	85.02%	79.05%	75.36%
1872	31868356	37818877	84.27%	80.23%	76.54%
1873	35598699	38996930	91.29%	79.12%	77.13%

资料来源：A1 列数据来自附表 b.4，A2、A4 列数据来自附表 b.1。

A5 = ［A3 - （1 - A4）］/A3，也就是假设汉口与上海之外其他口岸的贸易全部用轮船运输，那么上海与汉口贸易中轮船运输所占的比例达到最低值。事实上，从前面个别年份的数字，以及表 5.4 所反复强调的以上海为主，可以得知上海与汉口之间的贸易中轮船的比例极高，比估算中的最低值要高出许多。

从上面的分析中可以得知，汉口与上海贸易的绝大部分都是由轮船运输的。那么又有哪些贸易中没有使用轮船呢？我们可以把上海—汉口航线同汉口—上海航线进行比较。“这一类船只（木船）最初是于 1861—1862 年在长江上招雇的，这是因为轮船所要的运费高，以及由于货运量超过当时营运的轮船的装运能力”，“这些船在汉口装载土货到上海以后，经常是转让出去，或者干脆不开回来。……进出港口的船只数目差别很大”。[①] 土货出口在汉口与上海贸易中所占的比例最高，土货又有很多体积较大、价值不高的，往上海去的运输量必然超过到汉口的运输量，很多木船运载土货出口到汉口也是可以理解了。“水脚既增，货物间用帆船运载，如从未

① 《1865 年领事麦华陀致阿礼国报告》，见 *Embassy and Consular Commercial Reports 1866 - 1867*, pp. 114 - 115.

来过之船，今亦由汉口装运药材、米粮进口上海。”① 进口洋货如煤油、自来火等，因为易燃，轮船多不愿意搭载，也有用帆船运输的，“进口装火油、自来火、铜铁类等货，其出口则装价值较贱之土货”②。

综上所述，轮船运输在开埠后汉口与上海的贸易中占据了重要的地位，也正是由于轮船运输的兴起，促进了这一贸易的发展。从轮船运输中，我们再次印证了汉口与上海之间紧密的贸易关系。而上海—汉口航线与汉口—上海航线中运输的差异，也反映了汉口与上海贸易中土货输出比例高、运输量相对大的特点，体现了汉口与上海贸易关系中的一大特点。

四、汉口直接出口贸易的发展

直到1899年，汉口直接进口的洋货值也只有几十万海关两，在它的贸易总值和洋货进口中所占甚小。而与此同时，1864—1899年，汉口直接出口贸易大致等同于汉口的茶叶直接出口贸易。从海关统计数据看来，这一时段内汉口茶叶直接出口占汉口土货直接出口的99.68%。③ 其他土货的直接出口数值极其微小，可以忽略不计。因此直接讨论这一时段内汉口茶叶的直接出口，基本上可代表这一时期汉口直接对外贸易的发展。

由于汉口位于长江中游，没有沿海口岸那样直接同海外进行贸易的便利条件，所以洋货进口和土货出口基本依赖上海，唯一能够使这种依赖关系有所变化的就是茶叶的直接出口。由于在汉口直接装船出口茶叶可以减少茶叶所受损失，而且避开了在上海的运价竞争，节省运费，所以汉口茶叶商都希望可以增加茶叶的直接出口。但是对于上海来说，汉口茶叶的直接出口意味着土货进口的减少和复出口的减少。“（上海）1865年红茶的成交和转运出口数量减少了110355箱。……这是因为1865年从汉口直接

---

① 《光绪十八年宁波口华洋贸易情形论略》，见《通商各关华洋贸易总册》，1893年，第70～71页。

② 《光绪十八年宁波口华洋贸易情形论略》，见《通商各关华洋贸易总册》，1893年，第70～71页。

③ 《中国旧海关史料》第1～29册汉口海关部分。

装船运往英国的数量多于1864年。”[①] 在开埠之初，这种努力是非常艰难的，由于航行的困难，以及到汉口直航船只数目相对较少，保险费用也极为昂贵，使得从汉口直接运输茶叶到伦敦困难重重。“上一年（1866年）……商业季一开始就作出努力要把直接运去英国的货物改在汉口装船。尽管进出汉口的拖船费用很大，但若不是因为航行上的困难，这种改变仍然可能成为贸易的自然趋势的结果。……但是，由于第一批货船中有三艘（‘昆奈弗雷’号、‘兰斯洛特爵士’号和‘高飞’号）遇难，从而引起保险费用上升到使人付不起的高价，以致这种改变的一切倾向刚露头就被扼杀了。”[②]

不过随着苏伊士运河的开通，直接开往汉口运茶的船只又增加了。“由于苏伊士运河的开放，四艘轮船早在内地的大市场汉口等待着茶季的开始”[③]，直接出口明显降低了运费，“同上个茶季相比，运费每吨降低了1镑”。而对于上海的影响，是茶叶市场的分化。“以前中国的茶商多少都有将其产品运到上海这个大市场的习惯，但有鉴于上述的直接贸易，再加上以货易货运输的迫切需要，今后运来上海的将只限于低级茶了。”从海关贸易报告和领事报告中，我们都可以看出，汉口茶市开市要早于上海，直接出口的也是售价高的头茶，品质较差的茶才会运到上海重新装运出口。这些自然使得上海茶叶市场的价格处于较低的位置。“（1874年茶叶出口量的下降和平均价格的下降）或许都是由于上市茶叶价格最高的茶季初期，从汉口装茶直驶伦敦的轮船不断增加之故，而这

---

① 《领事文极司脱关于1865年度上海贸易的商务意见内容摘要》，见李必樟编译《上海近代贸易经济发展概况（1854—1898年英国驻上海领事贸易报告汇编）》，上海社会科学院出版社1993年版，第104～105页。

② 《领事文极司脱关于1866年度上海贸易的商务意见摘要》，见李必樟编译《上海近代贸易经济发展概况（1854—1898年英国驻上海领事贸易报告汇编）》，上海社会科学院出版社1993年版，第135页。

③ 《领事马安关于12月31日为止的1870年度上海港贸易报告》，见李必樟编译《上海近代贸易经济发展概况（1854—1898年英国驻上海领事贸易报告汇编）》，上海社会科学院出版社1993年版，第231页。

些船货当然都未计算在上海贸易报告之内。”① 汉口直接出口贸易对汉口与上海关系的影响，不仅仅局限于上海茶叶市场受到影响方面。汉口直接出口茶叶增加的相反方面，是汉口输出到上海茶叶的减少。② 如果我们把汉口出口到上海的茶叶比例和从上海进口洋货的比例作对比，可以发现其中有着很多联系。

表5.6　1864—1889 年汉口与上海之间的茶叶贸易关系及洋货进口关系

年份	出口到上海的茶叶占汉口出口茶叶总数的比例	从上海进口的洋货占汉口洋货进口的比例	年份	出口到上海的茶叶占汉口出口茶叶总数的比例	从上海进口的洋货占汉口洋货进口的比例
1864	80.72%	98.87%	1875	48.95%	96.88%
1866	65.95%	98.70%	1876	43.36%	93.39%
1867	90.71%	99.48%	1877	49.85%	92.99%
1868	85.49%	99.61%	1878	32.77%	86.42%
1869	85.60%	99.51%	1879	44.56%	93.21%
1870	74.45%	99.60%	1881	45.61%	75.16%
1871	66.44%	83.61%	1882	33.74%	75.28%
1872	64.00%	98.42%	1883	31.27%	72.97%
1873	58.60%	95.71%	1884	35.02%	66.89%
1874	54.10%	94.02%	1885	29.35%	66.75%

① 《领事麦华陀 1874 年度上海港贸易报告》，见李必樟编译《上海近代贸易经济发展概况（1854—1898 年英国驻上海领事贸易报告汇编）》，上海社会科学院出版社 1993 年版，第 338 页。

② 说明：下面将会选取 1864—1889 年汉口与上海之间的茶叶贸易关系及洋货进口关系进行研究。之所以选择这一时段，是因为这一时段内，汉口的茶叶基本出口到上海，或者直接输出国外，输出天津的几乎没有。那么汉口茶叶直接出口的上升必然引起汉口茶叶出口到上海的相应减少，这才与后面的相关分析有所对应。

（续表）

年份	出口到上海的茶叶占汉口出口茶叶总数的比例	从上海进口的洋货占汉口洋货进口的比例	年份	出口到上海的茶叶占汉口出口茶叶总数的比例	从上海进口的洋货占汉口洋货进口的比例
1886	33.78%	69.97%	1888	50.60%	74.76%
1887	55.67%	77.66%	1889	46.97%	81.03%

数据来源：（1）关于到上海的茶叶和汉口出口茶叶总数，依据关册中的统计，比例据此计算。《中国旧海关史料》第1~15册汉口海关部分。

（2）洋货进口比例根据附表e.1制作。

对于表5.6中的两组数据，做如下相关分析，可以看出两者呈较强的正相关关系，也就是说，汉口出口到上海的茶叶比例和汉口从上海进口洋货的比例有着明显的相关关系。虽然没有得出进一步的论证和分析，但也表明了汉口茶叶直接出口在汉口与上海贸易关系中，影响不仅仅限于直接出口一个方面。

相对于汉口方面希望茶叶直接出口来说，上海方面明显希望茶叶经上海转口，来扩大上海市场的茶叶贸易。而对于江轮公司来说，他们尤其反对茶叶直接装运出口。随着汉口茶叶直接出口的增加，江轮公司做出了相应的抵制。他们首先是降低汉口到上海的江轮运费。“1877年……汉口到伦敦运费的下降则可归因于两家行驶江轮的公司之间的剧烈竞争”，“（江轮公司）由于海轮从汉口装载茶叶直运伦敦而使江船公司的收入遭受更加沉重的损失。两家公司所受压力如此之大，以致到6月份，从汉口到上海的运费下降到每吨茶叶50分之低，这几乎只够装运和转船的费用。”① 从上面可以看出，汉口茶叶直接装船出口使得江轮公司的收益受到严重损

① 《船舶登记员泰卜1877年度上海港航运业务报告》，见李必樟编译《上海近代贸易经济发展概况（1854—1898年英国驻上海领事贸易报告汇编）》，上海社会科学院出版社1993年版，第456、461页。

害，为了进行竞争，江轮公司就进行价格战。而当时的轮船公司实行江海联运制度，这些轮船公司也联合抵制直接外运的轮船。“只要有一艘直接外运的轮船留在汉口，几家有定期班轮的轮船公司（大英轮船公司、法兰西火轮公司、格连轮船公司和霍尔特轮船公司）就愿按联运的低运价在上海接受转载船货……但直达轮船一旦驶离后，运费就立即上升。”① 单纯的价格竞争并没有取得太大的优势，有时候还会有所损失，在逐步地摸索中，船运公司联盟用回扣和罚款的办法控制住了商人。这样即使直接外运的轮船运费很低，商人们也不会选择它们，因为这样会损失整年的回扣。定期的班轮公司是长期贸易所必需的，而直接外运的轮船远远达不到这一点。这就使得茶叶大多还是通过江轮到上海转运出口。直接外运更像是这一时段贸易中的一个小插曲，虽然令人无比关注，却终究没有发展到占据主导地位的程度。

我们再回到汉口与上海的贸易关系上来，汉口作为非沿海口岸，对上海的依赖十分明显，当然汉口也有独立发展直接对外贸易的倾向，这种独立于上海之外的发展对上海方面来说是不利的。但受制于自然航行条件的约束，更因为上海这一最大的进出口转运中心的经济、贸易优势和利益倾向，这一阶段内汉口直接对外贸易的发展始终没有获得大的突破。

从 1864—1899 年汉口与上海的关系分析中我们可以看出，在这一时段内汉口与上海的贸易值在汉口贸易总值中占据了重要的地位，虽然比例有所下降，但总值持续上升。对上海的强烈依赖也是汉口作为长江口岸的一个特点。这其中又以汉口土货出口到上海和从上海进口洋货为主导，体现了上海在汉口及其所连接的腹地外向化中的巨大作用。轮船运输作为新式的交通方式，在汉口与上海的贸易中发挥了举足轻重的作用，而长江上行航线、下行航线的差异，也正是汉口与上海贸易特色的一个体现。在这一时段内，汉口也有背离上海、独自发展出口贸易的倾向，但始终没有取得

① 《船舶登记员泰卜 1880 年度上海港航运业务报告》，见李必樟编译《上海近代贸易经济发展概况（1854—1898 年英国驻上海领事贸易报告汇编）》，上海社会科学院出版社 1993 年版，第 590 页。

大的进展。

在开埠早期，长江流域其他港口的发展规模都无法和汉口、上海相比。这些港口或是开埠较晚，如重庆；或是基础薄弱，如宜昌。它们同汉口之间的贸易对汉口的贸易量来说，仍是较为次要的部分。只有九江对汉口的茶叶出口，以及宜昌对汉口的土货出口和洋货进口，有一定的规模。所以在这一时期，汉口同长江流域其他港口的关系，主要是同上海的贸易关系。

随着《马关条约》的签订，列强在中国内部的工商实力进一步发展，而汉口地区的工业化也在1890年后有了长足发展，长江中上游的其他小港口也有了独立的发展，汉口与上海之间的贸易关系呈现了更多的变化和关联因素。

第二节 开埠后期汉口同长江各港口的关系（1900—1936）

1900年之后，汉口同长江各港口的关系逐渐发生了变化，主要表现为以下几个方面：

首先是沪、汉之间贸易关系较上一阶段有所疏离。从本书第二章洋货贸易发展阶段也可以看出，1900年以后汉口洋货直接进口的比例迅速上升，对上海的依赖减少。而土货直接出口的比例先升后降，还是较为依赖上海。同时，就贸易量来说，汉口同上海之间的差距迅速拉开。下图就显示了汉口和上海在全国贸易中所占比例的变化，汉口的比重不断下降，而上海的比重迅速增长，二者之间的差距日益加大。

其次，长江流域其他港口（汉口以上长江各港口，规模较汉口港小）的发展经历了两个阶段。先是经历了一个经由汉口转口的阶段，促进了汉口贸易的发展，此后长江流域的其他港口开始寻求同上海之间的直接贸易，不再经过汉口，这削减了汉口的贸易量。

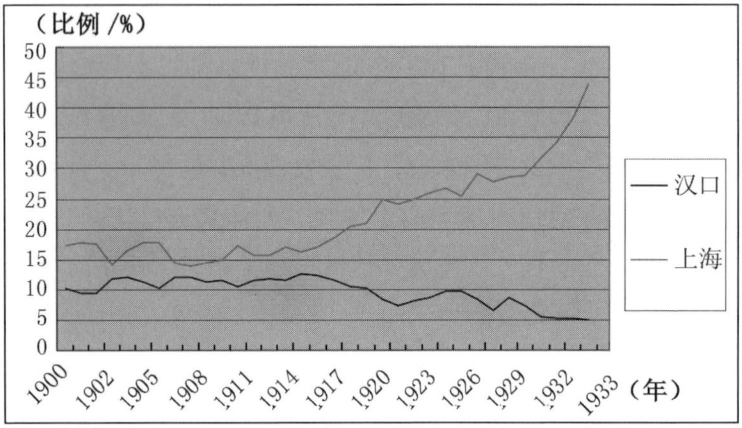

图5.7　1900—1933年汉口、上海贸易各自占全国贸易比例图

资料来源：根据附表e.2制作。

表5.7　1936年各通商口岸输出至其他各通商口岸贸易值占各该口岸输出价值的百分比

输往至 输出自	重庆	万县	宜昌	汉口	上海
重庆			37.2%	10.8%	51.0%
万县	0.1%		23.3%	25.6%	50.9%
宜昌	2.5%	1.3%		48.4%	46.8%
沙市	1.6%	3.9%	5.9%	7.7%	80.8%
长沙			0.1%	25.6%	68.4%
岳州				99.1%	0.9%
汉口	3.4%	0.7%	1.5%		78.0%
上海	8.4%	1.0%	0.9%	15.3%	

资料来源：郑友揆、韩启桐：《中国埠际贸易统计（1936—1940）》，中国科学院1951年印行，第14~15页。

根据这份埠际贸易资料，可以对长江流域各口岸之间的进出口关系进行比较。从输出口岸的角度来看，重庆、万县都以上海为最主要的输出口岸，占据其输出额一半以上，其次是宜昌，最后才是汉口，输出到汉口的比例非常低。宜昌输出到上海和汉口的各占一半。长沙以上海为主要输出口岸，输出到汉口的还不足其输出额的30%。岳州则完全输出到汉口。上海对汉口的输出占其输出额的15%，在长江流域，汉口仍是其最重要的输出对象。而汉口的输出近八成仍然是到上海。

表5.8　1936年各通商口岸输入自其他各通商口岸贸易值占各该口岸输入总值的百分比

输往至 / 输出自	重庆	万县	宜昌	沙市	汉口	镇江	上海
重庆			52.8%	1.2%	3.4%	0.2%	4.5%
万县			15.5%	0.5%	3.8%		2.1%
宜昌				1.3%	2.8%	0.1%	0.7%
沙市			3.8%		1.1%		3.2%
长沙			0.1%		5.9%		4.4%
岳州					11.5%		
汉口	14.6%	19.6%	11.5%	51.4%		33.3%	36.0%
上海	83.6%	69.0%	14.9%	44.9%	59.3%	30.1%	

资料来源：郑友揆、韩启桐：《中国埠际贸易统计（1936—1940）》，中国科学院1951年印行，第24～25页。

从输入口岸的角度来看，重庆、万县的主要货物来源地是上海，占据七八成，而汉口只占两三成。宜昌的货物一半以上来自重庆，其他则来自万县、上海和汉口。沙市的货物来自上海和汉口的各占一半。汉口的货物有六成来自上海，一成来自岳州，而长沙、重庆、万县、宜昌的货物所占比例都不高。镇江的货物来自上海和汉口的各有30%，而上海货物的36%是来自汉口的。

结合附表e.2和上面的两个表，我们可以看出汉口在长江流域乃至全国贸易中地位的变化。汉口、重庆在全国贸易中占的比例都发生了下降，而汉口的下降尤其明显，万县、宜昌、沙市、长沙、岳州所占的比例之和有所上升，而上海的比例则大幅度上升。汉口和上海之间还呈现明显的负相关（相关系数为 -0.9）。上海在自身发展壮大的同时，吸纳了更多的长江流域港口作为其货物来源地，而汉口则逐渐失去了中转这些港口货物的主导地位。这也是汉口在长江流域乃至全国贸易比例下降的重要原因。

小 结

如果说汉口和它的腹地之间的关系是面，那么汉口和长江流域其他港口之间的关系就是线。在这一章中，笔者所关注的就是对这条线的考察。笔者把汉口和长江流域其他港口之间的关系划分为两个阶段来考察。在前期，汉口和上海的关系是主体，而其他港口的发展还不突出，这一时期汉口对上海非常依赖，两个港口之间贸易关系密切。而后一阶段，汉口以上的长江流域口岸发展起来，汉口和它们之间的关系先密后疏，而和上海之间的关系则是先疏离后又有所密切。由于上海的发展和长江交通条件的改善，汉口以上长江各港口也开始直接同上海进行贸易往来，汉口居长江航道之中的优势丧失，汉口在长江流域以及全国贸易中的地位迅速下降，和上海之间的差距也是日益拉大。

第六章　港口—腹地的经济关系变迁

在前面的几章中，笔者对汉口进出口贸易和茶叶、桐油的贸易情形，以及汉口和其他长江口岸的关系变化都做了分析论述。在这一章中，笔者要分别论述汉口腹地的经济变化，港口与腹地之间经济关系的变化，汉口城市本身的经济变化以及汉口地位提升的问题。通过这些论述，我们对汉口开埠之后70多年间它和它的腹地之间经济关系变迁的情况给予一个整体的概括和定位。

第一节　汉口腹地的经济发展

汉口的贸易以土货出口为主，这在前文中已经有详细论述。而土货出口的大宗，就是广大腹地的农产作物。港口贸易的发展得益于腹地丰富的物产，也刺激了腹地作物种植结构的变化。

在本书第三章和第四章中，笔者已经分析了茶叶和桐油贸易对腹地作物种植的影响，贸易的兴衰不仅使得腹地范围盈缩，而且也会影响到腹地种植该作物的比例。

下面是其他作物的情况：

河南省供出口的芝麻和烟草，不少经汉口转运国外，在国际市场的刺激下，其种植面积都得到较大提高。据1917年的统计，全国芝麻种植最多的两省是湖北和江苏，两省的产量占到了全国的64%。[1] 而到了20世纪

---

① 《中国芝麻产销情形》，载《中外经济周刊》第七十二号，1924年7月，第1～226页。

30 年代，由于京汉铁路沿线芝麻种植面积的迅速扩大，加上陇海铁路沿线地区的发展，河南成为全国芝麻产量最高的省份。① 猪鬃出口的迅速增长，使农村的养猪业间接得到了刺激，农民逐渐把养猪视为重要副业；其他的像蛋品、鸭毛、山货等以往被人忽视的农副产品，由于外贸的刺激而产量大增。凡此种种，都足以证明汉口的开埠使长江中上游乃至其附近地区更深地卷入世界经济体系，对这一区域农业发展带来了巨大的影响，经济作物的种植面积迅速扩大，一些山林资源得到了新的开发，农副产品商品化程度有所提高。

而一个特殊的例子则是毒品种植。鸦片贸易的巨额利润刺激了长江中上游地区的鸦片种植，而种植面积的扩大导致当地经历了一个由洋货进口向土货出口的转变。汉口开埠之初，鸦片是大宗进口的洋货。1866 年，进口鸦片价值 2578736 两，占当年洋货进口的 21%，而到了 1889 年，鸦片进口只有 346760 海关两，只占洋货进口的 3%。② 鸦片进口的减少并非鸦片消费的减少，而是鸦片本土种植大增的结果。经汉口转口的四川鸦片 1891 年还只有 56537 海关两，到 1899 年已高达 3759393 海关两，其中复出口 3449737 海关两，十年间增长了 60 余倍。这一时期，经汉口转口的云南鸦片也超过了 100 万海关两。陕西汉中地区、川、湘、鄂、云、贵都是鸦片种植较多的地区，尤其是川、贵、云三省，在清末种植面积达到了 400 多万亩，民国时期一度高达 700 万亩。③ 这样大面积的种植不仅使烟毒泛滥，而且还减少了粮食的种植面积，危害很大。

港口对腹地作物种植的影响，既不是完全正面的，也不是直线发展的，贸易发展会促使农产品商品化比例提高，而贸易衰落则可能失去腹地，在腹地内部，商品化的农产品种植会减少或转为他用。因此，不能单

---

① 《中国芝麻贸易情形》，载《工商》半月刊第三卷第四号，1931 年 2 月 15 日，第 1 页。

② 《中国旧海关史料》第 2、15 册汉口海关部分。

③ 秦和平：《鸦片在西南地区的传播及其种植面积考订》，载《中国农史》2003 年第 2 期。

一片面地评价。

第二节　港口—腹地之间的经济联系加强

汉口这一长江中游经济中心的开放，使得外国资本主义势力推进到了长江中上游地区的腹心地带。在传统时代，长江中上游所能对外提供的物资主要是粮食、木材等为数较少的产品，桐油、药材、生丝、茶叶等虽然也有一定的贸易数额，但并不占据重要地位。开埠之后，国际、国内市场的需求迅速带动了长途贸易的发展，随之而来的是洋货的大量输入和土货的大量输出，其结果是洋货输入冲击了城乡传统的手工业部门和农村的自然经济，国外对土货等工业原料的需求刺激了外向型经济的产生和发展，原本相对封闭的长江中上游地区逐渐与国际市场联系起来。

土货出口在早期以茶叶为主，其后则包含了多种农副产品以及部分工矿产品，原先农家自用甚至闲置的一些农副业物资，如桐油、蛋品、棉花、花生、豆类、畜产品、药材、白蜡等，都成为出口的大宗。当桐油出口迅速增长之后，情况发生了变化。例如在湖南澧县，由于桐油出口日益兴盛，“见重外方，得价特昂”，农民担挑到收购和集运的市镇津市，“不绝于路”①。猪鬃、牛羊皮等畜产品，国内以往消费不多，国际市场的需求刺激了这些物资的出口，“皮业之主要业务，在于收集内地零星之牛羊皮，整批转售于外商洋行”②。

原来偏居长江中上游的山村，由于通过进出口而和国际市场发生了联系。农民们通过层层的收买机构，卖出农副产品，再通过通商口岸运送到国外市场，他们的生产因之受到国际市场的影响。洋行依靠雄厚的资本，在收购土货的时候往往能够控制价格。经汉口集运的桐油就是这样，人们以为，“汉市桐油，以专供洋商需要之故，全场势力，实为洋所笼罩。而

---

① 民国《澧县县志》卷三《物产》，1939 年刊本。

② 《武汉之工商业（皮业）》，载《汉口商业月刊》第二卷第十期，1935 年。

市价涨落之权，遂以洋行为主”①。其他各项也大致如此。

近代交通和邮电的大发展，进一步带动了长江中上游与国内外市场的联系。虽然长江是黄金水道，但在传统时代因受航运技术的限制，中上游尤其是上游的通航能力还是比较有限的。开埠之后，新式的轮船运输业发展迅速，进出口贸易也刺激了民船运输量的增长。以武汉港为例，1862 年至 1872 年开埠初期，每年进出的中外轮船、民船在 300～500 艘，船舶吨位平均每年约 20 万吨。1873 年至 1880 年，每年吞吐量在 20 万～30 万吨，1893 年达 50 万吨，1911 年以前已经达到每年 160 万吨左右。到了 1928 年，往来外洋的轮船吨数达到了 180 万吨。武汉港在长江干线上和江海直达远洋运输方面的能力大大增强。② 各港口开埠之前并没有远洋航运。1863 年，英国的一艘茶叶飞剪船“挑战者号”上溯长江，在武汉装载了第一批茶叶直接运往伦敦，成为汉口至欧洲航线的开辟者。③ 这也是长江中上游最早开辟的远洋航线。此后，武汉港与长江干线港口、沿海港口以及外洋港口的货物联系更加频繁，港口中远程货物的集疏能力较开埠前有了质的飞跃。

1906 年，京汉铁路全线通车，汉口因此成为南北铁路交通的枢纽。与东西向的长江水运结合，其交通优势增强，所能辐射的腹地范围也因此扩大。河南京汉铁路沿线的货物，有很大一部分被吸纳到汉口市场上。“京汉铁路通车，增加轮船航运，使本港土货出口贸易增加一倍以上。”“京汉铁路与贸易大为有益，自无疑义，尤能将往日出运河下赴镇江之物产引之来汉。”④ 1918 年，粤汉铁路湘鄂段通车，它同京汉铁路和长江构成了我国内地新的交通网络。1935 年，招商局同京汉铁路签订联运合同，京汉铁

① 李昌隆：《中国桐油贸易概论》，商务印书馆 1935 年版，第 124 页。

② 中国航海史研究会编：《武汉港史》，人民交通出版社 1994 年版，第 165、199～200 页。

③ Basil Lubbock, *The Opium Clippers* (Baltimore: Brown, Son & Ferguson, 1946) p. 34. 转引自中国航海史研究会编《武汉港史》，人民交通出版社 1994 年版，第 139 页。

④ 《中国旧海关史料》第 52、55、61 册汉口海关部分。

路沿线为联运站，九江、芜湖、广州、厦门等为联运口岸。东南沿海港口作为联运口岸的加入，突出了武汉港的地位。以往集中到汉口的北方土货，要转上海后再从海路运到东南沿海港口。而联运后可由汉口直接运走，大大节省了运费。[①] 铁路干线同水运线连接，加强了港口的集疏能力，使得长江中上游地区同国内外市场的联系日趋紧密。

第三节　汉口城市的发展

一、城市工业的发展

进出口贸易的发展，促进了汉口新兴工业尤其是出口加工业的兴起，也给这一区域旧有的作坊手工业带来了新的冲击。

食品、畜产品运销外洋过程中，包装、保鲜度始终是令人关注的重要问题。为了节省运输的时间和空间，在通商口岸设立加工工厂就成为发展对外贸易不可缺少的环节。汉口地区最早出现的工厂是和茶叶出口紧密联系的砖茶厂。1863 年以后，三家俄商砖茶厂成立，资本约 400 万两。[②] 工厂使用最新的机器压制砖茶，销售到俄国或者中国北方地区，皮革、蛋品的工业化加工也随后兴起。1876 年，一家英国商行在汉口开始用机器压制皮革，这使得皮革运到欧洲的运费节省了很多。因此，从汉口输出的牛皮数量上升得非常迅速。[③] 鲜蛋直接运输出口容易破损和腐败，而用干燥法加工后则便于运输。英、德、美等国纷纷在汉口设立蛋品加工厂，利用长江中上游地区丰富的鲜蛋资源进行加工出口，而汉口也因此占据了全国蛋品出口的很大比例。汉口的蛋品加工厂主要由德国、瑞典商人开办。这是

---

① 《招商局与平汉铁路联运》，载《工商》半月刊第六卷第七号，1934 年 4 月，第 93～94 页。

② 皮明庥等编：《武汉近代（辛亥革命前）经济史料》，武汉地方志编纂办公室 1981 年印行，第 11 页。

③ 《远东经济发展中的外国企业》，第 81 页，转引自皮明庥等编《武汉近代（辛亥革命前）经济史料》，武汉地方志编纂办公室 1981 年印行，第 16 页。

中国最早出现的蛋品加工业，在初期发展阶段，其规模在全国居第一位。①此外，植物油、烟叶、粮食的精炼加工也因之兴起并逐渐兴盛。在国外新兴技术发展的带动下，同时受到通商口岸地区自身发展需求的刺激，其他新式工业也发展起来。

由上可知，不论是出口产品的加工导致通商口岸地区本身的发展，还是生产新式工业产品来替代进口洋货，汉口的工业已经发展起来了。汉口（乃至整个武汉三镇）成为新的工业城市。1895—1913 年，在武汉设立的厂矿数达 28 家，工矿企业的总资本已经达到 1700 万元，占全国的 14%，仅次于上海，位居全国第二。②

二、城市建设的进步

港口贸易的发展，给港口城市带来的影响最为直接，也最为明显。前面文中所提到的交通、邮电的发展，工业的兴起，大部分都是在港口城市发端的，港口城市受益最多。而城市的建设和布局、市民的生活也都受到了深远的影响。

港口贸易的发展带动了港口城市的兴盛。城市布局的变化就可以体现出开埠以后港口—城市—腹地的格局变迁。汉口在开埠以前，港口贸易以内河为主，相对应的市场和城市中心区也就在内河沿岸。“鄂中物产最饶之区推襄河③两岸，故当开辟市场之始即定于襄河沿岸一带，盖一以扼上游之津要，一以便商场停泊避风涛之险。至通商口岸既开，迤东滨江一带始趋繁盛。……近年京汉铁路开通，贸易益繁。”④ 开埠后，在毗邻老城区的地方划出租界区，英国租界区开始有了正式的规划，新式的街道房屋沿

① 陈真等编：《中国近代工业史资料》第四辑，生活·读书·新知三联书店 1961 年版，第 473 ~474 页。

② 汪敬虞编：《中国近代工业史资料》第二辑（下），科学出版社 1957 年版，第 654 页。

③ 襄河即汉水。

④ 民国《夏口县志》，转引自曾兆祥主编《湖北近代经济贸易史料选辑（1840—1949）》第五辑，湖北省志贸易志编辑室 1984 年印行，第 11 页。

江而设。此后租界区率先发展起来，华界也效仿租界的市政建设和街道布局。1905 年，张公堤的围筑扩大了汉口城区的面积。近代汉口的第一批马路都是在铁路和租界之间。港口和铁路的运输对城市格局的影响可见一斑。1930—1937 年修竣的沿江大道，正是汉口最主要的干道，沿路码头云集，是水陆运输最繁忙的地区。沿江大道的开通，首要的是为了增加汉口港埠的吞吐功能，但它同时也为城市的综合发展提供了便利的交通。由于内外贸易的发展，汉口的商业区不断向四周扩大，从而带动了城市的发展。原有的低洼地填平为陆，市区面积扩展了近十倍。

第四节　开埠以来汉口地位的提升

汉口素以“九省通衢”闻名，然而汉口在人们心目中的印象并非一成不变，而是伴随着汉口的不断发展日渐丰富起来的。

明代中后期至 1862 年正式开埠，汉口作为国内主要的商业城市，主要表现为交通枢纽和商业中心，而其在政治、文化等方面的影响则远在汉阳之下，给人的印象并不深刻。明代后期，汉口在商业上的重要性日益明显，与朱仙镇等并列为天下四大镇。明末清初虽经历战乱，其商业中心的地位仍然没有动摇。即使武昌、汉阳的金沙洲等商业中心一度兴盛，却难以和汉口相抗衡。康熙时期，汉口作为中国中部的商业中心和交通枢纽，已成定局。成书于是时的《广阳杂记》称：“天下有四聚。北则京师，南则佛山，东则苏州，西则汉口。然东海之滨，苏州而外，更有芜湖、扬州、江宁、杭州以分其势。西则惟汉口耳。”① 但是在行政区划中，汉口始终只是汉阳县辖下的一个市镇。即使明清时期其经济地位已很高，却不能作为独立的城市从汉阳的行政管辖下脱离出来，因此也就很难给人留下独立城市所拥有的清晰和丰富的印象。汉水改道后，汉口逐步形成一个繁荣

① 〔清〕刘献廷撰：《广阳杂记》卷四，《续修四库全书》第 1176 册，上海古籍出版社 2002 年版，第 663 页。

的商业市镇，但是很长时间内人们印象中的汉口并不是和行政上的汉口镇完全重合，汉口从一个地理概念逐步向行政区域概念转变。这一时期的汉口给人的印象集中于以下几个方面：商业发达，交通便利，商贾习气重而文化并不繁荣，社会生活中夹杂了很多外地商人、移民的习俗。汉口是一个国内商业巨镇，但是没有发展成为独立的都市。

一、开埠至民初

沿海五口通商后，西方列强即以深入长江为下一个目标，企图利用这个黄金水道来扩展对中国广大腹地的贸易。而汉口是当时蒸汽轮船所能到达长江的最远点。又鉴于汉口传统的贸易地位，开埠后汉口当之无愧地成为长江中上游通往下游的最大交通枢纽和贸易中心。大量的物资由汉口集中运往上海出口或者由汉口直接出口到外国，而进口商品则通过汉口分销到内地各省。除了交通与贸易的发展，西方各国在汉口设立租界是汉口城市发展的另一重大契机，随着汉口长江沿岸成为各国租界区，这里成为近代汉口发展最快的地区。

由于汉口的日益发展，其原有的行政职能显然已不适应。汉口的政治地位也得到不断的改善，它不仅仅停留在一个镇的状态下。1861 年汉黄德道移驻汉口，这表明尽管此时汉口尚无独立行政建制，但是政治地位开始提高，并有逐渐超过汉阳的趋势。汉口在外事、税收方面地位的日渐重要，若处理地方事务仍没有太大的权限，就会不适应汉口的发展。1899 年，湖广总督张之洞借汉口华洋杂处，事益纷繁，和汉阳间又隔了汉水，一旦有事，难以处理之由，上《汉口请设专官折》，要求于汉口设立地方行政机构。是年，夏口厅正式成立，为隶属于汉阳府的散厅，同时受江汉关监督，地位比一般州县重要。自此，阳、夏分治，汉口成为独立的行政区。1912 年 1 月，夏口厅改制为夏口县。

这一阶段汉口较之开埠前有了很大的发展，作为国内外重要商业中心的港口城市，日益为人们所熟识。当时外国人的游记里对此有很多记载：

汉口……是在当时蒸汽船所能到达的长江最远点了。汉口是汉水和扬子江汇合处，具有非常重要的地位。……她作为贸易中心而闻名，实际上是整个中华帝国的商业中心，成了四面八方远道而来的商人们经常光顾的地方。……大多数省份在这里设立了商会，商会会址的大门厅和装潢都显示着本省商人的气派。①

汉口，虽然从1861年对外通商以前，早已取得了四大名镇之一的地位，但，却仍然是一个为人所忽视的渔业之乡。现在汉口兴旺的日子终于来到了，它不仅超过了镇江、南京和芜湖这些旧条约规定的开放港口，而且超过武昌这个省会城市，成为上海的巨大对手了。②

汉口距上海五百八十二咪［浬］，原不过一驿镇，然中国四大镇之一，而湖广重险也。与武昌、汉阳鼎立，为一大都会。人口八十万，商旅云集，百货辐凑。③

成书于1915年的《汉口小志》，对当时的汉口城市进行了详细描写，其中不乏这样的词句："汉口为五洲洞达、万商辐辏之盛区"，"以商务闻"，"通商巨埠，地扼南北之纽"，"其商市之盛，固云至矣"。王葆心在为《汉口小志》所作的序中指出："于是西人之称汉口也曰，据全国适中之地，控揽五省之商利而四通八达。东人之称之也曰，当九省通衢，实腹地无二之商市。"

西方租界的设立，使得汉口市政、市貌等方面近代化步伐加快。电灯、自来水等城市公用事业逐渐普及。近代意义上的警察、监狱、自治会也开始得以纳入城市管理。新奇、繁华、洋气、便利成为汉口新的城市特色。当时人们在竹枝词中不厌其烦地描写了这些情况。以罗汉的《汉口竹枝词》④ 为例，其中有几十首来描写轮船码头西人打球场、电报局、电话

① ［英］约翰·汤姆森著，杨博仁等译：《镜头前的旧中国：约翰·汤姆森游记》，中国摄影出版社2001年版，第160页。

② ［英］菲尔德维克著，姚伟钧译：《汉口》，见冯天瑜、陈锋编《武汉现代化进程研究》附录，武汉出版社2002年版。

③ 曾兆祥主编：《湖北近代经济贸易史料选辑（1840—1949）》第二辑，湖北省志贸易志编辑室1984年印行，第361页。

④ 《武汉竹枝词》，湖北人民出版社1999年版。

局、西人波楼馆、东人俱乐部、电梯、照相馆、番菜馆、洋货、英文报、东洋报、洋酒、汽车、人力车、脚踏车，这些在传统时代闻所未闻的新鲜事物，让时人充满了惊奇。“海舶江轮排似节，大船争比小船多”，“汽车活泼在司机，猛鼓双轮去似飞。拨拨一声刚入耳，举头人影望依稀”，“两地迢迢一线通，非关月老系丝红。声音宛在人何处？消息传来在个中”。租界巡捕、银行、洋商、买办、留学生等人物也被描画得十分生动。

与城市近代化、西化相对应的是日常生活的趋时、崇洋。前引罗汉《汉口竹枝词》中对这方面也不乏记载：西式家具“旧式铺陈不在行，大家都要摆洋装”，花洋缎“装绒局缎皆陈迹，爱着西洋异样花”，西式鞋帽“先从顶踵别安排，摹仿西装处处皆。记得改元初变政，革鞋毡笠遍华街”，女西式衣着“窄袖短衣高护领，青裙还要仿西洋”，妇女西洋装“楚国从前好细腰，宫中饿死太无聊。此风久被西欧去，又见中华变服妖”。方志中也有记载，“盖汉镇自中外互市以来习俗益靡，阛阓多仿西式，服饰宴会务为豪侈，歌馆舞台茶寮酒肆之间冶游者车水马龙，昼夜无有止息”①。新的生活方式逐步为人们所接纳，看报纸、听新的戏剧、赛马、打球等活动取代了一部分传统的娱乐活动。上文我们已经提到，汉口为“五方杂处”之地，社会生活中夹杂了许多往来商人、移民的习俗，而开埠后的汉口，社会生活更加多元，兼纳了西方的生活方式，呈现出更加绚丽多彩的画面。

与经济的发展、行政的独立相对应的，是汉口城市的独立和城市人民自我意识的突出。如果把《汉口小志》和《汉口丛谈》两书相比较来看，《汉口小志》一书更加强调突出汉口自己的地位，而对于汉阳的描述则并不多见。针对三镇所留给人们印象的区别，其中一篇序做了如下论述。该序作者沈颂康认为之所以人们谈论名胜都称赞武昌、汉阳而很少提及汉口，是因为武昌和汉阳有好的风景和前人的题咏，日后“地以人传”，就越来越有名气。汉口却是个年轻俗气的商业市镇，没有人愿意写什么，只

① 民国《湖北通志》卷二一《风俗》，1921年刻本。

适合俗人看看罢了。同时他认为汉口论名胜古迹是不如武昌、汉阳久远的，但是汉口有它自己独特的地位。“汉口为通商巨埠，其地又扼南北之纽，习尚之美恶，财货之赢绌，地势之险夷，与夫政教之得失，无一非外人观听之所集。”“况在交通之世，商埠之盛衰，即国家之强弱所恃为转移。繁盛如汉口，竟令其一无纪载，不得与黄鹤一楼烟波片石并传不朽，此非徒游览者所引为遗憾，其为政治之累岂不大哉。”① 其他的几篇序中，也指出汉口这样一个发达的城市，不能没有自己专门的志书。书中更多是把汉口和上海、天津等国内重要城市相比较，而非局限于武汉一地。较之《汉口丛谈》中的商镇，《汉口小志》中的汉口已经呈现出一个近代大城市的姿态。

以上两书的比较，主要是突出中国人眼中汉口的变化。而同一时期的外国人，在中外对比的情况下，认为汉口乃是“东方的芝加哥”。在当时的海关报告中，就有了这一说法：“Hankow, or the future ‘Chicago of the East’ as it has been called, is visibly expanding in every way: New Foreign Concessions, future railways, continually increasing trade point to a bright future for this port as long as political complications do not arise.”② 但是令人奇怪的是，当时中文本《光绪二十四年汉口华洋贸易情形论略》里没有把这句话翻译出来，不知道是偶然的疏漏，还是对这句话的不理解或者是不认可。1907年，日本驻汉口领事水野幸吉出版了《汉口》一书，为那个时期关于汉口的最杰出的著作。他在里面提道：“汉口……今也位于清国要港之第二……使视察者艳称为东洋之芝加哥。”1918年，美国《竖琴》杂志刊载了一篇署名为魏尔·瓦尔特的文章《中国的芝加哥》。该文写道：“汉口在全国商品市场上所处的地位，可与芝加哥在美国的地位媲美。”③ 由这些材

---

① 徐焕斗：《汉口小志》，1915年铅印本。

② Hankow Trade Report, For the Year 1898，见《中国旧海关史料》第28册，京华出版社2001年版，第185页。

③ 转引自 William T. Rowe, *Hankow: Commerce and Society in a Chinese City, 1796－1889* (California: Stanford University Press, 1984), 23.

料可以看出，当时汉口作为一个港口城市，已经有了和芝加哥相类比的地位，其作为近代都会的形象也显现出来。

城市规划在这一时期初步发展。开埠前的汉口几乎没有规划可言，自发形成的商业市镇沿河而立，拥挤不堪。开埠后，在毗邻老城区的地方划出租界区，英国租界区开始有了正式的规划，新式的街道房屋沿江而设。1905 年，张公堤的围筑扩大了汉口城区的面积，城市规划也在这一时期得以发展，马路工程局等机构负责商埠的规划。1912 年，辛亥革命后的汉口重建工作推动了汉口的城市规划，孙中山对汉口的重建投入了极大关注，他多次提出要以汉口为重点，建设武汉为“东方芝加哥”，连接武汉三镇，使之成为沟通中国中西部通向海外的大港。在这些规划中，一个日渐清晰的汉口形象浮现在人们眼前。

二、20 世纪二三十年代

20 世纪 20 年代是汉口的黄金时代。在 20 世纪最初的 20 年里，京汉铁路通车、辛亥首义等一系列事情对汉口的发展产生了深远影响。汉口的贸易额迅速增加（由 1900 年的七千多万海关两增加到两亿多海关两），腹地范围扩大，城市规划和建设已经初有成效。辛亥革命后，武昌和汉口就一直是民国政府所重点关注的地方。1926 年 10 月，汉口市政府成立，刘文岛任市长。这标志着汉口政治地位的确立。1927 年元旦，武汉国民政府成立，定都武汉，4 月，汉口市和武昌市撤销，武汉市成立。1929 年 6 月，国民政府改武汉特别市为汉口特别市。1930 年，改汉口特别市为汉口市，7 月，直隶行政院。其后，汉口随着政局的变化，不断在省辖和中央直辖间变更，但其位于武汉三镇之首的地位得以确立。又因为在国内长期属于直辖市，汉口城市印象中的政治内涵以及文化内涵等得到了加强。

由于汉口城市的迅速发展和武汉三镇一体化趋势的加强，汉口作为武汉三镇的代表，是这一时期的汉口城市形象的新特点。汉口的“九省通衢”、商业繁盛等特点也同时被认为是武汉最突出的特点。这样的例子在当时的书刊中随处可见。

《我国重要的城市》这样介绍汉口："汉口、武昌、汉阳合称为武汉三镇，为我国中部的大都市……汉口最为重要，贸易非常发达，为内地通商的枢纽，和上海、天津、广州为我国四大商埠。"①

《武汉一页》这样介绍武汉："汉口面积五百二十方公里，武汉三镇人口约一百廿万。"文中介绍风景游览区等，也都是以汉口为首。编者以汉口为武汉之首或以汉口代指武汉。②

《武汉指南》③ 先叙述汉口的沿革，再用较大篇幅叙述租界，至于武昌、汉阳则寥寥几笔。其他篇章，凡三镇列举，必先列汉口或以汉口代指武汉，这样的例子书中俯拾皆是。

《新武汉指南》中亦多处以汉口代指武汉，如"轫轮四达，帆樯如林，三镇繁荣，实以汉口为首屈一首"④。

《武汉概况》⑤ 中指出"汉口市居三镇之首……为全市精华所在"。

汉口的市政建设，在这一时期也取得了长足的长展。刘文岛、吴国桢等任汉口市长期间，对汉口的市政建设都非常重视。刘文岛还专门派人去几大都市考察，借鉴其经验治理汉口。"分赴京沪杭三市，调查市政，以资借鉴。""到汉后，并以汉市之一切设施，加以探讨，并与京沪杭三市之办法，切实比较，将四大都市之特别优点，一一述明。更附陈改良市政管见，以供采择。"⑥ 这期间，政府多次进行汉口城市规划或者以汉口为主的武汉三镇的城市规划，主要是分区计划、城市街道建设计划以及土地利用计划等。汉口的中山公园、下水道建设以及街道改建等都取得了令人瞩目的成绩，一个欣欣向荣的城市展现在世人面前。在文献中可以找到很多关

---

① 《我国重要的城市》，商务印书馆 1936 年版。
② 《武汉一页》，汉口中国旅行社出版，年份不详，约在 1930 年后。
③ 周荣亚等编：《武汉指南》，新中华日报社 1933 年版。
④ 李孝元编：《新武汉指南》，武汉文化出版社 1946 年版。
⑤ 《武汉概况》，书报简讯社 1949 年版。
⑥ 董修甲：《京沪汉杭四大都市之市政》，大东书局 1930 年版。

于这方面的描述。“襄河（汉水）沿岸，为我国自设街市。昔时街衢狭仄，观瞻殊陋，经辛亥焚毁之后，新建市楼，广辟马路，气象一新矣。”① 当时专门负责汉口城市规划建设的吴国柄在其回忆录中写道，因为汉口下水道、抽水马桶等先进设施的大量安装，引起了到汉口的外地商人、旅客的关注，赞美之词不绝。当时的南京市政府等也对此表示赞叹。若与武昌相比较，则这一时期的汉口远远超过武昌。“武昌为省会首善之区，自古称为重镇……所处境地优越，风景天然，颇适合建设优美都市之条件。惜乎历年以来，无人注意，致市政设施极端落后，与汉口仅一江之隔，相较不啻天壤，名为省会，而人民食用娱乐所需，尚需求诸汉口，良可慨也！”② 这也可以作为汉口在三镇中遥遥领先的一个例证。

前文我们提到过，汉口是“五方杂处，百艺俱全”，以商业闻名，文化的成就仍比较有限。而在这一时期，由于新式的消费娱乐场所、医院、报馆、学校等大多设在汉口，这个形象得到了极大的扭转。汉口由一个市井小民拥挤、“大雅君子视为过眼浮云”的地方，发展成为大家心仪的“洋场”，并成为文明、现代的标志。以下是当时地理、旅游等图书报刊中对汉口这些场所的细致描写。

在《武汉快览》③ 中，武汉之食宿游览，举凡酒馆、西餐馆、饭馆、茶馆、点心店基本都在汉口。游戏场、赛马场都在汉口，妓馆也以汉口最多。《武汉指南》④ 中，汉口市之酒楼首列，大茶楼、妓院单列，跑马场、电影院、名胜古迹亦首列汉口。在《十一版增订中国旅行指南》⑤ 中，汉口若是与武昌相比较，则可以看出武昌只有人力车，而汉口有各种汽车、黄包车等；武昌等城市要定时关城门，汉口则无此规定；汉口有戏馆、书

① 《中华最新形势图》，出版地、出版年份不详。

② 《武昌市政建设》，载《建设评论》1936 年第三卷第一期。

③ 刘再苏编：《武汉快览》，上海世界书局 1926 年版。

④ 周荣亚等编：《武汉指南》，新中华日报社 1933 年版。

⑤ 《十一版增订中国旅行指南》，商务印书馆 1923 年版。

场、妓馆，武昌则没有；汉口的会所、客寓也明显多于武昌。在《新武汉》① 中，关于食宿专写汉口，娱乐场所中剧场、电影院、游艺场、舞场、妓馆亦专写汉口。于《新武汉指南》② 中，传统的剧院多在武昌，而游泳池、滑冰场、弹子房、赛马场等，都在汉口。《武汉概况》③ 中，汉口的娱乐机构最多，文教卫生机构也最多。这些图书报刊中用了大量的笔墨描写汉口的胜景，其中不乏津津乐道之笔，从中不难看出一个便利、繁华、文明的现代都市的面貌。

翻开近500年来的中国城市史，满目都是上海怎样从一个小渔村变成世界级的都市、“东方的巴黎”、十里洋场，对于天津、青岛、大连等开埠城市也不乏巨变式的描绘。而对汉口的研究，似乎更多地集中在开埠后商贸的发达或者是城市繁华程度上。但是综合看来，汉口城市的各个方面都发生了不同程度的变化。汉口由于和武昌仅仅一江之隔，它的发展使得它逐步成为武汉三镇的统领，并最终形成了三镇一体的武汉。在这样的一个发展过程中，汉口从最初不完全独立的地理单元到后来的经济中心，随后具备了不断加强的行政职能和文化影响。

小　结

对于港口—腹地之间经济关系的评价，可以说是中国现代化进程的一个关键所在。而对这一问题的思考，也是本书的一条主线。汉口港贸易的波动，往往会导致腹地范围的变化。而汉口港贸易的发展无疑在整体上加深了它和腹地之间的经济联系，只是这种联系并非单一线性发展的。腹地因港口而发生的经济变化，如农产品商品化程度加深、手工业和工业有所发展，无疑是腹地经济进步的一种表现。但其消极方面也不容忽视，贸易衰落对农村经济的不利影响也是显而易见的，鸦片的种植更是严重的

① 汉口市政府编印：《新武汉》，1940年9月。

② 李孝元编：《新武汉指南》，武汉文化出版社1946年版。

③ 《武汉概况》，书报简讯社1949年版。

危害。

尽管汉口同它腹地之间的经济关系更加紧密，也推动了腹地经济发展，但相对于汉口城市本身而言，这些发展显得缓慢而单一。汉口本身从一个商业中心转变成为一个集政治、经济、文化于一体的大都市，其地位显著提升，成为开埠通商的最大受益者。

第七章 结 语

在中国现代化空间进程的研究中，我们最为关注的就是现代化过程中的空间差异。汉口作为传统的商业重镇，既是中国中部贸易中心，又是长江中游的枢纽。得益于传统的商业基础，又受到开埠通商的促进，汉口在开埠后的发展引人注目。而它作为沿江口岸，又具有和沿海口岸不同的特性，具有对比研究的价值。汉口的腹地是中国广大的中西部地区，它和腹地间经济关系的变化，也很值得和东部地区进行比较。

本书的研究主要分为以下三个部分。

第一，从宏观上对汉口贸易的阶段和结构分析。土货出口贸易是近代汉口贸易的重心和支柱。土货出口方面，汉口占据全国土货出口四分之一到五分之一的份额。在洋货进口方面，汉口在全国洋货进口中所占的比例较低且一直呈下降趋势。直接贸易上，汉口在全国的地位也是逐步下滑，远不敌沿海新兴口岸。在间接贸易部分，汉口仍然保持其国内大港的地位，排名前列。

第二，从主要出口商品看汉口与其腹地的经济关系。由于汉口贸易以土货出口为主，故而考察也以主要出口商品为主。从土货出口种类和涉及腹地范围来看，汉口土货出口种类多，腹地来源广，且有多种货物是国内出口货物的主要供给港。汉口作为通商口岸的重要性，正是由于这些主要输出商品而牢固奠定的。传统的区位优势和新兴的外部市场，刺激了汉口茶叶贸易的发展，而深居内陆的沿江条件又不能使得汉口市场完全发育。在竞争中，俄国买主占据上风，在汉口市场完成集聚，逐步成为汉口茶的主要销售对象，而对英输出则迅速衰落。这一过程伴随着腹地的扩张和茶叶生产的扩大。以19世纪80年代中期为界，此后汉口茶市主要面向俄国市场。而当俄国市场完全丧失之后，汉口茶叶之间接腹地几乎全部丧失，直接腹地也发生萎缩，汉口市场再次成为以内销茶为主的茶叶集中地。而茶农经济之衰落也非常明显，但在不同的腹地范围内呈现出差异性。

汉口由于接近中国中部桐油生产地，成为桐油输出之枢纽。受到国际需求刺激后，汉口桐油输出迅速增长。然以深居内陆，桐油输出仍有很大部分需要通过上海再出口国外。在1864—1936年这一较长时段内，汉口一直是中国最大的桐油输出口岸。其桐油来源地范围广泛，各种桐油汇集到汉口后，又供应不同的市场。随着长江各口岸的发展，汉口桐油直接输出的比例降低，转口的比例提高，三分之二的输出是复出口。但是20世纪30年代其他长江口岸进一步发展，桐油输出跳过汉口，直接到上海，这使得汉口桐油出口有所下降。在茶叶和桐油出口中，同样存在一个复出口下降的问题，即长江流域其他口岸直接输出到上海而非汉口，造成了汉口腹地范围的缩减。这和汉口的内陆性密不可分。当汉口的贸易本身出现问题或者长江流域其他口岸条件发展成熟后，汉口的中转作用也就不复存在了。在这个过程中，两湖地区作为汉口的直接腹地，和汉口关系变化不大，而江西、安徽和四川作为汉口的间接腹地，其商品或输出上海或输出汉口，变数加大。

第三，汉口同长江流域其他港口的关系。和汉口关系最密切的长江流域港口自然是上海，这在开埠早期表现得尤为明显，而开埠后期这种关系发生了变化。汉口以上的长江流域口岸发展起来，汉口和它们之间的关系先密后疏，而和上海之间的关系则是先疏离后密切。由于上海的发展和长江交通的改善，汉口以上长江各港口也开始直接同上海进行贸易往来，汉口居长江之中的优势丧失，汉口在长江流域以及全国贸易中的地位迅速下降，和上海之间的差距也是日益拉开。

以上三个部分并不是孤立的，而是一个整体，可以归纳到汉口作为中部、沿江口岸的特性上来。汉口作为一个沿江口岸，远离出海口，直接同海外展开贸易有众多障碍，这就决定了汉口作为一个内陆口岸必定有不同于沿海口岸的特点。在其贸易结构上表现为洋货贸易少，土货贸易多；直接贸易少，间接贸易多。而汉口同其他长江流域港口的关系则表现为以上海为龙头，集中长江中上游的货物经上海出口。当汉口能够吸纳其他更小港口的货物时，就能发展贸易扩大腹地，而失去这些港口的供给，汉口的贸易则有所衰落，腹地范围随之减小。随着沿海口岸的发展，汉口的内陆性特征越发成为劣势，其同沿海口岸的差距也日益增大。而这种差距，也正是近代中国中西部拉开差距的一个根源所在。

附　表

b.1　汉口洋货进口和复出口（1864—1936）

单位：海关两

年份	直接进口的洋货	从其他中国口岸进口的洋货	洋货总进口	复出口到国外的洋货	复出口到其他中国口岸的洋货	洋货复出口总额	洋货净进口
1864	115057	5834482	5949539		141714	141714	5807825
1866	4500	12167926	12172426		235546	235546	11936880
1867	15360	10377179	10392539		97883	97883	10294656
1868	7710	9941163	9948873		96076	96076	9852797
1869		10144000	10144000		55644	55644	10088356
1870		12157637	12157637		92476	92476	12065161
1871	126029	12001167	12127196		82462	82462	12044734
1872	32030	10685138	10717168		91458	91458	10625710
1873	9607	10760935	10770542		139139	139139	10631403
1874		10075616	10075616		202886	202886	9872730
1875	4183	8459366	8463549		67049	67049	8396500
1876	20688	8622352	8643040		118445	118445	8524595
1877	2643	7997718	8000361		141629	141629	7858732
1878	30558	7819090	7849648		76959	76959	7772689

（续表）

年份	直接进口的洋货	从其他中国口岸进口的洋货	洋货总进口	复出口到国外的洋货	复出口到其他中国口岸的洋货	洋货复出口总额	洋货净进口
1879	8545	10960482	10969027		254811	254811	10714216
1880	27841	13303494	13331335		1144219	1144219	12187116
1881	1941	16171652	16173593		947199	947199	15226394
1882	9734	12673298	12683032		999996	999996	11683036
1883	120	12512602	12512722		1653874	1653874	10858848
1884		13607277	13607277		1371885	1371885	12235392
1885	24008	15596646	15620654		2014121	2014121	13606533
1886	26981	13732528	13759509		1634560	1634560	12124949
1887	10882	12564092	12574974		2045993	2045993	10528981
1888	500	13869688	13870188		2512983	2512983	11357205
1889	6045	12038536	12044581		1916592	1916592	10127989
1890	148839	14438552	14587391		3145212	3145212	11442179
1891	302283	14498399	14800682		3099966	3099966	11700716
1892	347635	16662581	17010216		5104568	5104568	11905648
1893	52347	14395412	14447759		3724214	3724214	10723545
1894	14381	16230186	16244567		5259292	5259292	10985275
1895	682191	18472573	19154764		6000402	6000402	13154362
1896	209901	20032838	20242739	1002	6048200	6049202	14193537
1897	174971	22593649	22768620		5596269	5596269	17172351
1898	65882	21125443	21191325	216	5171388	5171604	16019721
1899	440461	29357296	29797757		8130930	8130930	21666827
1900	802168	26413626	27215794	5240	7467178	7472418	19743376
1901	2141491	33904369	36045860	37120	10322786	10359906	25685954

（续表）

年份	直接进口的洋货	从其他中国口岸进口的洋货	洋货总进口	复出口到国外的洋货	复出口到其他中国口岸的洋货	洋货复出口总额	洋货净进口
1902	5000160	32700461	37700621	115640	10713374	10829014	26871607
1903	7757647	47287868	55045515	1091	18214980	18216071	36829444
1904	12815690	40775515	53591205	20	16440802	16440822	37150383
1905	26411934	25700326	52112260	8833	4592508	4601341	47510919
1906	16632854	25700347	42333201	69808	5783368	5853176	36480025
1907	19404900	30911099	50315999	1880	5156755	5158635	45157364
1908	20753145	26789891	47543036	136599	5984645	6121244	41421792
1909	17042886	26005588	43048474	232158	5028076	5260234	37788240
1910	18836471	24156049	42992520	1085	5188861	5189946	37802574
1911	17156554	23760817	40917371	2498	6948479	6950977	33966394
1912	22006638	27692963	49699601	25284	9469539	9494823	40204778
1913	34164083	29601209	63765292	25010	10889865	10914875	52850417
1914	35286023	26729823	62015846	18393	10974586	10992979	51022867
1915	27921720	25747592	53669312	11315	10351469	10362784	43306528
1916	35934411	23324598	59259009	7092	10092544	10099636	49159373
1917	36755278	20438026	57193304	53659	9829085	9882744	47310560
1918	30974893	24323776	55298669	42168	11838541	11880709	43417960
1919	37458744	26823334	64282078	131303	11164755	11296058	52986020
1920	42916391	28546041	71462432			12992269	58470163
1921	47476383	30515333	77991716	136882	14370068	14506950	63484766
1922	47913956	33325177	81239133	636917	15864622	16501539	64737594
1923	38551704	36473141	75024845	129849	16842291	16972140	58052705

（续表）

年份	直接进口的洋货	从其他中国口岸进口的洋货	洋货总进口	复出口到国外的洋货	复出口到其他中国口岸的洋货	洋货复出口总额	洋货净进口
1924	60713522	40540479	101254001			18948603	82305398
1925	54015064	36768289	90783353	55936	21362228	21418164	69365189
1926	54319185	30535449	84854634	3730	18204239	18207969	66646665
1927	18930827	23415828	42346655	70392	8047592	8117984	34228671
1928	50408289	33188648	83596937	39148	14293642	14332790	69264147
1929	34605474	42547779	77153253	28040	12925289	12953329	64199924
1930	26642296	43259918	69902214	30339	13947414	13977753	55924461
1931	30715354	52280500	82995854			11699408	71296446
1932	24748232						24748232
1933	21989318						21989318
1934	20676411						20676411
1935	21319872						21319872
1936	21100601						21100601

资料来源：据《中国旧海关史料》汉口海关部分相关年份资料整理。

1920—1931 年的数据根据实业部国际局编《最近三十四年来中国通商口岸对外贸易统计（1900—1933）》补充。

说明：1. 1932 年以后，因为海关统计体例的变化，洋货净进口就是直接进口的洋货，但是 1932—1936 年的洋货进口和复出口数据缺少。

2. 1932 年以后，统计数据为国币元，按照 1 海关两 = 1.558 国币元折算后，全部换算为海关两，以方便前后时段的数据进行对比。

3. 1873 年之前单位为汉口两，但是因为差别较小，故并未予以折算。

b. 2 汉口洋货净进口值折算

单位：两

年份	南开物价指数	净进口值	C. I. F.	南开指数折算后
1867	46. 9	10294656	9522557	20303959
1868	46. 9	9852797	9113837	19432489
1869	47. 9	10088356	9331729	19481690
1870	46. 7	12065161	11160274	23897803
1871	47. 4	12044734	11141379	23505019
1872	45. 8	10625710	9828782	21460222
1873	46. 3	10631403	9834048	21239844
1874	38. 5	9872730	9132275	23720195
1875	35. 3	8396500	7766763	22002160
1876	33. 8	8524595	7885250	23329143
1877	35. 5	7858732	7269327	20476978
1878	35. 7	7772689	7189737	20139320
1879	35. 2	10714216	9910650	28155255
1880	38. 3	12187116	11273082	29433635
1881	39. 6	15226394	14084414	35566703
1882	37. 6	11683036	10806808	28741511
1883	37. 1	10858848	10044434	27073947
1884	37. 1	12235392	11317738	30506031
1885	38. 1	13606533	12586043	33034234
1886	43. 3	12124949	11215578	25902027
1887	43. 0	10528981	9739307	22649552
1888	43. 6	11357205	10505415	24094988
1889	44. 3	10127989	9368390	21147607
1890	40. 7	11442179	10584016	26004952

（续表）

年份	南开物价指数	净进口值	C. I. F.	南开指数折算后
1891	38. 7	11700716	10823162	27966828
1892	39. 6	11905648	11012724	27809910
1893	44. 7	10723545	9919279	22190781
1894	62. 8	10985275	10161379	16180540
1895	66. 1	13154362	12167785	18408147
1896	67. 1	14193537	13129022	19566351
1897	71. 8	17172351	15884425	22123154
1898	71. 9	16019721	14818242	20609516
1899	67. 2	21666827	20041815	29824129
1900	74. 8	19743376	18262623	24415271
1901	75. 3	25685954	23759507	31553131
1902	78. 0	26871607	24856236	31866970
1903	88. 3	36829444	34067236	38581241
1904	87. 2	37150383	37150383	42603650
1905	81. 2	47510919	47510919	58510984
1906	75. 4	36480025	36480025	48381996
1907	82. 3	45157364	45157364	54869215
1908	95. 4	41421792	41421792	43419069
1909	95. 1	37788240	37788240	39735268
1910	102. 5	37802574	37802574	36880560
1911	102. 2	33966394	33966394	33235219
1912	100. 0	40204778	40204778	40204778
1913	100. 0	52850417	52850417	52850417
1914	108. 9	51022867	51022867	46852954

（续表）

年份	南开物价指数	净进口值	C. I. F.	南开指数折算后
1915	113.0	43306528	43306528	38324361
1916	122.4	49159373	49159373	40162886
1917	131.0	47310560	47310560	36114931
1918	147.0	43417960	43417960	29536027
1919	150.2	52986020	52986020	35276977
1920	175.7	58470163	58470163	33278408
1921	167.4	63484766	63484766	37923994
1922	146.8	64737594	64737594	44099178
1923	148.7	58052705	58052705	39040151
1924	148.8	82305398	82305398	55312767
1925	151.0	69365189	69365189	45937211
1926	150.8	66646665	66646665	44195401
1927	161.7	34228671	34228671	21168009
1928	159.1	69264147	69264147	43534976
1929	158.1	64199924	64199924	40607163
1930	174.7	55924461	55924461	32011712
1931	192.9	71296446	71296446	36960314
1932	180.1	24748232	24748232	13741384
1933	173.2	21989318	21989318	12695911
1934	151.9	20676411	20676411	13611857
1935	138.1	21319872	21319872	15437995
1936	152.3	21100601	21100601	13854630

资料来源：《中国旧海关史料》汉口海关部分相关年份资料整理。

说明：1. C. I. F. 计算是按照净进口值减去在汉口交纳的关税，再减去7%进口商利润等计算出到岸时候的进口值。1904年之后的进口值都是C. I. F. 值，之前的数据是折算过的。折算公式为：净值×0.925＝C. I. F. 值。

2. 南开指数根据天津南开大学经济研究所编纂出版：《民国二十五年南开指数年刊》，1937年3月。

3. 1873年以前单位是汉口两，之后是海关两。

b.3 汉口进口大宗洋货净值（1903—1928）

单位：百万海关两

年份	棉匹货	棉纱	绒货及杂质匹货	五金	铜元局之紫铜	染料颜料油漆	机器	煤油	铁路材料	糖	茶末	他类杂货	总计
1903	9.7	11.0	1.0	1.3	0.7		1.0	2.8	1.0	1.1		7.2	36.8
1904	9.1	7.2	1.0	1.4	3.2		0.7	3.3	2.1	1.3		7.9	37.2
1905	7.3	6.0	0.7	1.6	15.5		1.7	3.2	2.1	1.8		7.6	47.5
1906	7.7	6.4	0.9	1.6			1.0	1.6	5.0	2.9	1.2	8.6	36.9
1907	10.4	8.3	1.1	1.7	3.6		1.0	3.3	0.8	2.6	2.6	9.8	45.2
1908	10.0	5.7	1.0	2.1	2.4		1.8	3.8	1.5	1.9	2.6	8.6	41.4
1909	8.8	7.1	0.6	2.0			0.8	3.3	0.4	2.1	3.0	9.8	37.9
1910	8.0	6.7	0.7	1.7	0.1	1.3	0.9	2.6	1.2	2.2	2.8	9.6	37.8
1911	7.9	4.3	0.6	1.5		1.3	0.7	5.1	0.1	1.8	2.7	8.0	34.0
1912	7.7	5.2	0.8	1.8	1.9	2.3	0.3	3.3	0.1	2.4	3.2	11.2	40.2
1913	10.8	7.2	0.9	3.0	3.2	2.4	0.5	3.2	0.1	3.9	4.1	13.5	52.8
1914	11.0	6.1	0.8	2.3	2.5	2.0	0.9	3.1	3.1	4.1	3.7	11.4	51.0
1915	10.5	8.4	0.5	2.0	0.3	0.1	0.2	3.5	1.2	3.0	3.9	9.7	43.3
1916	8.9	7.3	0.5	3.0	0.2	0.1	0.8	1.4	1.5	3.8	6.0	15.7	49.2
1917	10.9	6.0	0.7	2.1	0.4	0.6	0.4	0.5	0.5	6.4	3.6	15.2	47.3
1918	9.4	4.2	0.6	2.6	1.0	0.3	0.5	1.8	0.6	8.8	0.2	13.4	43.4
1919	15.5	4.2	0.8	4.9	1.5	0.9	1.1	3.5	1.2	4.0	0.4	15.0	53.0
1920	13.8	4.1	0.8	4.9	3.3	1.4	1.6	5.5	2.7	5.8		14.8	58.7
1921	13.8	2.8	1.1	3.4	4.8	3.7	2.9	4.9	4.1	8.6		13.4	63.5
1922	15.4	4.1	1.1	2.9	7.9	3.6	2.5	4.5	1.4	7.5		13.8	64.7
1923	12.7	1.9	1.9	3.3	4.0	3.6	2.3	5.0	0.1	6.8		16.4	58.0

（续表）

年份	棉匹货	棉纱	绒货及杂质匹货	五金	铜元局之紫铜	染料颜料油漆	机器	煤油	铁路材料	糖	茶末	他类杂货	总计
1924	15.9	2.4	2.2	5.3	9.0	6.0	1.6	6.8	1.1	9.9		22.1	82.3
1925	12.9	2.9	2.6	4.2	1.1	3.7	1.4	6.7	0.5	10.4	0.1	22.9	69.4
1926	12.2	1.3	1.9	4.5	0.5	2.1	1.2	3.7	0.2	8.5	2.2	28.3	66.6
1927	7.1	0.3	1.1	1.3	0.4	1.8	0.3	2.9		8.0	1.7	9.3	34.2
1928	16.0	0.1	2.1	3.9	0.2	3.6	0.5	5.1		12.5	3.6	21.7	69.3

资料来源：1.《中国旧海关史料》汉口海关 1903—1920 年贸易册。

2. 1921—1928 年数据来自哈佛大学图书馆藏中国旧海关史料年度贸易册，汉口部分。

b.4 **汉口土货进口和复出口**（1864—1936）

单位：海关两

年份	土货进口			
	土货进口	复出口到国外	复出口到中国口岸	土货净进口
1864	6310875		49380	6261495
1866	5747740	34200	36594	5676946
1867	7868044		32150	7835894
1868	5148065		12248	5135817
1869	6248453	47338	16248	6184867
1870	7636744	335586	42994	7258164
1871	10391417	531680	223138	9636599
1872	7704735	821706	406685	6476344
1873	9519569	883574	817320	7818675
1874	7265934	1483682	769511	5012741

（续表）

年份	土货进口			
	土货进口	复出口到国外	复出口到中国口岸	土货净进口
1875	9215417	1645249	743214	6826954
1876	6840494	1853598	550848	4436048
1877	5567060	1267925	561835	3737300
1878	7287383	2358072	296986	4632325
1879	8795261	2582353	973409	5239499
1880	13513967	2544638	1520807	9448522
1881	9073075	1538890	994401	6539784
1882	10759875	3136494	1407587	6215794
1883	11198486	3037185	1393761	6767540
1884	9110637	2488860	1389286	5232491
1885	11700792	3442575	1343652	6914565
1886	10519082	3451048	2687376	4380658
1887	10828616	1439712	3293522	6095382
1888	10492177	1262699	3578695	5650783
1889	13910644	2657723	4531034	6721887
1890	13527388	2691696	5256840	5578852
1891	14392301	3417547	4968533	6006221
1892	12000353	1217788	5350456	5432109
1893	12703167	1991999	6022969	4688199
1894	14232630	1739424	7562515	4930691
1895	17306668	1537837	9744583	6024248
1896	17877269	1910081	9303777	6663411
1897	22048789	1618635	12422257	8007897
1898	18647152	1339902	10509177	6798073

（续表）

年份	土货进口			
	土货进口	复出口到国外	复出口到中国口岸	土货净进口
1899	23617880	1549116	13996925	8071839
1900	19167667	1366250	12601115	5200302
1901	21569423	1127909	13280412	7161102
1902	21394903	981032	14700599	5713272
1903	22397827	906991	14897267	6593569
1904	31228403	1673690	22340772	7213941
1905	12775863	2066776	4382310	6326777
1906	13608119	1487169	5177525	6943425
1907	17085869	2288168	5311075	9486626
1908	18207620	2758688	4230696	11218236
1909	22593575	2927616	4305334	15360625
1910	26125623	3143493	8567286	14414844
1911	19149270	3395575	5837152	9916543
1912	22740324	4042971	6574389	12122964
1913	28934507	3336597	7085955	18511955
1914	26560861	4114161	8742960	13703740
1915	30544996	2949072	11961416	15634508
1916	36200505	2429880	14219303	19551322
1917	40040956	2377599	15867140	21796217
1918	32052143	542370	12590753	18919020
1919	38170094	659293	15019040	22491761
1920	35102113	867561	11231404	23003148
1921	36974087	1406832	12134081	23433174
1922	56003458	3331568	21234436	31437454

（续表）

年份	土货进口			
	土货进口	复出口到国外	复出口到中国口岸	土货净进口
1923	77792085	4551687	29249698	43990700
1924	85688097	38661103	47026994	
1925	108522767	10031083	34182579	64309105
1926	96029981	8377775	36875051	50777155
1927	84185808	3251869	41392928	39541011
1928	115618034	7764027	43745224	64108783
1929	101258870	10013976	38390977	52853917
1930	75588048	6026114	37992603	31569331
1931	71791286	28630290		43160996
1932	43360779	8868770		53735558
1933	64956541	15631660		49326059
1934	55275915	8696965		46578947
1935	52630499	8328949		44300385
1936	70458569	13630594		56822850

资料来源：《中国旧海关史料》汉口海关部分相关年份资料整理。

1920—1931 年的数据根据实业部国际局编《最近三十四年来中国通商口岸对外贸易统计（1900—1933）》补充。

说明：1. 1932 年以后，海关统计变化，为求统一仍按照原来的体例进行统计整理。

2. 1932 年以后，统计数据为国币元，按照 1 海关两 = 1. 558 国币元折算后，全部换算为海关两，以方便前后时段的数据进行对比。

3. 1873 年之前单位为汉口两，但是因为差别较小，故并未予以折算。

b. 5　汉口土货出口值（1864—1930）

单位：海关两

年份	土货出口		
	出口国外的土货	出口到其他中国口岸的土货	土货出口
1864	1394683	13116063	14510746
1866	2730926	15948195	18679121
1867	566140	11840192	12406332
1868	1390405	14091162	15481567
1869	1218915	13557536	14776451
1870	1954749	12488175	14442924
1871	3018820	14820557	17839377
1872	3221460	15768829	18990289
1873	3528355	14361144	17889499
1874	4235275	14040819	18276094
1875	4111897	13620163	17732060
1876	5397165	15223126	20620291
1877	3510157	14290483	17800640
1878	4081172	13002358	17083530
1879	4510462	15730317	20240779
1880	5099638	15549933	20649571
1881	3775525	16057888	19833413
1882	3241050	13203014	16444064
1883	4643365	13086120	17729485
1884	3527507	12876491	16403998
1885	4066512	13660048	17726560
1886	3649534	14036426	17685960

（续表）

年份	土货出口		
	出口国外的土货	出口到其他中国口岸的土货	土货出口
1887	2096527	15168054	17264581
1888	2879939	15702955	18582894
1889	2917927	17843095	20761022
1890	2977954	16406614	19384568
1891	4810599	15967609	20778208
1892	2006794	17557146	19563940
1893	2596208	21254029	23850237
1894	2659598	20559229	23218827
1895	3157990	22170902	25328892
1896	3574535	19875010	23449545
1897	1802598	22737784	24540382
1898	2528348	28425303	30953651
1899	4605901	32857494	37463395
1900	4792607	27314354	32106961
1901	2336285	27036357	29372642
1902	2884908	38341391	41226299
1903	3852784	51853703	55706487
1904	5470179	57614871	63085050
1905	7493132	49712218	57205350
1906	7036938	46681989	53718927
1907	9990146	50437247	60427393
1908	13711998	53686267	67398265
1909	14907095	57240730	72147825
1910	14751266	68330483	83081749

（续表）

年份	土货出口		
	出口国外的土货	出口到其他中国口岸的土货	土货出口
1911	16585465	57489082	74074547
1912	13296823	69407614	82704437
1913	13470261	69197306	82667567
1914	13793866	62808199	76602065
1915	13343797	88619889	101963686
1916	9998910	96109882	106108792
1917	10390177	91233113	101623290
1918	10044037	92781291	102825328
1919	13828313	111092337	124920650
1920	17475237	77333200	94808437
1921	8841482	77787352	86628834
1922	13029890	96900967	109930857
1923	11726508	125975538	137702046
1924	14756098	138363286	153119384
1925	19963259	135123524	155086783
1926	15267572	152418804	167686376
1927	8734728	118455534	127190262
1928	19991650	158297674	178289324
1929	17994138	130471550	148465688
1930	12625024	100365288	112990312

资料来源：《中国旧海关史料》汉口海关部分相关年份资料整理。

1920—1930 年的数据根据实业部国际局编《最近三十四年来中国通商口岸对外贸易统计（1900—1933）》补充。

说明：1873 年之前单位为汉口两，但是因为差别较小，故并未予以折算。

b.6 汉口土货出口值折算

单位：海关两

年份	出口值	F. O. B.	南开指数折算后
1867	12406332	14267282	31634771
1868	15481567	17803802	34436754
1869	14776451	16992919	35550039
1870	14442924	16609363	36028986
1871	17839377	20515284	43464584
1872	18990289	21838832	44843598
1873	17889499	20572924	41477669
1874	18276094	21017508	45789778
1875	17732060	20391869	50226278
1876	20620291	23713335	50346783
1877	17800640	20470736	50173373
1878	17083530	19646060	48870795
1879	20240779	23276896	56360523
1880	20649571	23747007	57778605
1881	19833413	22808425	56317099
1882	16444064	18910674	52239430
1883	17729485	20388908	55404641
1884	16403998	18864598	57339203
1885	17726560	20385544	60134348
1886	17685960	20338854	57617150
1887	17264581	19854268	38328703
1888	18582894	21370328	40783069
1889	20761022	23875175	44793950

（续表）

年份	出口值	F. O. B.	南开指数折算后
1890	19384568	22292253	43285929
1891	20778208	23894939	45688220
1892	19563940	22498531	43771461
1893	23850237	27427773	53991678
1894	23218827	26701651	50571309
1895	25328892	29128226	54445282
1896	23449545	26966977	46736528
1897	24540382	28221439	42695067
1898	30953651	35596699	57137558
1899	37463395	43082904	55234493
1900	32106961	36923005	51210825
1901	29372642	33778538	47844955
1902	41226299	47410244	58029674
1903	55706487	64062460	71980292
1904	63085050	63085050	68052913
1905	57205350	57205350	63280254
1906	53718927	53718927	59292414
1907	60427393	60427393	61913313
1908	67398265	67398265	71624086
1909	72147825	72147825	79721354
1910	83081749	83081749	90502995
1911	74074547	74074547	80955789
1912	82704437	82704437	93345866
1913	82667567	82667567	82667567

（续表）

年份	出口值	F. O. B.	南开指数折算后
1914	76602065	76602065	72677481
1915	101963686	101963686	94585980
1916	106108792	106108792	90691275
1917	101623290	101623290	95690480
1918	102825328	102825328	89803780
1919	124920650	124920650	111536295
1920	88208239	88208239	78129530
1921	86628834	86628834	73663974
1922	109930857	109930857	88156261
1923	137702046	137702046	101028647
1924	153118003	153118003	108440512
1925	155086783	155086783	106296630
1926	167686376	167686376	109670619
1927	127190262	127190262	85419921
1928	178289324	178289324	112556391
1929	148465688	148465688	87435623
1930	112990312	112990312	66308869
1931	93930247	93930247	56482410
1933	76039540	76039540	62635535
1934	86922242	86922242	77887314
1935	88624575	88624575	78847487
1936	121838578	121838578	87527714

资料来源：《中国旧海关史料》汉口海关部分相关年份资料整理。

说明：1. F. O. B. 计算是按照出口值加上在汉口交纳的关税和 8% 的利润后得出的价值。1904 年之后的进口值都是 F. O. B. 值，1904 年之前的数据是折算过的。折算公式为：出口值 ×1. 15 = F. O. B. 值。

2. 南开指数根据南开大学经济研究所编《民国二十五年南开指数年刊》（1937 年 3 月）整理。

b.7　汉口进口大宗土货净值（1903—1928）

单位：百万海关两

年份	煤及焦煤	机器仿制货	绸缎	糖	他类杂货	共计进口净数
1903			1.3	1.3	4.0	6.6
1904			1.7	1.5	4.0	7.2
1905			1.0	1.0	4.3	6.3
1906			0.7	0.8	5.4	6.9
1907			1.3	1.6	6.6	9.5
1908		1.4	1.6	1.4	6.8	11.2
1909		2.1	1.0	0.9	11.5	15.5
1910		1.2	0.8	1.2	11.2	14.4
1911		0.8	0.6	1.6	6.9	9.9
1912		1.5	0.4	1.8	8.4	12.1
1913		2.0	0.7	0.9	14.9	18.5
1914		1.8	0.7	0.5	10.7	13.7
1915	4.1	2.1	0.8	0.8	7.8	15.6
1916	4.3	3.6	0.6	0.9	10.1	19.5
1917	5.3	8.7	0.6	0.9	6.3	21.8
1918	3.4	5.1	0.5	1.0	8.9	18.9
1919	3.1	9.7	0.7	0.4	8.6	22.5
1920	2.5	6.9	0.6	0.9	12.1	23.0
1921	2.2	5.6	0.5	1.9	13.2	23.4
1922	2.0	9.5	0.4	1.8	17.7	31.4
1923	1.0	15.3	0.4	1.5	25.8	44.0
1924	1.3	18.3	0.4	1.3	25.8	47.1
1925	3.2	11.5	0.4	1.1	48.1	64.3
1926	1.7	11.5	0.3	0.4	36.9	50.8
1927	1.7	12.6	0.3	0.4	24.6	39.6
1928	3.1	21.6	0.6	0.4	38.4	64.1

资料来源：1.《中国旧海关史料》，汉口海关1903—1920年贸易册。

2. 1921—1928年数据来自哈佛大学图书馆藏中国旧海关史料年度贸易册，汉口部分。

b.8 汉口大宗土货出口净值(1903—1928)

单位:百万海关两

年份	武昌机器织布局之制品	豆	豆饼	棉花	花生	生皮	矿铁及生铁	铁制品	药材	豆油及子油	苎麻	桐油	芝麻	丝	皮	牛油柏油	茶	烟叶	漆	小麦	他类杂货
1903	0.8	3.8		6.0		3.0	0.1		0.7			3.4	1.8	1.4	1.2	2.2	10.3	1.3		0.2	9.6
1904	1.5	7.3		7.2		3.8	0.4		0.9			3.4	2.4	1.1	1.4	1.9	10.9	1.5		0.8	11.3
1905	2.0	7.0		4.0		2.4	1.2		1.0			3.3	3.1	1.5	2.0	1.5	9.7	2.1		1.0	11.7
1906	1.6	4.0	1.4	2.0		2.7	1.3		1.0		1.6	4.2	4.5	1.7	2.5	1.8	10.9	0.9		0.3	11.2
1907	0.5	3.7	2.1	3.5		3.8	1.3		1.1		1.8	3.3	3.8	2.4	2.4	2.7	13.1	2.1		0.7	12.1
1908	0.4	3.7	2.5	1.5		4.1	1.3	1.0	1.7	0.8	1.5	4.9	8.3	2.3	2.0	1.8	14.9	2.4	0.9	1.1	10.2
1909	0.3	4.8	2.9	0.9		5.8	1.2	1.8	1.5	0.1	1.5	3.6	10.5	2.5	2.6	2.0	13.3	2.7	1.1	0.3	12.7
1910	0.3	2.3	2.7	5.5		6.7	1.6	2.2	1.5	1.0	1.8	6.4	10.9	1.8	2.5	2.0	15.0	2.7	0.9		15.3
1911	0.5	2.9	2.4	3.1		5.6	1.9	1.4	1.3	1.1	1.7	5.8	9.6	1.8	1.6	1.0	13.4	2.4	0.8	1.4	14.4
1912		6.0	4.2	7.0	0.2	3.9	0.8	0.5	1.2	1.0	2.0	6.4	11.5	1.8	1.4	2.1	14.9	3.1	0.9	1.0	12.8
1913	0.4	3.1	4.2	5.0	0.5	7.1	2.1	0.8	1.4	0.2	2.4	5.9	8.1	1.9	2.1	2.8	13.6	3.9	0.9	0.6	15.7
1914	0.4	4.2	3.1	2.8	1.9	6.3	2.2	1.2	1.4	1.2	2.1	5.3	4.8	1.1	1.5	2.5	16.0	2.4	1.1	0.1	15.0

（续表）

年份	武昌机器织布局之制品	豆	豆饼	棉花	花生	生皮	矿铁及生铁	铁制品	药材	豆油及子油	苎麻	桐油	芝麻	丝	皮	牛油桕油	茶	烟叶	漆	小麦	他类杂货
1915	0.4	3.1	3.6	8.5	3.7	8.4	3.0	0.5	1.6	1.5	2.0	5.8	7.1	1.9	1.6	2.5	23.8	2.4	0.9	0.6	19.1
1916	0.4	2.8	3.4	14.8	1.4	6.6	3.7	1.0	1.5	1.7	2.1	7.5	3.9	1.7	2.1	5.3	17.4	2.0	0.9	3.3	22.6
1917	0.3	3.2	2.0	18.2	0.5	7.3	4.2	1.8	1.5	0.5	2.4	6.8	1.6	2.0	1.9	3.2	11.3	2.8	0.7	4.2	25.2
1918	0.7	2.0	1.7	26.8	0.4	5.3	13.1	0.8	1.2	1.1	2.2	5.9	0.6	1.9	2.2	3.4	5.2	2.1	0.6	4.8	20.9
1919	2.3	3.1	2.7	31.3	1.0	4.4	4.5	0.2	1.4	2.0	2.1	8.7	9.5	1.7	3.2	3.2	6.0	2.8	0.7	4.3	29.8
1920	4.0	3.0	2.9	10.8	0.6	2.6	6.0	0.7	1.8	0.4	2.3	6.9	5.1	1.7	2.7	2.2	0.3	2.0	0.7	2.5	29.0
1921	5.0	2.2	2.3	16.5	0.1	3.3	3.6	0.7	2.3	0.2	2.0	5.6	3.0	2.7	2.0	2.1	0.6	1.6	0.8	0.9	29.1
1922	6.9	3.3	2.3	26.9	0.4	4.0	5.0	0.7	2.2	0.1	2.3	5.2	5.0	4.0	1.8	1.7	2.0	2.0	1.2	1.1	31.8
1923	9.9	3.1	1.9	40.0	0.9	4.6	5.4	0.6	2.2	0.2	2.6	8.1	6.3	3.5	1.8	2.0	5.2	3.0	1.0	0.1	35.3
1924	8.6	6.5	4.6	49.0	0.6	3.3	6.6	0.1	2.0	0.2	2.2	7.8	2.5	3.2	1.6	2.4	5.3	2.8	0.9	3.3	39.6
1925	13.2	1.8	1.5	42.6	2.1	3.2	3.1		2.5	0.1	2.9	6.1	1.2	3.4	2.9	2.5	9.1	4.8	1.0	3.5	47.6
1926	17.6	3.6	1.6	52.4	1.5	3.1	0.9	0.1	2.2	1.0	2.9	7.1	4.0	3.3	3.2	2.2	9.8	3.5	0.9	1.0	45.8
1927	11.2	7.4	0.4	27.7	0.1	4.4	0.8	0.1	1.4	0.2	3.4	8.5	3.0	4.2	2.8	2.9	11.9	2.6	1.4	3.5	29.3
1928	7.3	6.7	0.3	54.5	0.2	9.7	2.0		1.9	0.5	2.1	9.6	6.0	3.5	3.2	1.8	17.5	5.4	1.2	2.4	42.5

资料来源:1.《中国旧海关史料》,汉口海关1903—1920年贸易册。
2. 1921—1928年数据来自哈佛大学图书馆藏中国旧海关史料年度贸易册,汉口部分。

b.9　汉口棉花来源及路线

产地	经过路线	转运时间	转运方法		品质
			载运	包装	
陕西	陇海路经郑州转平汉	5天	火车	机包	细绒
藕池口	长江	3天	轮船、民船	土包	细绒
沙市	涓水入汉水	3天	轮船	土包	细绒
云梦	长江	7天	民船	木包	粗绒
新堤	长江	1天	轮船、民船	土包	粗绒、细绒
朱河	长江	2.5天	轮船、民船	土包	粗绒、细绒
监利	长江	3天	轮船、民船	土包	粗绒、细绒
樊城	汉水	18天	民船	土包	细绒
枣阳	汉水	15天	民船	土包	细绒
随县	涓水入汉水	15天	民船	土包	细绒
新野	汉水	20天	民船	土包	细绒
潜江	岳口转	6天	民船	土包	细绒
天门	汉水支流	7天	民船	土包	细绒
津市	藕池口转沙市入长江	7天	轮船、民船	土包	粗绒
孝感	平汉铁路	3小时	火车	木包	粗绒
圻水、边江、圻州、武穴	长江	1.5天	民船	土包	细绒
广水	平汉铁路	3小时	火车	木包	细绒
郝穴	沙市转	2天	轮船	土包	细绒
沙洋	汉水	2天	民船	土包	细绒
熊口	潜江转蔡甸	3天	民船	土包	细绒
岳口	汉水	2天	民船	土包	细绒

（续表）

产地	经过路线	转运时间	转运方法		品质
			载运	包装	
田二河	天门转蔡甸	1.5 天	民船	土包	粗绒
汉川	新沟嘴转蔡甸	1 天	民船	土包	粗绒、细绒
蔡甸	汉水	1 天	民船	土包	粗绒
老河口	汉水	2、3 月不一	民船	木包、土包	细绒
张家港	仙桃镇转蔡甸	1 天	民船	土包	细绒
通海口	彭家场转蔡甸	2 天	民船	土包	细绒
三汊埠	花园孝感	3 小时	火车	木包、土包	粗绒
彭家场	长江	1 天	轮船	土包	细绒
彭市河	蔴洋潭转汉川县蔡甸	2 天	轮船、民船	土包	细绒
蔴洋潭	仙桃镇、脉望嘴、分水嘴、系马口、汉川县新沟与蔡甸	1 天	民船	土包	粗绒、细绒
新沟嘴	潜江县出口	1 天	轮船、民船	土包	粗绒、细绒
系马口	汉川县新沟与蔡甸	1 天	民船	土包	粗绒、细绒
仙桃镇	脉望嘴、分水嘴、系马口、汉川县新沟与蔡甸	1 天	轮船、民船	土包	粗绒、细绒
分水嘴	系马口、汉川县新沟	1 天	轮船、民船	土包	粗绒、细绒

资料来源：实业部汉口商品检验局：《检验年刊》，1932 年 6 月。

c.1 1866—1904 **年汉口茶市各地茶价**

年份		1866	1867	1868	1869	1870
湖南茶	中级			湖南茶质量较好而湖北茶很差，价格不高	12 ~ 24	
	高级	29（2s. 1/2d.）	25.5		24.5 ~ 29	
	最高级	38（2s. 6 3/4d.）	28（1s. 11 1/2d.）		29 ~ 34	30 ~ 35.5（2s. 1d. ~ 2s. 4 3/4d.）
湖北茶	中级				前面给出的价格并未指明都是湖南茶，应该有一些是湖北茶的价格	
	高级	34（2s. 3d.）	21 ~ 26			
	最高级	42（2s. 9 1/2d.）超级优秀的 42 ~ 46（2s. 9d. to 3s.）	28（1s. 11 1/2d.）~ 32.5（2s. 3d.）			
宁州茶	高级					31 ~ 37.5（2s. 1.75d. ~ 2s. 6d.）
	最高级					

年份		1871	1872	1873—1874	1875	1876
湖南茶	中级		21.5 ~ 26（1s. 6d. ~ 1s. 9d.）	1s. 6d. ~ 2s		1s. ~ 1s. 4d.
	高级	27.5 ~ 28（1s. 7.75d. ~ 1s. 10.25d.）	27.5 ~ 29.5（1s10d. ~ 1s. 11.25d.）	2s. ~ 2s. 6d.		1s. 4d. ~ 1s. 7d.
	最高级	30.75 ~ 33（2s. 0.75d. ~ 2s. 2.5d.）	31.5 ~ 34.5（2s. 0.5d. ~ 2s. 2.5d.）	2s. 6d. ~ 3s. 6d.		1s. 7d. ~ 2s. 1d.
湖北茶	中级		19.5 ~ 23.75（1s. 4.75d. ~ 1s7.75d.）	1s. 6d. ~ 2s		1s. 5d. ~ 1s. 6d.

（续表）

年份		1871	1872	1873—1874	1875	1876
湖北茶	高级	23～26（1s. 7. 75d. ～1s. 10. 5d.）	24. 75～29（1s. 8. 25d. ～1s. 11d.）	2s. ～2s. 6d.		1s. 6d. ～1s. 9d.
	最高级	28～35（1s. 11d. ～2s. 4d）	30～36（1s. 11. 5d. ～2s. 5. 5d.）	2s. 6d. ～3s. 6d.		1s. 9d. ～2s. 1d.
宁州茶	高级	33～37	31～35（2s. 0. 25d. ～2s. 3d.）		1s. 7d.	1s. 7d.
	最高级	39～44	36～44（2s. 3. 5d. ～2s. 9d.）	2s. 4. 5d.	3s. 3d.	3s. 3d.

年份		1877	1878	1879	1889	1890	1892
湖南茶	中级	1s. 2. 75d. ～1s. 4d.	1s. 2. 5d. ～1s. 3d.	8. 5d.			高桥茶 10
	高级	1s. 4d. ～1s. 8d.	1s. 3d. ～1s. 9. 5d.	1s. ～1s. 0. 5d.			
	最高级	1s. 8d. ～1s. 11d.	1s9. 5d. ～2s.	2s.			
湖北茶	中级	1s. 6. 75d. ～1s. 7d.	1s. 7. 5d.	11d. ～1s. 1d			
	高级	1s. 7d. ～1s. 11d.	1s. 7. 5d. ～1s. 10d.	1s. 1d～1s. 7. 5d.			
	最高级	1s. 11d. ～2s. 2. 5d.	1s. 10d. ～1s. 11. 5d.	1s. 7. 5d. ～1s. 8. 5d.		羊楼洞茶 38	

（续表）

年份		1877	1878	1879	1889	1890	1892
宁州茶	高级	2s. 1d.	1s. 7. 5d.	1s. 3. 5d.	1s. 5. 25d. ~ 2s. 6d.	50	
	最高级	2s. 8d.	2s. 10d.	2s. 7d.			
祁门茶							

年份		1893	1898	1900	1901	1902	1903	1904
湖南茶	中级							
	高级			22				
	最高级	安化茶 37 ~ 41	四十余两		安化茶 32		安化茶 37 ~ 45	
湖北茶	中级							
	高级							
	最高级		羊楼洞茶最高售价 36	羊楼洞茶 27. 5				
宁州茶	高级					31		23
	最高级		50 ~ 55	40	57	60	40 ~ 50	67
祁门茶			60 ~ 63	51	40 ~ 55	38 ~ 63	55 ~ 78	26 ~ 68

资料来源：1866—1879 年数据来自 Embassy and Consular Commercial Reports 相关年份记载。1889—1904 年数据来自《中国旧海关史料》汉口海关部分，1889—1904 年贸易报告。

c.2　1908—1910 年汉口茶市之平均价格（茶业公所报告）表

单位：两/担

价目 产地	1908 年			1909 年			1910 年		
	头春	二春	三春	头春	二春	三春	头春	二春	三春
安化	14.50	12.25	11.50	11.50	9.30	11.25	11.00	9.50	10.00
	26.00	16.75	13.50	36.00	12.50	12.00	44.00	15.00	11.00
桃源	18.50	13.50		16.00	9.75		14.00	11.25	
	28.00	18.00		27.50	12.50		28.00	14.00	
崇阳	15.50	11.50		13.00	10.50	10.00	11.00	10.50	
	26.00	17.50	13.00	24.00	11.00	11.50	25.00	13.25	
通山	12.50	11.50		9.50			10.00	10.25	
	22.50	14.50		21.25	8.75		21.15	21.00	
长寿街	15.50	14.00	12.00	12.50	10.80		12.00	11.50	
	27.00	17.50	13.70	25.00	14.50		26.00	16.00	
云溪	15.00	11.00		9.60	9.00	9.90	9.25	9.25	
	21.50	14.00	9.00	15.80	9.50	11.00	19.50	11.25	
羊楼洞	15.25	13.50		12.00			10.25		
	25.50	14.50	11.00	25.00			25.25	11.75	
羊楼司	17.50	13.50		10.30			15.25	8.75	
	23.00	14.00		17.75	9.25	11.25	19.00	11.00	11.00
高桥	14.50	10.00		9.00	8.50	9.60	10.00	8.25	
	21.00	15.00	9.00	18.50	10.00	11.25	18.80	11.25	11.00
浏阳	14.50	10.00		9.25	8.50		8.60	8.25	
	21.00	15.00	9.00	17.25	10.50		9.25	11.00	
聂家市	14.00	9.00	8.20	9.00	8.25	10.50	9.25	8.50	10.00
	20.50	14.75	8.50	17.00	9.25	11.75	19.00	11.00	10.50

（续表）

价目 产地	1908 年			1909 年			1910 年		
	头春	二春	三春	头春	二春	三春	头春	二春	三春
平江	14.00	11.25	11.00	9.25	9.25		10.25	10.00	
	20.60	15.75	12.50	17.50	10.00		22.10	11.75	
湘潭	12.50	8.60	7.25	8.00	7.50	8.50	8.25	8.10	8.10
	18.50	15.00	11.00	12.00	8.25	9.10	16.00	9.50	8.75
醴陵	14.25	10.50		10.00	8.60		9.25	10.25	
	21.00	14.60	9.00	15.00	10.00		16.50	12.00	
沩山	14.25	13.50		8.50			11.00	8.50	
	21.00	15.00	16.00	13.00			20.50	11.50	
宜昌	27.00	28.00		30.00	23.00		32.00	25.50	
	65.00	31.00	20.00	61.50	26.00		69.00	34.00	
宁州	29.00	16.50		16.00	17.00		15.00	16.00	
	65.00	24.00		68.00	23.50		72.00	25.00	
祁门	26.00			23.50			26.00		
	67.00			80.00			80.00		

资料来源：《最近汉口商业一斑》，1911 年，第 5 ~ 7 页，转引自曾兆祥主编《湖北近代经济贸易史料选辑（1840—1949）》第二辑，湖北省志贸易志编辑室 1984 年印行，第 48 页。

备注：以祁门茶得价最优，宁州及宜昌次之（宜昌之产以鹤峰州为最），安化又次之。余价大略相等，计每担相差不过十两内外而已。

c.3　1864—1894 年汉口茶叶输出在全国所占比例

单位：海关两

年份	全国输出	汉口输出	汉口输出占全国输出比值
1864	26244329	7252293	27.6%
1867	34546088	6357562	18.4%

（续表）

年份	全国输出	汉口输出	汉口输出占全国输出比值
1868	37172015	10973687	29.5%
1869	38370786	8900427	23.2%
1870	30765088	9074762	29.5%
1871	40325775	11210158	27.8%
1872	44795166	12356541	27.6%
1873	39099139	12620537	32.3%
1874	36826011	14172494	38.5%
1875	36697512	12723117	34.7%
1876	36647926	13892112	37.9%
1877	33332387	10613846	31.8%
1878	32013184	10178012	31.8%
1879	33271739	14075925	42.3%
1880	35728169	13849289	38.8%
1881	32890268	10616241	32.3%
1882	31332207	10844510	34.6%
1883	32174015	12239144	38.0%
1884	29055142	10326592	35.5%
1885	32269040	11398712	35.3%
1886	33504820	11839699	35.3%
1887	30041100	9683338	32.2%
1888	30293251	9752254	32.2%
1889	28257314	12855970	45.5%
1890	26663450	12337522	46.3%
1891	31028584	14437830	46.5%

（续表）

年份	全国输出	汉口输出	汉口输出占全国输出比值
1892	25983500	8743818	33.7%
1893	30558723	11477562	37.6%
1894	30854575	12038502	39.0%

资料来源：《中国旧海关史料》1864—1894 年汉口海关部分和全国海关相关数据。
注：1873 年之前的汉口数据为汉口两。

c.4 1868—1894 年华茶出口数量分国统计

单位：担

年份	华茶输出总数	英国	输出到英国占华茶输出比例	俄国				输出到俄国占华茶输出比例
				敖德萨海路	恰克图陆路	俄属远东	俄国总计	
1868	1526872	1004142	65.8%		13251		13251	0.9%
1869	1545299	998054	64.6%		111888		111888	7.2%
1870	1389910	888926	64.0%		83355		83355	6.0%
1871	1881827	1041868	55.4%	14880	100221	674	115775	6.2%
1872	1923627	1057260	55.0%	35125	132907	1818	169850	8.8%
1873	1810074	984026	54.4%	33204	148028	6776	188008	10.4%
1874	1795625	1124315	62.6%	32823	101717	3659	138199	7.7%
1875	1965406	1055903	53.7%	53099	197796	6053	256948	13.1%
1876	1946250	1032226	53.0%	38428	198563	7193	244184	12.6%
1877	2037608	1079437	53.0%		214229	4385	218614	10.7%
1878	1954104	1059151	54.2%	479	275400	5440	281319	14.4%
1879	2079708	986853	47.5%	13648	400004	10964	424616	20.4%
1880	2204754	1112874	50.5%	41218	296869	19238	357325	16.2%

（续表）

年份	华茶输出总数	英国	输出到英国占华茶输出比例	俄国				输出到俄国占华茶输出比例
				敖德萨海路	恰克图陆路	俄属远东	俄国总计	
1881	2264767	1043326	46.1%	56257	294985	29472	380714	16.8%
1882	2059333	1015744	49.3%	79729	274600	32585	386914	18.8%
1883	2021936	1009499	49.9%	85413	290203	28857	404473	20.0%
1884	2071612	961216	46.4%	88679	314605	45050	448334	21.6%
1885	2293114	1011666	44.1%	47969	345391	38955	432315	18.9%
1886	2386975	949537	39.8%	90426	445148	63603	599177	25.1%
1887	2327892	793747	34.1%	93467	444637	69272	607376	26.1%
1888	2413456	688216	28.5%	132826	463325	79026	675177	28.0%
1889	1939159	603788	31.1%	137486	360708	38300	536494	27.7%
1890	1723114	433964	25.2%	174130	371052	40168	585350	34.0%
1891	1802339	411284	22.8%	189026	379902	67480	636408	35.3%
1892	1658340	361458	21.8%	117255	367708	50855	535818	32.3%
1893	1874372	367218	19.6%	164029	446600	73115	683744	36.5%
1894	1939189	307505	15.9%	169209	500561	87518	757288	39.1%

资料来源：姚贤镐编：《中国近代对外贸易史资料（1840—1895）》，中华书局1962年版，第1204～1205页。

c.5　1866—1917 年汉口茶叶出口结构

单位：两

年份	出口的茶叶总额（包括复出口）	直接出口国外的茶叶	出口其他中国口岸的茶叶	复出口的茶叶
1866	8124777	2715839	5381203	61935
1867	6357562	566140	5767352	24070

（续表）

年份	出口的茶叶总额（包括复出口）	直接出口国外的茶叶	出口其他中国口岸的茶叶	复出口的茶叶
1868	10973687	1390260	9583427	
1869	8900427	1218915	7618993	62519
1870	9074762	1954674	6755709	364379
1871	11210158	3013700	7448060	748398
1872	12356541	3221453	7908038	1227050
1873	12620537	3528355	7396104	1696078
1874	14172494	4235275	7693508	2243711
1875	12723117	4110701	6228307	2384109
1876	13892112	5393965	6098174	2399973
1877	10613846	3509897	5292324	1811625
1878	10178012	4072379	3480128	2625505
1879	14075925	4509050	6272406	3294469
1880	13849289	5099100	5579100	3171089
1881	10616241	3771525	4841767	2002949
1882	10844510	3233025	3658785	3952700
1883	12239144	4637879	3827693	3773572
1884	10326592	3527207	3615884	3183501
1885	11398712	4055626	3345679	3997407
1886	11839699	3641750	4003902	4194047
1887	9683338	2092396	5391136	2199806
1888	9752254	2879709	4948359	1924186
1889	12855970	2917783	6037797	3900067
1890	12337522	2977138	4754645	4605739
1891	14437830	4810599	4471670	5155561
1892	8743818	2006264	4480789	2255522

（续表）

年份	出口的茶叶总额（包括复出口）	直接出口国外的茶叶	出口其他中国口岸的茶叶	复出口的茶叶
1893	11477562	2595815	5574304	3307443
1894	12038502	2658045	6363228	3017229
1895	14965373	3157702	8333638	3474033
1896	13985482	3569999	6554504	3860979
1897	11168883	1712495	6226092	3230296
1898	12992811	2467615	7930376	2594820
1899	16099396	4518455	8647562	2933379
1900	12377186	4711490	5123347	2542349
1901	8386060	2167639	4281455	1936966
1902	9653467	2767201	4773611	2112655
1903	12325413	3688895	6671685	1964833
1904	13898673	4450977	6512588	2935108
1905	12779222	4755697	4973713	3049812
1906	13354649	3532559	7407474	2414616
1907	16429367	4939488	8196311	3293568
1908	18151546	7001466	7928514	3221566
1909	16536987	6247865	7109235	3179887
1910	18477779	5450156	9584997	3442626
1911	16788495	6838404	6583236	3366855
1912	17948204	3879395	10973038	3095771
1913	16186217	4106270	9483668	2596279
1914	18990339	5355105	10677255	2957979
1915	29278227	7726579	16080529	5471119
1916	20927135	4005370	13350468	3571297
1917	14288047	5200307	6154847	2932893

资料来源：《中国旧海关史料》1864—1917 年汉口海关部分相关数据。

注：1873 年之前的单位为汉口两，之后为海关两。

c.6 1864—1904 年汉口茶叶进口和复出口数量和数值

年份	汉口茶叶进口			汉口茶叶复出口		
	从他埠进口的红茶量（担）	从他埠进口的红茶值（两）	从他埠进口的茶叶值（两）	茶叶复出口他口值（两）	茶叶复出口国外值（两）	复出口的茶叶总值（两）
1864	979	27456	27939	32700		32700
1866			74411	27735	34200	61935
1867			25812	24070		24070
1869	2823	70567	70567	15181	47338	62519
1870	10718	375138	375138	28793	335586	364379
1871	29589	797663	797663			748398
1872	37883	1212257	1212257			1227050
1873	55008	1696164	1696164			1696078
1874	62489	2249608	2249608	760029	1483682	2243711
1875	68497	2397372	2397372	738860	1645249	2384109
1876	73937	2414033	2414033	546375	1853598	2399973
1877	67839	1831666	1831666	543700	1267925	1811625
1878	91645	2652704	2652704	267433	2358072	2625505
1879	114767	3328246	3328246	712116	2582353	3294469
1880	100023	3856783	3856783	626451	2544638	3171089
1881	102071	2242783	2242783	464059	1538890	2002949
1882	133296	4201337	4201337	816206	3136494	3952700
1883	133380	4742377	4742377	739312	3034260	3773572
1884	140085	3192072	3192072	696156	2487345	3183501
1885	151607	4855369	4855369	554832	3442575	3997407

（续表）

年份	汉口茶叶进口			汉口茶叶复出口		
	从他埠进口的红茶量（担）	从他埠进口的红茶值（两）	从他埠进口的茶叶值（两）	茶叶复出口他口值（两）	茶叶复出口国外值（两）	复出口的茶叶总值（两）
1886	148221	4301522	4301522	745964	3448083	4194047
1887	160885	2217760	2217760	760094	1439712	2199806
1888	129651	1925974	1925974	661487	1262699	1924186
1889	155703	3904628	3908129	1242667	2657400	3900067
1890	163735	4591046	4622436	1914151	2691616	4605767
1891	167859	5166378	5186034	1738014	3417547	5155561
1892	118969	2237541	2250297	1038963	1216559	2255522
1893	125957	3290879	3291521	1315444	1991999	3307443
1894	120245	3016075	3029719	1281254	1735975	3017229
1895	153911	3553783	3554743	1936196	1537837	3474033
1896	129923	3767764	3769040	1954874	1906105	3860979
1897	106452	3273391	3273711	1637513	1592783	3230296
1898	107979	2591496	2595018	1261379	1333441	2594820
1899	111039	2812618	2935875	1386408	1546971	2933379
1900	108516	2506720	2549519	1176099	1366250	2542349
1901	89503	1915364	1947452	817575	1119391	1936966
1902	101594	2031880	2128158	1132955	979700	2112655
1903	97070	1844330	2070265	1065923	898910	1964833
1904	99002	2894818	3019186	1303107	1632001	2935108

资料来源：《中国旧海关史料》1864—1904 年汉口海关部分相关数据。

注：1873 年之前的单位为汉口两，之后为海关两。

c. 7 1874—1899 年九江茶叶在汉口复出口状况

单位：海关两

年份	复出口到上海	复出口到英国	复出口到天津	复出口到敖德萨
1874	759052	1030698		
1875	736280	1074390		
1876	485132	1440009		
1877	535063	1267925		
1878	261516	2349917		
1879	703690	2488699		
1880	622473	2228540		
1881	460167	1300660		
1882	809346	2632191		
1883	733313	2419293		
1884	695990	2218201		
1885	554777	3152525		
1886	741334	3202388		
1887	758657	1193363		
1888	658645	1063052		
1889	1216721	1776577		
1890	1699296	1386818	187832	1236125
1891	1651871	1642905	34240	1717305
1892	948213	633140	46348	1381431
1893	1227608	1118920		843526
1894	725418	690271	515995	1029295
1895	1443275	446191	441485	1086590
1896	1056022	587381	849336	1289933

（续表）

年份	复出口到上海	复出口到英国	复出口到天津	复出口到敖德萨
1897	959537	510996	619828	878689
1898	805440	478753	443315	823416
1899	1032194	533188	345729	967223

资料来源：《中国旧海关史料》1874—1899 年汉口海关部分相关数据。
注：1. 1873 年之前的单位为汉口两，之后为海关两。
2. 1890 年之前也有茶叶复出口到天津和敖德萨，但是数额较小，故没有统计在内。

c. 8　1864—1899 年汉口直接出口茶叶数值

年份	直接出口国外的茶叶（单位：担）	直接出口国外的茶叶（单位：海关两）	出口到英国的汉口茶叶（单位：海关两）	出口到敖德萨的汉口茶叶（单位：海关两）
1864	46299	1365165		
1866	80516	2715839		
1867	20914	566140		
1868	41447	1390260		
1869	44982	1218915		
1870	62820	1954674		
1871	100605	3013700		
1872	102564	3221453		
1873	109542	3528355		
1874	151260	4235275	3841044	394231
1875	178816	4110701	3493227	617474
1876	236359	5393965	4905485	179662
1877	185221	3509897	3509897	

（续表）

年份	直接出口国外的茶叶（单位：担）	直接出口国外的茶叶（单位：海关两）	出口到英国的汉口茶叶（单位：海关两）	出口到敖德萨的汉口茶叶（单位：海关两）
1878	218011	4072379	4072379	
1879	192496	4509050	4267294	241756
1880	200017	5099100	4456720	642088
1881	190603	3771525	2976565	794960
1882	221848	3233025	2424693	808332
1883	256303	4637879	3390676	1113505
1884	271910	3527207	2416879	976057
1885	241503	4055626	3446276	609350
1886	249577	3641750	2670500	971250
1887	150106	2092396	1139829	952567
1888	191981	2879709	1385940	1493769
1889	157717	2917783	1105837	1811946
1890	157002	2977138	575348	2401790
1891	165207	4810599	867357	3943242
1892	125391	2006264	624883	1381431
1893	144212	2595815	411787	2184028
1894	147669	2658045	399899	2257591
1895	157885	3157702	101598	3056104
1896	218551	3569999	172819	2491312
1897	122321	1712495	171308	1203453
1898	139853	2467615	131202	2109798
1899	219112	4518455	515808	3552288

资料来源：《中国旧海关史料》1864—1899 年汉口海关部分相关数据。

注：1873 年之前的单位为汉口两，之后为海关两。

c.9　1864—1904 年汉口茶叶出口到中国口岸数值

单位：海关两

年份	出口到中国口岸的茶叶（单位:担）	出口到中国口岸的茶叶（单位:海关两）	出口到中国口岸的砖茶（单位:担）	出口到中国口岸的砖茶（单位:海关两）	出口其他中国口岸的茶叶总值（单位:海关两）	出口到上海的茶叶（单位:海关两）	出口到天津的茶叶（单位:海关两）
1864	233473	5763119	12167	63796	5854428	5854359	
1866	194638	5046273	32679	244684	5381203	5381203	
1867	243090	5339038	58285	424689	5767352	5767121	
1868	294083	7678212	57052	412830	8193167		
1869	323269	7005584	74761	551359	7618993		
1870	306346	6380196	51799	371263	6755709		
1871	335552	6950523	75356	492537	7448060		
1872	318024	7321259	91315	586779	7908038		
1873	299859	6819645	90122	575434	7396104		
1874	257371	7206396	60889	487112	7693508	7667314	
1875	239863	5514093	120468	714214	6228307	6228307	
1876	241783	5513977	96334	584197	6098174	6022977	
1877	250577	4720265	90366	572059	5292324	5291405	
1878	147222	2790226	117641	689902	3480128	3335614	
1879	235173	5449341	170407	823065	6272406	6272394	
1880	316246	4469281	148239	1109819	5579100	4469270	
1881	310112	3790927	191542	1050840	4841767	4841740	
1882	249547	2677315	192839	981470	3658785	3658780	
1883	231718	3046677	149334	777962	3827693	3826800	
1884	226008	2818824	157012	797060	3615884	3615876	

（续表）

年份	出口到中国口岸的茶叶（单位：担）	出口到中国口岸的茶叶（单位：海关两）	出口到中国口岸的砖茶（单位：担）	出口到中国口岸的砖茶（单位：海关两）	出口其他中国口岸的茶叶总值（单位：海关两）	出口到上海的茶叶（单位：海关两）	出口到天津的茶叶（单位：海关两）
1885	230311	2617883	181991	727796	3345679	3345679	
1886	280091	3238396	218284	760506	4003902	3998892	
1887	324771	4546732	237861	844404	5391136	5391136	
1888	259714	3894855	280966	1039576	4948359	4934311	
1889	254828	4544168	233028	1359988	6037797	6037698	
1890	185313	3520952	232628	1050664	4754645	4683631	71005
1891	182301	3327000	255703	1078800	4471670	4300883	170400
1892	190901	3054416	217554	1359958	4480789	3729551	751222
1893	218301	3929424	283737	1571572	5574304	5574186	
1894	234978	4229596	313930	2040546	6363228	1800750	2429281
1895	268146	5362928	354364	2819900	8333638	3110393	5323165
1896	186371	3727421	354170	2675077	6554504	1501392	5049750
1897	182302	2552233	479465	3627610	6226092	1180729	1373011
1898	235374	4236732	442586	3637446	7930376	2270038	5660284
1899	241338	5792112	328794	2779603	8647562	2119730	6527667
1900	146393	3220095	214574	1875347	5123347	4643590	479681
1901	132473	2040084	281950	2153799	4281455	2781969	1494747
1902	164943	2230179	325897	2436754	4773611	2084342	2494707
1903	192848	3013032	351152	3487415	6671685		
1904	144897	2513807	356788	3797704	6512588	3085228	3411991

资料来源：《中国旧海关史料》1864—1904 年汉口海关部分相关数据。

注：1. 1873 年之前的单位为汉口两，之后为海关两。

2. 1890 年之前也有输出到天津的茶叶，因数值较小，故没有统计在表格内。

c. 10　宁州红茶生产成本

<table>
<tr><td rowspan="19">生叶生产和加工成毛茶的用费</td><td rowspan="8">第八表　生叶之各项生产用费
（生叶 61. 15 市担）</td><td>项目</td><td>各项总用费（元）</td><td>每担生叶用费（元）</td><td>占总用费之百分比</td></tr>
<tr><td>人工</td><td>172. 14</td><td>2. 815</td><td>54. 1</td></tr>
<tr><td>茶树</td><td>74. 49</td><td>1. 218</td><td>23. 4</td></tr>
<tr><td>肥料</td><td>33. 06</td><td>0. 541</td><td>10. 4</td></tr>
<tr><td>茶地</td><td>26. 48</td><td>0. 433</td><td>8. 3</td></tr>
<tr><td>农具</td><td>11. 74</td><td>0. 192</td><td>3. 7</td></tr>
<tr><td>投资利息</td><td>0. 3</td><td>0. 005</td><td>0. 1</td></tr>
<tr><td>总计</td><td>318. 21</td><td>5. 204</td><td>100</td></tr>
<tr><td rowspan="6">第十一表　毛茶初制之各项用费
（毛茶 19. 11 市担）</td><td>项目</td><td>各项总用费（元）</td><td>每市担用费（元）</td><td>占总用费之百分比</td></tr>
<tr><td>人工</td><td>119. 71</td><td>6. 26</td><td>68</td></tr>
<tr><td>燃料</td><td>23. 07</td><td>1. 21</td><td>13. 1</td></tr>
<tr><td>房屋</td><td>22. 26</td><td>1. 16</td><td>12. 6</td></tr>
<tr><td>器具</td><td>11. 02</td><td>0. 58</td><td>6. 3</td></tr>
<tr><td>总计</td><td>176. 06</td><td>9. 21</td><td>100</td></tr>
<tr><td rowspan="4">第十三表　每市担毛茶之平均成本</td><td>项目</td><td></td><td>每市担毛茶之平均用费（元）</td><td>占总用费之百分比</td></tr>
<tr><td>生叶</td><td></td><td>16. 65</td><td>64. 4</td></tr>
<tr><td>初制</td><td></td><td>9. 21</td><td>35. 6</td></tr>
<tr><td>总计</td><td></td><td>25. 86</td><td>100</td></tr>
<tr><td colspan="5">茶户每市担毛茶售价 19. 06 元，亏损 6. 80 元</td></tr>
<tr><td rowspan="2">精制红茶用费</td><td>第十七表</td><td>修水红茶精制比例</td><td>毛茶 100%</td><td>精茶 43%</td><td></td></tr>
<tr><td>第二十表</td><td>修水茶庄购入毛茶价格</td><td>13. 88</td><td></td><td></td></tr>
</table>

（续表）

<table>
<tr><td rowspan="16">精制红茶用费</td><td colspan="5">根据第十七表和第二十表可知，制造一担精制红茶需毛茶 100/43 担，费用为 32. 1 元。但是这种计算也有问题，因为剩下的部分毛茶制作了其他红茶，所以不应全部计入精制红茶的成本中</td></tr>
<tr><td rowspan="15">第十九表　精茶制造成本（2136. 18 市担）</td><td>项目</td><td>每市担之平均用费（元）</td><td colspan="2">占总用费之百分比</td></tr>
<tr><td>毛茶</td><td>32. 10</td><td></td><td>70. 1</td></tr>
<tr><td>人工</td><td>5. 16</td><td rowspan="9">制造费用共计 8. 58 元</td><td>11. 3</td></tr>
<tr><td>汇息汇水</td><td>1. 05</td><td>2. 3</td></tr>
<tr><td>器具</td><td>0. 69</td><td>1. 5</td></tr>
<tr><td>柴炭</td><td>0. 66</td><td>1. 4</td></tr>
<tr><td>房屋</td><td>0. 36</td><td>0. 8</td></tr>
<tr><td>应酬</td><td>0. 18</td><td>0. 4</td></tr>
<tr><td>灯火</td><td>0. 14</td><td>0. 3</td></tr>
<tr><td>邮电</td><td>0. 07</td><td>0. 2</td></tr>
<tr><td>杂支</td><td>0. 27</td><td>0. 6</td></tr>
<tr><td>包装</td><td>2. 75</td><td></td><td>6. 0</td></tr>
<tr><td>资本利息</td><td>1. 21</td><td></td><td>2. 6</td></tr>
<tr><td>捐税</td><td>1. 14</td><td></td><td>2. 5</td></tr>
<tr><td>总计</td><td>45. 78</td><td></td><td>100. 0</td></tr>
<tr><td>运输用费</td><td>第二十六表</td><td colspan="4">每箱红茶由修水运至上海需 2. 57 元，每担需 4. 48 元</td></tr>
<tr><td>销售用费</td><td>第二十八表</td><td colspan="4">每箱红茶销售用费为 1. 11 元，每担需 1. 81 元</td></tr>
</table>

（续表）

总计	第二十九表　宁州红茶每箱及每市担所需各项用费之分配	项目	每市担用费（元）	占总用费之百分比	
		毛茶	32.10	61.6%	
		制造	8.58	16.5%	
		捐税	1.14	2.2%	
		资本利息	1.21	2.3%	
		包装	2.75	5.3%	
		运输	4.48	8.6%	
		销售	1.81	3.5%	
		合计	52.07	100%	

资料来源：金陵大学农业经济系编：《江西宁州红茶之生产制造及运销》，金陵大学农业经济系1936年印行。根据其中各表组合编制。

d.1　1936年国内通商口岸桐油输入、输出值及比例计算

1936年国内各重要通商口岸桐油输入、输出值

单位：量为公担；值为国币元

	宜昌		汉口		镇江		上海		各口岸输出	
	量	值	量	值	量	值	量	值	量	值
重庆	92141	9121685	13100	1296865			42165	4174180	147406	14592730
万县	65081	3959756	33122	2573141			105216	7891103	203419	14424009
宜昌			24072	1823008			21775	1484431	45863	3308729
长沙			32268	1481732			882	37039	33151	1518856
岳州			139047	11529831			1517	121357	140564	11651188
汉口	153	15876			6380	698085	332902	32281563	344357	33522103
镇江			92	5543			378	29827	470	35370
上海			76	8306	111	8295			15099	360374
各口岸输入	157669	13119767	245253	18859063	6491	706330	512165	46517113		

1936年各通商口岸输出至其他各通商口岸桐油占各该口岸桐油输出的百分比

	宜昌		汉口		镇江		上海	
	量	值	量	值	量	值	量	值
重庆	62.5%	62.5%	8.9%	8.9%			28.6%	28.6%
万县	32.0%	27.5%	16.3%	17.8%			51.7%	54.7%
宜昌			52.5%	55.1%			47.5%	44.9%
长沙			97.3%	97.6%			2.7%	2.4%
岳州			98.9%	99.0%			1.1%	1.0%
汉口					1.9%	2.1%	96.7%	96.3%
镇江			19.6%	15.7%			80.4%	84.3%
上海			0.5%	2.3%	0.7%	2.3%		

1936年各通商口岸输入自其他各通商口岸的桐油占各该口岸桐油输入的百分比

	宜昌		汉口		镇江		上海	
	量	值	量	值	量	值	量	值
重庆	58.4%	69.5%	5.3%	6.9%			8.2%	9.0%
万县	41.3%	30.2%	13.5%	13.6%			20.5%	17.0%
宜昌			9.8%	9.7%			4.3%	3.2%
长沙			13.2%	7.9%			0.2%	0.1%
岳州			56.7%	61.1%			0.3%	0.3%
汉口					98.3%	98.8%	65.0%	69.4%
镇江							0.1%	0.1%
上海					1.7%	1.2%		

资料来源：韩启桐编纂：《中国埠际贸易统计（1936—1940）》，中国科学院1951年版，第278～281页。

说明：第二个、第三个表格乃根据第一个表格计算得出。

d.2　四川四埠桐油价格指数（1935—1938）

年份	月份	开县	忠县	合川	南充
1935	1	80.5	66.2	58.6	74.3
	2	68.2	61.7	62.1	74.3
	3	80.4	71.9	59.9	78
	4	78.5	70.1	62.4	78
	5	85.8	82.2	67.7	78
	6	88.7	86.7	68.2	95.5
	7	92.7	85.6	69.4	95.5
	8	103.5	84.6	73.4	100.9
	9	116	90.7	69.7	106.2
	10	131.3	91.6	60.1	106.2
	11	109.3	83.4	62.3	95.5
	12	88.9	95.8	72	119.5
1936	1	95.7	91.3	76.4	111.3
	2	109.4	101.2	77	111.5
	3	127.8	117	116.8	154
	4	152.4	135.2	116.9	156.6
	5	150.8	142.7	136.1	167.3
	6	146.3	148.7	147	172.6
	7	148.3	151.2	156.8	172.6
	8	126.6	125.9	162.4	185.8
	9	101.4	92.3	133.3	191.1
	10	93.8	86.7	110.8	172.6
	11	91.4	90	94	143.4
	12	94.2	95.3	117.7	119.5

（续表）

年份	月份	开县	忠县	合川	南充
1937	1	94	93.7	78.7	100.9
	2	103	98.5	90.1	106.2
	3	104.8	105.9	117	108.8
	4	104.9	102.1	113.6	106.2
	5	96.9	103.2	102.3	92.9
	6	96.3	96.4	98.2	85
	7	93.8	93.1	104.1	77
	8	72.6	68.2	79.2	66.4
	9	52.8	42.8	53.9	61.1
	10	55	50	49.1	55.8
	11	45	42.8	47.1	53.1
	12	46.5	42.5	42.1	47.8
1938	1	33.2	37.9	39.7	42.5
	2	42.5	40	42.9	53.1
	3	42	45.1	50.8	58.4
	4	50.2	51.9	57.4	66.4
	5	47.6	46	52.2	58.4
	6	43.3	42.4	47.2	58.4
	7	45.8	38.7	46.9	55.8
	8	42.6	26.7	46.3	55.8
	9	38.4	26.1	43.8	53.1
	10	31.1	23.8	42.1	50.4
	11	31.2	23.5	45.9	58.4
	12	32.2	23.3	66.1	69

资料来源：孙文郁、朱寿麟：《四川桐油之生产与运销》，金陵大学农学院 1942 年印行。

d.3　万县逐月桐油市价（1930—1936）

单位：元

月份	1930 年	1931 年	1932 年	1933 年	1934 年	1935 年	1936 年
	最高价						
一月	26.00	26.35	22.50	19.55	20.40	38.60	45.80
二月	25.75	26.00	23.30	19.45	20.50	32.40	56.50
三月	28.00	24.25	22.90	17.55	20.80	38.60	72.80
四月	31.00	22.70	21.70	18.45	24.90	36.20	70.58
五月	30.80	24.10	21.00	20.18	28.50	39.80	70.00
六月	28.85	24.60	22.55	22.75	28.90	40.50	68.45
七月	31.80	25.80	24.50	27.80	28.30	47.40	69.72
八月	31.00	25.30	25.80	25.40	31.30	47.40	58.90
九月	27.90	25.50	24.40	23.10	35.20	56.00	51.90
十月	23.95	25.80	25.10	21.08	32.30	70.00	45.88
十一月	20.50	26.10	23.65	21.70	32.00	50.00	44.80
十二月	23.15	23.95	20.50	19.70	33.00	46.70	45.60
	最低价						
一月	25.40	23.85	21.40	18.65	19.40	33.40	42.00
二月	24.55	24.80	21.80	16.10	19.60	30.20	43.20
三月	25.40	21.60	21.10	16.15	19.50	34.30	52.85
四月	29.55	21.40	20.70	16.60	21.20	30.80	63.00
五月	29.60	22.40	20.00	19.18	25.40	36.40	60.92
六月	25.00	22.70	20.90	19.80	26.00	38.40	65.40
七月	30.30	24.20	23.20	22.55	27.80	38.90	64.00
八月	27.40	24.60	23.00	22.70	28.10	45.20	41.88
九月	25.00	24.30	22.30	21.00	30.30	56.00	40.88
十月	19.75	24.05	23.40	20.45	28.00	38.77	41.48

（续表）

月份	1930 年	1931 年	1932 年	1933 年	1934 年	1935 年	1936 年
	最低价						
十一月	19.00	24.80	20.00	20.40	26.90	44.50	38.40
十二月	18.45	21.20	17.80	18.16	28.90	41.60	40.99
	普通价						
一月	25.60	25.10	21.95	19.30	20.00	33.68	42.99
二月	25.20	25.40	22.55	17.78	19.60	31.80	49.97
三月	27.40	22.93	22.00	16.95	20.20	36.00	58.12
四月	30.40	22.05	21.20	17.53	23.40	34.60	67.45
五月	30.00	23.25	20.50	19.65	26.80	36.80	66.63
六月	26.80	23.65	21.73	21.28	27.60	39.98	66.25
七月	30.30	25.00	23.85	25.18	27.80	44.50	68.21
八月	30.00	24.95	24.40	24.65	30.80	47.40	53.78
九月	26.80	24.10	23.35	22.10	34.20	56.00	47.51
十月	22.40	24.09	24.25	20.77	30.60	40.40	43.27
十一月	20.50	25.45	21.83	21.05	30.40	47.00	41.29
十二月	21.60	22.57	19.15	18.93	31.68	45.00	43.10

资料来源：《1930 年至 1936 年万县逐月桐油市价表》，见张肖梅、赵循伯《四川省之桐油》，商务印书馆 1937 年版，第 96 ~ 102 页。其中 1931—1935 年数据据万县施美洋行市价，1936 年数据据万县中国植物油料厂调查。

d.4　万县桐油每月均价（1931—1936）

单位：元

月份	1936 年	1935 年	1934 年	1933 年	1932 年	1931 年
1 月	42.99	36.13	19.98	19.18	21.95	22.00
2 月	49.28	31.87	20.03	17.73	22.71	25.30
3 月	58.39	36.35	20.21	17.04	22.01	23.08
4 月	67.43	34.40	23.76	17.68	21.21	22.45
5 月	66.64	38.82	27.40	19.80	20.21	23.58
6 月	66.25	40.24	27.56	21.23	22.15	23.81
7 月	68.20	41.12	28.07	25.27	24.35	25.51
8 月	53.75	47.17	29.78	23.70	24.35	25.25
9 月	47.06	55.73	34.07	21.92	24.21	25.03
10 月	43.28	52.73	31.03	20.42	24.81	25.34
11 月	41.26	43.95	28.82	21.22	22.64	25.85
12 月	43.06	43.95	30.73	18.74	19.34	22.36

资料来源：《1931 年至 1936 年万县桐油市价逐日行市表》，见张肖梅、赵循伯《四川省之桐油》，商务印书馆 1937 年版，第 102 ~ 114 页。其中 1931—1935 年数据据万县施美洋行市价，1936 年据万县中国植物油料厂调查。

说明：资料中给出的是六年之间每一天的桐油行市，据此数据笔者算出每月均价，因没有每日成交量，故没有采用加权平均，而是直接算术平均，不过仍可以反映每月行市大致情况。

e.1　1864—1899年汉口与上海贸易关系表

单位:1873年以前为汉口两,以后为海关两

年份	a1 汉口洋货总进口(包括直接进口)	从其他中国口岸进口的洋货	b1 汉口洋货进口(来自上海)	a2 汉口土货总进口	b2 汉口从上海进口的土货	a3 汉口复出口到中国口岸的土货	b3 汉口复出口到上海的土货	a4 汉口土货总出口(不包括复出口)	b4 汉口出口到上海的土货(不包括复出口)	汉口贸易总值 = a1 + a2 + a3 + a4	汉口进出口贸易中上海部分 = b1 + b2 + b3 + b4	汉口进出口贸易中上海部分/汉口贸易总值
1864	5949539	5834482	5768436	6310875	4248829	49380	41396	14510746	10869562	26820540	20928223	78.03%
1866	12172426	12167926	12009326	5747740	4495049	36594	32168	18679121	12965398	36635881	29501941	80.53%
1867	10392539	10377179	10323026	7868044	7211314	32150		12406332	10003677	30699065	27538017	89.70%
1868	9948873	9941163	9902464	5148065	4551700	12248		15481567	12836413	30590753	27290577	89.21%
1869	10144000	10144000	10094109	6248453	5688680	16248	16152	14776451	12098065	31185152	27897006	89.46%
1870	12157637	12157637	12109142	7636744	6790592	42994	41001	14442924	11450791	34280299	30391526	88.66%
1871	12127196	12001167	10034651	10391417	8930425	223138	210188	17839377	12905654	40581128	32080918	79.05%
1872	10717168	10685138	10515843	7704735	5493531	406685	405303	18990289	13926578	37818877	30341255	80.23%
1873	10770542	10760935	10299183	9519569	6956074	817320	810083	17889499	12788206	38996930	30853546	79.12%
1874	10075616	10075616	9473328	7265934	4677812	769511	768474	18276094	12690629	36387155	27610243	75.88%
1875	8463549	8459366	8195484	9215417	6541794	743214	740083	17732060	12141130	36154240	27618491	76.39%
1876	8643040	8622352	8052601	6840494	4279528	550848	489059	20620291	13510896	36654673	26332084	71.84%
1877	8000361	7997718	7437232	5567060	3544952	561835	550879	17800640	12418278	31929896	23951341	75.01%

（续表）

年份	a1 汉口洋货总进口（包括直接进口）	从其他中国口岸进口的洋货	b1 汉口洋货进口（来自上海）	a2 汉口土货总进口	b2 汉口从上海进口的土货	a3 汉口复出口到中国口岸的土货	b3 汉口复出口到上海的土货	a4 汉口土货总出口（不包括复出口）	b4 汉口出口到上海的土货（不包括复出口）	汉口贸易总值 = a1 + a2 + a3 + a4	汉口进出口贸易中上海部分 = b1 + b2 + b3 + b4	汉口进出口贸易中上海部分/汉口贸易总值
1878	7849648	7819090	6757551	7287383	4354091	296986	268606	17083530	10194306	32517547	21574554	66.35%
1879	10969027	10960482	10216713	8795261	4918824	973409	928085	20240779	13604577	40978476	29668199	72.40%
1880	13331335	13303494	9918111	13513967	8592770	1520807	1271078	20649571	13309980	49015680	33091939	67.51%
1881	16173593	16171652	12154449	9073075	6039001	994401	789757	19833413	13424656	46074482	32407863	70.34%
1882	12683032	12673298	9540305	10759875	5811601	1407587	1236537	16444064	11084231	41294558	27672674	67.01%
1883	12512722	12512602	9130924	11198486	5297516	1393761	1294322	17729485	11050577	42834454	26773339	62.50%
1884	13607277	13607277	9101495	9110637	4593973	1389286	1298386	16403998	10911561	40511198	25905415	63.95%
1885	15620654	15596646	10410094	11700792	5274375	1343652	1246496	17726560	11472483	46391658	28403448	61.23%
1886	13759509	13732528	9608480	10519082	4167355	2687376	2487902	17685960	11174371	44651927	27438108	61.45%
1887	12574974	12564092	9756979	10828616	6130145	3293522	2738960	17264581	12207116	43961693	30833200	70.14%
1888	13870188	13869688	1036396	10492177	5356016	3578695	3273486	18582894	12617770	46523954	22283668	47.90%
1889	12044581	12038536	9754998	13910644	7509388	4531034	4190173	20761022	14244317	51247281	35698876	69.66%
1890	14587391	14438552	11780117	13527388	5334881	5256840	4630280	19384568	12690444	52756187	34435722	65.27%
1891	14800682	14498399	13873273	14392301	3230776	4968533	4421580	20778208	11645259	54939724	33170888	60.38%

（续表）

年份	a1 汉口洋货总进口（包括直接进口）	从其他中国口岸进口的洋货	b1 汉口洋货进口（来自上海）	a2 汉口土货总进口	b2 汉口从上海进口的土货	a3 汉口复出口到中国口岸的土货	b3 汉口复出口到上海的土货	a4 汉口土货总出口（不包括复出口）	b4 汉口出口到上海的土货（不包括复出口）	汉口贸易总值 = a1 + a2 + a3 + a4	汉口进出口贸易中上海部分 = b1 + b2 + b3 + b4	汉口进出口贸易中上海部分/汉口贸易总值
1892	17010216	16662581	16089795	12000353	2570364	5350456	4511821	19563940	12033383	53924965	35205363	65.29%
1893	14447759	14395412	14778136	12703167	2304833	6022969	5257632	23850237	16233161	57024132	38573762	67.64%
1894	16244567	16230186	15581246	14232630	2511706	7562515	6077715	23218827	13006405	61258539	37177072	60.69%
1895	19154764	18472573	18423569	17306668	3443548	9744583	8075126	25328892	12982687	71534907	42924930	60.01%
1896	20242739	20032838	20608315	17877269	3862376	9303777	7039144	23449545	10626070	70873330	42135905	59.45%
1897	22768620	22593649	24011410	22048789	6063481	12422257	8632668	24540382	13229993	81780048	51937552	63.51%
1898	21191325	21125443	20670486	18647152	4967585	10509177	7638424	30953651	15805770	81301305	49082265	60.37%
1899	29797757	29357296	25960755	23617880	6222970	13996925	9920990	37463395	18500818	104875957	60605533	57.79%

资料来源：(1)《中国旧海关史料》第1～29册汉口海关部分。(2)1872年以后，汉口洋货(来自上海)数据来自上海海关关册。感谢唐巧天博士论文给笔者的启示。由于长江沿岸有几处起卸货物口岸，以及货物折损等因素，上海关册中的数据比实际到达汉口的洋货要高，这也就是为何1893年、1896年、1897年三个年份从上海进口的洋货竟然比汉口总的洋货进口还要高的原因，所以从上海进口的洋货比例比文中的计算稍低。但从1866—1872年的数据来看，数据偏差值不大。

e. 2　中国中部通商口岸进出口贸易额对全国贸易总额之比例（1900—1933）

年份	重庆	万县	宜昌	沙市	长沙	岳州	汉口	上海	中部其他口岸	全国除中部外其他口岸	总计	中部占全国比例共计	汉口在中部所占比例	长江流域（即中部减去杭州、宁波、温州）	汉口在长江流域的比重
1900	4. 32		0. 32	0. 10		0. 03	10. 08	17. 28	15. 71	52. 16	100. 00	47. 84	21. 1%	43. 22	23. 3%
1901	3. 63		0. 39	0. 17		0. 06	9. 30	17. 70	14. 21	54. 54	100. 00	45. 46	20. 5%	40. 89	22. 7%
1902	3. 12		0. 32	0. 19		0. 16	9. 34	17. 57	14. 45	54. 85	100. 00	45. 15	20. 7%	40. 65	23. 0%
1903	3. 45		0. 38	0. 29		0. 41	11. 70	14. 02	15. 67	54. 08	100. 00	45. 92	25. 5%	41. 15	28. 4%
1904	3. 33		0. 33	0. 22	0. 32	0. 24	12. 17	16. 47	15. 08	51. 84	100. 00	48. 16	25. 3%	43. 47	28. 0%
1905	2. 81		0. 33	0. 13	0. 60	0. 05	11. 24	17. 89	14. 30	52. 65	100. 00	47. 35	23. 7%	43. 41	25. 9%
1906	3. 08		0. 50	0. 16	0. 56	0. 08	10. 31	17. 90	14. 19	53. 22	100. 00	46. 78	22. 0%	42. 77	24. 1%
1907	2. 91		0. 69	0. 20	0. 77	0. 14	12. 10	14. 46	14. 73	54. 00	100. 00	46. 00	26. 3%	41. 68	29. 0%
1908	3. 13		0. 76	0. 17	0. 93	0. 30	12. 04	13. 82	15. 55	53. 30	100. 00	46. 70	25. 8%	41. 55	29. 0%
1909	2. 92		1. 34	0. 19	0. 95	0. 27	11. 29	14. 52	13. 71	54. 81	100. 00	45. 19	25. 0%	40. 81	27. 7%
1910	2. 79		1. 15	0. 25	1. 13	0. 17	11. 64	14. 91	12. 76	55. 20	100. 00	44. 80	26. 0%	40. 74	28. 6%
1911	2. 57		0. 42	0. 25	1. 56	0. 35	10. 40	17. 39	12. 18	54. 88	100. 00	45. 12	23. 0%	41. 37	25. 1%

（续表）

年份	重庆	万县	宜昌	沙市	长沙	岳州	汉口	上海	中部其他口岸	全国除中部外其他口岸	总计	中部占全国比例共计	汉口在中部所占比例	长江流域（即中部减去杭州、宁波、温州）	汉口在长江流域的比重
1912	2.27		0.46	0.46	1.86	0.53	11.41	15.71	13.12	54.18	100.00	45.82	24.9%	41.92	27.2%
1913	2.21		0.43	0.33	1.80	0.52	11.70	15.83	10.68	55.50	100.00	43.50	26.9%	39.95	29.3%
1914	2.92		0.37	0.35	2.18	0.40	11.60	17.08	12.99	52.11	100.00	47.89	24.2%	44.16	26.3%
1915	2.70		0.35	0.35	2.05	0.54	12.44	16.23	13.19	52.15	100.00	47.85	26.0%	44.00	28.3%
1916	2.32		0.46	0.30	2.03	0.56	12.38	17.03	12.95	51.97	100.00	48.03	25.8%	44.20	28.0%
1917	2.26	0.12	0.37	0.23	1.91	0.50	11.49	18.60	12.64	51.88	100.00	48.12	23.9%	44.62	25.8%
1918	1.26	0.35	0.24	0.39	1.45	0.64	10.42	20.45	8.39	56.41	100.00	43.59	23.9%	42.04	24.8%
1919	2.11	0.31	0.30	0.38	1.27	0.53	10.21	20.93	11.85	52.11	100.00	47.89	21.3%	45.32	22.5%
1920	1.72	0.18	0.44	0.36	1.60	0.55	8.29	24.98	11.32	50.56	100.00	49.44	16.8%	46.90	17.7%
1921	2.22	0.32	0.18	0.33	1.26	0.57	7.40	23.98	9.92	53.82	100.00	46.18	16.0%	43.41	17.0%
1922	2.36	0.54	0.34	0.43	1.47	0.75	8.08	24.80	8.95	52.28	100.00	47.72	16.9%	45.00	18.0%
1923	2.21	0.46	0.27	0.72	1.20	0.97	8.73	25.95	9.10	50.39	100.00	49.61	17.6%	46.84	18.6%

（续表）

年份	重庆	万县	宜昌	沙市	长沙	岳州	汉口	上海	中部其他口岸	全国除中部外其他口岸	总计	中部占全国比例共计	汉口在中部所占比例	长江流域（即中部减杭州、宁波、温州）	汉口在长江流域的比重
1924	2.21	0.50	0.60	0.80	1.28	0.78	9.70	26.59	8.78	48.76	100.00	51.24	18.9%	48.71	19.9%
1925	2.20	0.60	0.43	1.01	1.10	0.75	9.60	25.34	9.47	49.50	100.00	50.50	19.0%	47.89	20.0%
1926	2.24	0.42	0.50	0.98	1.13	0.58	8.50	29.01	8.49	48.15	100.00	51.85	16.4%	49.23	17.3%
1927	2.11	0.37	0.27	0.68	0.71	0.42	6.44	27.85	7.23	53.92	100.00	46.08	14.0%	43.23	14.9%
1928	2.06	0.50	0.37	1.07	1.07	0.60	8.65	28.58	7.37	49.73	100.00	50.27	17.2%	47.79	18.1%
1929	2.16	0.58	0.35	0.90	1.47	0.55	7.34	28.67	7.97	50.01	100.00	49.99	14.7%	47.46	15.5%
1930	2.40	0.50	0.38	0.59	0.98	0.52	5.55	31.74	7.54	49.80	100.00	50.20	11.1%	47.54	11.7%
1931	1.91	0.43	0.30	0.48	0.91	0.36	5.28	34.18	6.24	49.91	100.00	50.09	10.5%	48.06	11.0%
1932	1.71	0.51	0.40	0.41	0.61	0.41	5.24	38.30	6.14	46.27	100.00	53.73	9.8%	51.37	10.2%
1933	1.85	0.57	0.35	0.37	0.41	0.49	5.04	44.01	6.66	40.25	100.00	59.75	8.4%	57.31	8.8%

资料来源:《1900—1933 年来中国中部通商口岸进出口贸易额对全国贸易总额之百分比率表》,见实业部国际局编《最近三十四年来中国通商口岸对外贸易统计(1900—1933)》,实业部国际局 1935 年印行。

说明:中部其他口岸指的是九江、芜湖、南京、镇江、苏州、杭州、宁波、温州。

参考文献

一、地方志、海关资料、领事报告

〔清〕吕调元、刘承恩修，张仲炘、杨承禧等纂：《湖北通志》，上海古籍出版社 1990 年版。

〔清〕刘献廷撰：《广阳杂记》，《续修四库全书》第 1176 册，上海古籍出版社 2002 年版。

侯祖畬修，吕寅东纂：《夏口县志》，1910 年刻本。

张之觉修，周龄等纂：《澧县县志》，1939 年刊本。

赵尔巽等：《清史稿》，中华书局 1977 年版。

陈鲲修，刘谦等纂：《醴陵县志》，1948 年铅印本。

〔清〕黄世崇纂修：《兴山县志》，清光绪十年刊本，台湾成文出版社有限公司 1975 年影印本。

〔清〕聂光銮等修，王柏心等纂：《宜昌府志》，清同治五年刻本，台湾成文出版社 1970 年影印本。

〔清〕徐淦等修，江普光等纂：《醴陵县志》，清同治九年刊本，台湾成文出版社 1975 年影印本。

〔清〕徐澍楷修，雷春诏等纂：《鹤峰州志续》，清同治六年刻本。

〔清〕罗登瀛、朱美燮等纂修：《通山县志》，清同治七年刻本。

〔清〕陈怡、沈宝楠修，雷以诚等纂：《咸宁县志》，清同治五年刻本。

徐焕斗：《汉口小志》，1915 年铅印本。

茅家琦等主编：《中国旧海关史料（1859—1948）》，第 1—170 卷，京华出版社 2001 年版。

蔡谦、郑友揆：《中国各通商口岸对各国进出口贸易统计（民国八年、十六年至二十年）》，商务印书馆 1936 年版。

实业部国际贸易局编：《最近三十四年来中国通商口岸对外贸易统计（1900—1933）·中部》，商务印书馆 1935 年版。

韩启桐编纂：《中国埠际贸易统计（1936—1940）》，中国科学院 1951 年印行。

British Parliamentary Papers：*China*，*Shannon*，Ireland 出版。第 6 卷—第 15 卷，第 21 卷，1971 年出版；第 16 卷—第 20 卷，1972 年出版。

唐有壬等编纂：《最近中国对外贸易统计图解（1912—1930）》，中国银行总管理处调查部 1931 年印行。

Imperial Maritime Customs II Special Series：*No. 11 Tea*，*1888*，Shanghai.

二、清代至民国的论著、调查、期刊资料

《购销旬刊》，1941 年 12 月创刊，原列第七十一期，改版后第一卷第六七期合刊。

《建设评论》，1936 年第三卷第一期。

《申报》，1875—1889 年。

徐宗亮等编：《通商约章类纂》，见《近代中国史料丛刊续编》第四十七辑，台湾文海出版社 1977 年版。

《我国重要的城市》，商务印书馆 1936 年版。

《武汉概况》，书报简讯社 1949 年版。

中国人民政治协商会议武汉市委员会文史资料研究委员会编：《武汉工商经济史料》(《武汉文史资料》汇编专辑)，1983 年印行。

周荣亚等编：《武汉指南》，新中华日报社 1933 年版。

《银行杂志》，汉口银行杂志社 1924 年印行。

《十一版增订中国旅行指南》，商务印书馆 1923 年版。

《中华最新形势图》，世界舆地学社 1930 年版。

［美］C. C. CONCANNON 著，凌锡安译：《桐油概况》（实业部汉口

商品检验局专刊），实业部汉口商品检验局1933年印行。

北京经济讨论处：《中外经济周刊》，1925—1926年印行。

陈伯庄：《平汉沿线农村经济调查》，交通大学研究所1936年印行。

陈重民：《今世中国贸易通志》，商务印书馆1924年版。

董修甲：《京沪杭汉四大都市之市政》，上海大东书局1931年版。

〔清〕范锴著，江浦等校注：《汉口丛谈校释》，湖北人民出版社1999年版。

《检验统计》，经济部汉口商品检验局1938年印行。

汉口商业一览编辑处编辑：《汉口商业一览》，汉口大新印刷公司1935年印行。

汉口市商会商业月刊社：《汉口商业月刊》，1934—1936年。

《新武汉》，汉口市政府1940年编印。

《新汉口》，汉口市政府秘书处1929—1932年编印。

刘世超编：《湖南之海关贸易》，湖南经济调查所1934年印行。

《湖北商务报》，1899—1901年。

湖北省政府民政厅编：《湖北县政概况》，湖北省政府民政厅1934年印行。

方显廷：《天津棉花运销概况》，天津南开大学经济研究所1934年刊行。

蒋君章：《西南经济地理》，商务印书馆1945年版。

金陵大学农业经济系编：《祁门红茶之生产制造及运销》，金陵大学农业经济系1936年印行。

经济部资源委员会、经济部中央农业实验所调查编纂：《湖南安化茶叶调查》，经济部中央农业实验所1939年印行。

李昌隆：《中国桐油贸易概论》，商务印书馆1933年版。

李孝元编：《新武汉指南》，武汉文化出版社1946年版。

刘再苏编：《武汉快览》，上海世界书局1926年版。

［美］马士著，张汇文等译：《中华帝国对外关系史》，上海书店出版

社2000年版。

容闳：《西学东渐记》，湖南人民出版社1981年版。

上海实业部国际贸易局编：《工商》半月刊，1929—1935年。

上海实业部国际贸易局编：《国际贸易导报》，1932—1937年。

上海实业部国际贸易局编：《国际贸易情报》，1936—1937年。

实业部国际贸易局编：《武汉之工商业》（汉口商业月刊专刊），1932年。

实业部国际贸易局编：《中国实业志·湖南省》，1934年。

实业部汉口商品检验局编：《检验年刊》，1932—1933年，1948年（复刊号）。

铁道部业务司商务科编：《陇海铁路甘肃段经济调查报告书》，1935年。

王葆心：《续汉口丛谈　再续汉口丛谈》，湖北教育出版社2002年版。

吴宽农、胡浩川：《中国茶业复兴计划》，商务印书馆1935年版。

武汉书业公会编纂：《汉口商号名录附汉口指南》，武汉书业公会1920年印行。

武堉干：《中国关税问题》，商务印书馆1930年版。

杨大金：《现代中国实业志》，商务印书馆1940年版。

喻守真等编：《全国都会商埠旅行指南》，中华书局1926年版。

张其昀：《中国地理大纲》，商务印书馆1930年版。

中国农民银行委托金陵大学农学院农业经济系调查编纂：《湖北羊楼洞老青茶之生产制造及运销》，南京金陵大学农业经济系1936年印行。

中国农民银行委托金陵大学农学院农业经济系调查编纂：《江西宁州红茶之生产制造及运销》，金陵大学农业经济系1936年印行。

中国银行总管理处经济研究室编：《海关进口新税则之研究》，1934年。

中央银行经济研究处编：《华茶对外贸易之回顾与前瞻》，商务印书馆1935年版。

三、1949 年以后的专著、统计资料

［英］菲尔德费克著，姚伟钧译：《汉口》，见杨浦林、皮明庥主编《武汉城市发展轨迹》，天津社会科学院出版社 1990 年版。

《武汉港史》编委会编：《武汉港史》，人民交通出版社 1994 年版。

徐明庭辑校：《武汉竹枝词》，湖北人民出版社 1999 年版。

［澳］Nick Hall 著，王恩冕等译：《茶》，中国海关出版社 2003 年版。

［英］肯尼斯·巴顿著，冯宗宪译：《运输经济学》，商务印书馆 2002 年版。

［英］莱特著，姚曾廙译：《中国关税沿革史》，商务印书馆 1958 年版。

［英］罗德里克·弗拉德著，王小宽译：《计量史学方法导论》，上海译文出版社 1991 年版。

［美］保罗·克鲁格曼著，蔡荣译：《发展、地理学与经济理论》，北京大学出版社 2000 年版。

陈椽：《茶叶通史》，农业出版社 1984 年版。

陈慈玉：《近代中国茶叶的发展与世界市场》，台湾“中研院”经济研究所 1982 年版。

陈为忠：《山东港口与腹地研究（1860—1937）》，复旦大学历史地理研究中心 2003 年硕士学位论文。

陈秀山、张可云编：《区域经济理论》，商务印书馆 2003 年版。

陈真编：《中国近代工业史资料（第四辑）》，生活·读书·新知三联书店 1961 年版。

陈祖椝、朱自振编：《中国茶叶历史资料选辑》，农业出版社 1981 年版。

戴鞍钢、黄苇主编：《中国地方志经济资料汇编》，汉语大词典出版社 1999 年版。

戴鞍钢：《港口·城市·腹地——上海与长江流域经济关系的历史考

察（1843—1913）》，复旦大学出版社1998年版。

戴一峰：《中国海关与中国近代社会——陈诗启教授九秩华诞祝寿文集》，厦门大学出版社2005年版。

樊如森：《天津港口贸易与腹地外向型经济的发展（1860—1937）》，复旦大学历史地理研究中心2004年博士学位论文。

方书生：《珠江三角洲港埠与腹地的经济关系（1842—1938）》，复旦大学历史地理研究中心2004年硕士学位论文。

［美］费惟凯著，虞和平译：《中国早期工业化盛宣怀（1844—1916）和官督商办企业》，中国社会科学出版社1990年版。

冯和法编：《中国农村经济史料续编》，台湾华世出版社1978年版。

复旦大学历史地理研究中心主编：《港口—腹地和中国现代化进程》，齐鲁书社2005年版。

［美］郝延平著，陈潮等译：《中国近代商业革命》，上海人民出版社1991年版。

湖北省地图院编制：《湖北省地图册》，山东省地图出版社2000年版。

湖北省统计局、农业厅合编：《1949—1952年湖北省农业统计资料汇编（互助合作、农业生产）》，1956年内部印行。

曾兆祥主编：《湖北近代经济贸易史料选辑（1840—1949）》，湖北省志贸易志编辑室1984年内部印行。

湖南省农业科学院茶叶试验站编著：《湖南茶叶技术》，湖南人民出版社1975年版。

黄宗智：《中国研究的范式问题讨论》，社会科学文献出版社2003年版。

姜修宪：《环境·制度·政府——晚清福州开埠与闽江流域经济变迁》，复旦大学历史地理研究中心2006年博士学位论文。

李必樟编译：《上海近代贸易经济发展概况（1854—1898年英国驻上海领事贸易报告汇编）》，上海社会科学院出版社1993年版。

李文治编：《中国近代农业史资料（1840—1911）》，生活·读书·新知三联书店1957年版。

林满红：《茶、糖、樟脑业与台湾之社会经济变迁（1860—1895）》，台湾联经出版事业股份有限公司1997年版。

刘佛丁主编，王玉茹、赵津副主编：《中国近代经济发展史》，高等教育出版社1999年版。

龙登高：《中国传统市场发展史》，人民出版社1997年版。

［美］罗威廉著，江榕、鲁西奇译：《汉口：一个中国城市的商业和社会（1796—1889）》，中国人民大学出版社2005年版。

茅于轼：《道德·经济·制度》，河南人民出版社2002年版。

聂宝璋、朱荫贵编：《中国近代航运史资料》第一辑，上海人民出版社1983年版。

潘心藻：《武汉市建制沿革》，湖北人民出版社1956年版。

［美］彭慕兰著，马俊亚译：《腹地的构建：华北内地的国家、社会和经济（1853—1937）》，社会科学文献出版社2005年版。

彭泽益编：《中国近代手工业史资料（1840—1949）》第一卷，生活·读书·新知三联书店1957年版。

皮明庥、吴勇主编：《汉口五百年：汉口丛谈新编》，湖北教育出版社1999年版。

皮明庥等编：《武汉近代（辛亥革命前）经济史料》，武汉地方志编纂办公室1981年印行。

乔曾鉴等编：《植物学——种子植物及植物地理学基础》，中央人民政府高等教育部教材编审处1954年内部印行。

苏云峰：《中国现代化的区域研究——湖北省，1860—1916》，台湾"中研院"近代史研究所1981年版。

《随州贸易志》，随州市贸易志编辑室1987年内部印行。

汤象龙编著：《中国近代海关税收分配和统计》，中华书局1992年版。

唐巧天：《上海外贸埠际转运研究（1864—1930）》，复旦大学历史地理研究中心2004年博士学位论文。

《千里江城：二十世纪初长江流域景观图集》，天津社会科学院出版社1999年版。

汪敬虞：《十九世纪西方资本主义对中国的经济侵略》，人民出版社1983年版。

汪敬虞：《外国资本在近代中国的金融活动》，人民出版社1999年版。

汪敬虞编：《中国近代工业史资料（1895—1913）》，科学出版社1957年版。

汪敬虞主编：《中国近代经济史（1895—1927）》，人民出版社2000年版。

吴承明：《中国的现代化：市场与社会》，生活·读书·新知三联书店2001年版。

吴承明：《中国资本主义与国内市场》，中国社会科学出版社1985年版。

吴觉农：《茶经述评》，中国农业出版社2005年版。

吴觉农编：《中国地方志茶叶历史资料选辑》，农业出版社1990年版。

吴松弟主编：《中国百年经济拼图——港口城市及其腹地与中国现代化》，山东画报出版社2006年版。

武汉港史志编纂委员会编：《武汉港口志》，武汉出版社1990年版。

徐雪筠译编：《上海近代社会经济发展概况（1882—1931）——〈海关十年报告〉译编》，上海社会科学院出版社1985年版。

许道夫编：《中国近代农业生产及贸易统计资料》，上海人民出版社1983年版。

孙毓棠编：《中国近代工业史资料（1840—1895）》，科学出版社1955年版。

严中平等编：《中国近代经济史统计资料选辑》，科学出版社1955年版。

杨国安：《明清两湖地区基层组织与乡村社会研究》，武汉大学出版社2004年版。

杨天宏：《口岸开放与社会变革——近代中国自开商埠研究》，中华书局2002年版。

姚贤镐编：《中国近代对外贸易史资料（1840—1895）》，中华书局1962年版。

姚永超：《大连港腹地核心地域结构演变研究（1907—1931）》，复旦大学历史地理研究中心2004年硕士学位论文。

［英］约翰·汤姆森著，杨博仁、陈宪平译：《镜头前的旧中国——约翰·汤姆森游记》，中国摄影出版社2001年版。

张海英：《明清江南商品流通与市场体系》，华东师范大学出版社2002年版。

张丽蓉：《长江流域桐油贸易格局和市场整合——以四川为中心》，复旦大学历史地理研究中心2003年硕士学位论文。

张朋园：《湖南现代化的早期进展（1860—1916）》，岳麓书社2002年版。

张萍：《地域环境与市场空间——明清陕西区域市场的历史地理学研究》，商务印书馆2006年版。

张通宝：《湖北近代货币史稿》，湖北人民出版社1994年版。

张伟然：《湖北历史文化地理研究》，湖北教育出版社2000年版。

张仲礼：《张仲礼文集》，上海人民出版社2001年版。

章有义编：《中国近代农业史资料（1912—1927）》，生活·读书·新知三联书店1957年版。

郑宝恒：《民国时期政区沿革》，湖北教育出版社2000年版。

郑友揆、程麟荪、张传洪：《旧中国的资源委员会——史实与评价》，上海社会科学院出版社1991年版。

郑友揆著，程麟荪译：《中国的对外贸易和工业发展（1840—1948）——史实的综合分析》，上海社会科学院出版社1984年版。

郑友揆：《中国近代对外经济关系研究》，上海社会科学院出版社1991年版。

中国农业百科全书编辑部编：《中国农业百科全书·茶业卷》，农业出版社 1988 年版。

周蔚琪、朱家玉主编：《武汉长江轮船公司史》，人民交通出版社 1991 年版。

周质澄、吴少海：《鄂豫皖革命根据地财政志》，湖北人民出版社 1987 年版。

邹怡：《明清以来徽州茶业及相关问题研究》，复旦大学历史地理中心 2006 年博士学位论文。

四、1949 年以后的论文（按作者姓名拼音排序）

白涛：《中美〈桐油借款合约〉与美国对华政策的初始变化》，载《贵州师范大学学报（社会科学版）》1998 年第 4 期。

陈锋：《明清时期汉口的发展历程》，载《江汉论坛》2002 年第 11 期。

陈晖：《抗战前武汉桐油的出口贸易》，载《史志文萃》1992 年第 3 期。

陈钧：《张之洞与清末湖北商政》，载《湖北大学学报（哲学社会科学版）》1985 年第 6 期。

陈钧：《十九世纪沙俄对两湖茶叶的掠夺》，载《江汉论坛》1981 年第 3 期。

陈礼茂：《浅议近代汉口的桐油贸易》，载《武汉交通管理干部学院学报》1998 年第 1 期。

张笃勤：《试论近代交通变迁对华中城镇发展的影响》，载《求索》2000 年第 6 期。

陈曦：《80 年代以来近代湖南经济史研究综述》，载《常德师范学院学报（社会科学版）》2001 年第 2 期。

陈曦：《论近代前期的湖南商业》，载《湖南农业大学学报（社会科学版）》2005 年第 1 期。

代鲁：《汉冶萍公司的钢铁销售与我国近代钢铁市场（1908—1927）》，载《近代史研究》2005 年第 6 期。

戴鞍钢：《港口：联结近代上海与长江流域的枢纽》，载《郑州大学学报（哲学社会科学版）》2006 年第 6 期。

戴鞍钢：《近代上海的枢纽港地位》，载《浙江学刊》2006 年第 5 期。

戴鞍钢：《论近代上海港崛起的历史地理底蕴》，载《中国历史地理论丛》1996 年第 3 期。

戴鞍钢：《近代上海与长江流域商路变迁》，载《近代史研究》1996 年第 4 期。

戴鞍钢：《近代上海与长江流域市场网络的架构》，载《复旦学报（社会科学版）》1996 年第 5 期。

戴鞍钢：《近代中国植茶业的盛衰》，载《史学月刊》1989 年第 1 期。

邓先瑞、徐东文、邓巍：《关于江汉平原城市群的若干问题》，载《经济地理》1997 年第 4 期。

邓正兵、欧阳君：《试论武汉的早期现代化》，载《江汉大学学报》2005 年第 1 期。

定光平、邱红梅：《清以降羊楼洞茶区的山西商人》，载《山西师大学报（社会科学版）》2004 年第 2 期。

定光平、饶晓青：《近代羊楼洞制茶手工业勃兴原因探析》，载《咸宁学院学报》2004 年第 5 期。

定光平：《近代羊楼洞制茶业的特点及其影响》，载《华中师范大学学报（人文社会科学版）》2004 年第 2 期。

杜宏英、谢玉：《老汉口的宁波商人》，载《武汉文史资料》2004 年第 12 期。

杜七红：《论茶叶对晚清汉口市场的影响》，载《江汉论坛》1999 年第 6 期。

杜七红：《清代两湖茶业研究的回顾与展望》，载《江汉论坛》2006 年第 4 期。

段超：《明清时期湖北地区商业发展初探》，载《荆州师范学院学报》2000年第6期。

樊如森：《西北近代经济外向化中的天津因素》，《复旦学报（社会科学版）》2001年第6期。

樊卫国：《二十世纪前期长江沿岸城市的外贸互动关系》，载《档案与史学》2000年第6期。

樊卫国：《近代上海口岸市场对内地市场的辐射和制导》，载《学术月刊》2004年第12期。

范植清：《鸦片战争前汉口镇商业资本的发展》，载《中南民族学院学报（哲学社会科学版）》1982年第2期。

傅衣凌：《鸦片战争前后湖南洞庭湖流域商品生产的分析——读吴敏树〈柈湖文集〉中的经济史料》，载《社会科学战线》1983年第4期。

龚胜生：《18世纪两湖粮价时空特征研究》，载《中国农史》1995年第1期。

龚胜生：《清代两湖地区茶、烟的种植与分布》，载《古今农业》1993年第3期。

龚胜生：《清代两湖人口发展的时空差异研究》，载《中国历史地理论丛》1993第4期。

龚胜生：《清代两湖地区人口压力下的生态环境恶化及其对策》，载《中国历史地理论丛》1993年第1期。

龚胜生：《从米价长期变化看清代两湖农业经济的发展》，载《中国经济史研究》1996年第2期。

龚胜生：《两湖平原城镇发展的空间过程》，载《地理学报》1996年第6期。

龚胜生：《清晚期两湖纤维作物的种植与分布》，载《古今农业》1995年第2期。

关传友：《中国油桐种植史探略》，载《古今农业》1999年第4期。

郭其耀：《抗战初期武汉工厂内迁》，载《武汉文史资料》1998年第

3 期。

郭其耀：《近代武汉工业一瞥》，载《武汉春秋》1984 年第 1 期。

郭其耀：《武汉最早的外商工厂》，载政协武汉市委员会编《武汉工商经济史料》第 2 辑，1984 年。

郭伟齐、董玉梅：《汉口茶叶贸易的兴衰》，载《武汉文史资料》2000 年 11 期。

郭秀清：《五口通商时期之世界“茶港”——福州港的沉寂与兴起》，载《闽江学院学报》2005 年第 6 期。

郭莹：《晚清汉口城市控制系统的演迁》，载《江汉论坛》1994 年第 1 期。

郭蕴深：《汉口地区的中俄茶叶贸易》，载《江汉论坛》1987 年第 1 期。

郭蕴深：《俄国的茶文化及中国种茶技术在俄国的传播》，载《学习与探索》1998 年第 4 期。

郭蕴深：《论新疆地区的中俄茶叶贸易》，载《中国边疆史地研究》1995 年第 4 期。

贺琤：《关于 1886—1896 年中国红茶出口的考察——试论中国近代茶业出口衰落的原因》，载《福建论坛（人文社会科学版）》2003 年第 1 期。

胡赤军：《近代中国与西方的茶叶贸易》，载《东北师大学报（哲学社会科学版）》1994 年第 1 期。

胡锦贤：《范锴及其〈汉口丛谈〉》，载《江汉论坛》1989 年第 5 期。

胡连孙：《江汉关丛谈》，载《武汉文史资料》2000 年第 10 期。

黄长义、徐凯希：《20 世纪 30 年代湖北汉江流域的农业改良》，载《湖北大学学报（哲学社会科学版）》2004 年第 3 期。

黄光域：《工商史料考证九题》，载《近代史研究》1995 年第 2 期。

蒋明壁：《说说汉口的行栈》，载《武汉文史资料》1994 年第 2 期。

李崇文：《民国初年汉口对外贸易及抵制洋货运动述评》，载《江汉大学学报（社会科学版）》1988 年第 4 期。

李琳琦：《徽商与清代汉口紫阳书院——清代商人书院的个案研究》，载《清史研究》2002 年第 2 期。

李卫东，彭学斌：《论晚清武汉社会经济的变迁》，载《江汉大学学报》2000 年第 4 期。

李一翔：《论长江沿岸城市之间的金融联系》，载《中国经济史研究》2002 年第 1 期。

李勇军：《近代汉口商业文化的变迁》，载《江汉论坛》2006 年第 12 期。

李子伟：《甘肃茶事茶俗述论》，载《天水师专学报》1998 年第 2 期。

梁四宝、吴丽敏：《清代晋帮茶商与湖南安化茶产业发展》，载《中国经济史研究》2005 年第 2 期。

梁勇：《近代四川桐油外销与市场整合》，载《重庆三峡学院学报》2004 年第 1 期。

廖桂华：《近代武昌自开商埠探析》，载《湖北教育学院学报》2005 年第 6 期。

廖桂华：《近代以来恩施桐油的生产及贸易》，载《边疆经济与文化》2006 年第 3 期。

林满红：《口岸贸易与近代中国——台湾最近有关研究之回顾》，见台湾“中研院”近代史研究所编《中国近代区域史研讨会论文集》，1986 年。

林齐模：《近代中国茶叶国际贸易的衰减——以对英国出口为中心》，载《历史研究》2003 年第 6 期。

刘爱民：《洋货是怎样打进汉口市场的》，载《武汉春秋》1984 年第 6 期。

刘克祥：《近代商业性农业的发展及其艰难历程》，载《北京党史研究》1994 年第 1 期。

刘晓航：《汉口与中俄茶叶之路》，载《寻根》2003 年第 4 期。

刘玄启：《民国时期广西桐油贸易与市场整合》，载《广西右江民族师专学报》2006 年第 1 期。

刘玄启：《桐油贸易与抗战初期美国对华政策的变化》，载《玉林师范学院学报》2005 年第 6 期。

龙泽弘：《汉口开埠与江汉关的设立》，载《地方革命史研究》1990 年第 3 期。

龙泽弘：《论清末（1894—1911 年）汉口对外贸易的发展与帝国主义的经济掠夺》，载《湖北社会科学》1988 年第 5 期。

鲁西奇：《历史时期汉江流域农业经济区的形成与演变》，载《中国农史》1999 年第 1 期。

鲁西奇：《明清时期汉水流域农业经济的区域差异》，载《中国社会经济史研究》2000 年第 1 期。

鲁西奇：《论地区经济发展不平衡——以汉江流域开发史为例》，载《中国社会经济史研究》1997 年第 1 期。

鲁西奇：《中国近代农民离土现象浅析——以 1912—1937 年间为中心》，载《中国经济史研究》1995 年第 3 期。

吕维新：《清代的茶业法规》，载《茶叶机械杂志》1998 年第 1 期。

吕一群、刘莱花：《清末汉口贸易地位的转变与武汉现代化的开启》，载《湖北大学学报（哲学社会科学版）》2006 年第 2 期。

马俊亚：《近代国内钱业市场的运营与农副产品贸易》，载《近代史研究》2001 年第 2 期。

马雪芹：《明清时期河南省部分经济作物的种植与分布》，载《史学月刊》2003 年第 7 期。

梅莉：《明清湖北茶叶及其生产分布》，载《湖北大学学报（哲学社会科学版）》1994 年第 2 期。

米镇波：《光绪初年俄商偷运砖茶倾销蒙古地区问题考述》，载《南开学报》2003 年第 1 期。

潘盛之：《贵州“六马”桐油的辉煌与隐忧》，载《贵州民族研究》1996 年第 1 期。

皮明庥、李策:《汉口开埠设关与武汉城市格局的形成》，载《近代史研究》1991 年第 4 期。

皮明庥:《武昌起义与武汉城市的毁兴》，载《广东社会科学》1991 年第 5 期。

皮明庥:《武昌首义中的武汉商会和商团》，载《历史研究》1982 年第 1 期。

皮明庥:《汉口开埠　武汉新政》，载《学习与实践》2005 年第 7 期。

皮明庥:《香港与武汉的近代沟通》，载《湖北社会科学》1997 年第 7 期。

朴文焕:《清代茶马贸易衰落及其原因探析》，载《西南民族学院学报(哲学社会科学版)》2003 年第 2 期。

秦和平:《鸦片在西南地区的传播及其种植面积考订》，载《中国农史》2003 年第 2 期。

任放:《论印度茶的崛起对晚清汉口茶叶市场的冲击》，载《武汉大学学报（人文科学版)》2001 年第 4 期。

任放:《明清市镇的功能分析——以长江中游为例》，载《浙江社会科学》2002 年第 1 期。

任放:《近代化、权威主义与张之洞效应》，见冯天瑜、陈锋主编《武汉现代化进程研究》，武汉大学出版社 2002 年版。

任放:《汉口模式与中国商业近代化》，见冯天瑜、陈锋主编《武汉现代化进程研究》，武汉大学出版社 2002 年版。

任放:《明清长江中游地区的市镇类型》，载《中国社会经济史研究》2002 年第 4 期。

任放:《明清时期湖南商品经济的发展状况》，载《求索》2002 年第 5 期。

任放:《明清湖北商品经济的发展状况》，载《湖北大学学报（哲学社会科学版)》2003 年第 1 期。

任放:《汉口模式与中国早期近代化》，载《光明日报》2003 年 4 月

1 日。

沈祖炜：《近代沪渝经济关系的特点》，载《社会科学》2000 年第 7 期。

盛代时：《汉口的皮货行业》，载《武汉文史资料》1997 年第 2 期。

石莹：《清代前期汉口的商品市场》，载《武汉大学学报（社会科学版）》1989 年第 2 期。

宋传银：《湖北近代洪涝灾害》，载《中南民族学院学报（哲学社会科学版）1998 年第 4 期。

谭作刚：《清代陕南土特产品的生产和销售》，载《中国农史》1989 年第 2 期。

汤后虎：《清前期中英之间的绿茶贸易》，载《贵州文史丛刊》2005 年第 3 期。

唐桂林：《永州茶业史考》，载《茶叶通讯》1998 年第 4 期。

陶德臣：《中国近代出口茶业的经济结构考察》，载《苏州大学学报》1997 年第 4 期。

陶德臣：《伪劣茶与近代中国茶业的历史命运》，载《中国农史》1997 年第 3 期。

陶德臣：《福州开埠与近代福州茶市》，载《古今农业》2001 年第 3 期。

陶德臣：《汉至民国时期茶叶广告的发展》，载《安徽史学》2003 年第 5 期。

陶德臣：《简论华茶贸易衰落的原因》，载《镇江师专学报（社会科学版）》1994 年第 1 期。

陶德臣：《近代中国茶农的经营状况（1840—1917）》，载《中国农史》2003 年第 1 期。

陶德臣：《近代中国茶叶对外贸易的发展阶段与特点》，载《中国农史》1996 年第 2 期。

陶德臣：《近代中国外销茶流通环节考察》，载《中国经济史研究》

1995 年第 1 期。

陶德臣：《晋商与西北茶叶贸易》，载《安徽史学》1997 年第 3 期。

陶德臣：《日据时代台湾茶业的经济结构与贸易》，载《中国农史》1995 年第 1 期。

陶德臣：《上海开埠与近代上海茶市》，载《古今农业》1999 年第 2 期。

陶德臣：《外销茶运输路线考略》，载《中国农史》1994 年第 2 期。

陶建平：《明清时期汉口商业网络的形成及其影响》，载《华中师范大学学报（哲学社会科学版）》1989 年第 1 期。

陶良虎：《20 世纪 30 年代汉口对外贸易衰退原因辨析》，载《江汉论坛》1999 年第 6 期。

田伯伏：《京汉铁路运营与直隶沿线农产品商品化》，载《河北大学学报（哲学社会科学版）》1998 年第 2 期。

田永秀：《川东经济中心——万县在近代之崛起》，载《重庆师院学报（哲学社会科学版）》1998 年第 4 期。

田永秀：《桐油贸易与万县城市近代化》，载《文史杂志》2000 年第 1 期。

涂文学：《风雨沧桑江汉关》，载《湖北档案》2000 年第 1 期。

涂文学：《在原生型与次生型之间：武汉早期现代化发展的“汉口特性”》，载《江汉大学学报（社会科学版）》2006 年第 2 期。

涂文学：《在沿海与内地之间：武汉对外开放的非典型性》，载《江汉大学学报（社会科学版）》2006 年第 1 期。

涂文学：《近代汉口城市文化生成机制探源》，载《近代史研究》1992 年第 3 期。

汪虹波：《武汉近代的商业贸易与行业地名》，载《地名知识》1990 年第 6 期。

王保民：《汉口各行帮业及其贸易》，载《武汉文史资料》1994 年第 2 期。

汪敬虞：《中国近代茶叶的对外贸易和茶业的现代化问题》，载《近代史研究》1987 年第 6 期。

王朝辉：《试论近代湘西市镇化的发展——清末至民国年间的王村桐油贸易与港口勃兴》，载《吉首大学学报（社会科学版）》1996 年第 2 期。

王力：《清末茶叶对外贸易衰退后的挽救措施》，载《中国社会经济史研究》2005 年第 4 期。

王玲：《左宗棠对清末西北茶务的整顿》，载《新余高专学报》2005 年第 1 期。

王治平：《汉口蛋行史话》，载《武汉文史资料》1994 年第 2 期。

王永年：《晚清汉口对外贸易的发展与传统商业的演变》，载《近代史研究》1988 年第 6 期。

王永年：《论晚清汉口城市的发展和演变》，载《江汉论坛》1988 年第 4 期。

王振忠：《清代汉口盐商研究》，载《盐业史研究》1993 年第 3 期。

吴斌祥、谭术魁：《武汉商业市场的迁移和贸易腹地的扩大》，载《江汉论坛》1993 年第 4 期。

吴建雍：《清前期中西茶叶贸易》，载《清史研究》1998 年第 3 期。

吴松弟：《通商口岸与近代的城市和区域发展——从港口—腹地的角度》，载《郑州大学学报（哲学社会科学版）》2006 年第 6 期。

吴松弟：《港口—腹地：现代化进程研究的地理视角》，载《学术月刊》2007 年第 1 期。

吴松弟：《港口—腹地和中国现代化空间进程研究概说》，载《浙江学刊》2006 年第 5 期。

吴松弟、方书生：《一座尚未充分利用的近代史资料宝库——中国旧海关系列出版物评述》，载《史学月刊》2005 年第 3 期。

吴松弟：《港口—腹地与中国现代化的空间进程》，载《河北学刊》2004 年第 3 期。

吴松弟：《明清时期我国最大沿海贸易港的北移趋势与上海港的崛

起》，载《复旦学报（社会科学版）》2001年第6期。

夏钢：《论近代武汉钱庄的经营管理》，载《江汉论坛》1989年第6期。

萧正红：《清代汉江水运》，载《陕西师范大学学报（哲学社会科学版）》1988年第4期。

谢美娥：《清代前期湖北农业经济的变迁——粮食作物多样化与经济作物的扩展》，载《新史学》1999年第1期。

谢学军：《航运业与武汉经济地位的演变》，载《武汉交通职业学院学报》2005年第1期。

徐方平：《近代中英茶叶贸易衰败的原因和启示》，载《江汉论坛》1998年第10期。

徐凯希、黄长义：《1935年的汉江特大洪灾及其善后》，载《中南民族大学学报（人文社会科学版）》2004年第1期。

徐凯希：《三十年代湖北的水灾与农村经济》，载《江汉论坛》1999年第7期。

徐凯希：《近代汉口棉花贸易的盛衰》，载《江汉论坛》1990年第9期。

徐凯希：《武汉政府财政金融危机内在原因探析》，载《史学月刊》1989年第1期。

徐凯希：《武汉国民政府集中现金风潮述略》，载《历史档案》1992年第2期。

许檀：《清代乾隆至道光年间的重庆商业》，载《清史研究》1998年第3期。

许檀：《清代前期的九江关及其商品流通》，载《历史档案》1999年第1期。

许新民：《晚清江西商道与社会变动述略》，载《历史教学》2003年第7期。

闫富东：《清代影响湖北农村专业化生产因素初探》，载《学习月刊》

2006年第5期。

闫富东：《清代湖北市镇体系对农村经济的影响》，载《中南财经政法大学学报》2005年第4期。

闫富东：《清代江汉平原普通农户收入状况分析》，载《中国社会经济史研究》1999年第1期。

严昌洪：《近代武汉社会风俗的嬗变》，载《江汉论坛》1990年第5期。

严昌洪、汤蕾：《关于建立武汉学的构想》，载《江汉大学学报（社会科学版）》2005年第1期。

杨华山：《厘金与晚清早期现代化——湖北个案研究》，载《江汉论坛》2002年第7期。

杨载田、王鹏：《历史时期的湘茶生产及其发展探索》，载《中国农史》2003年第3期。

姚会元：《近代汉口钱庄研究》，载《历史研究》1990年第2期。

姚会元：《国民党统治时期汉口钱庄的衰败》，载《中南民族学院学报（社会科学版）》1986年第4期。

易伯、陈凡、刘炜：《因茶而兴的湖北古镇——赤壁羊楼洞》，载《华中建筑》2005年第2期。

俞如先：《十九世纪末、二十世纪初中国茶商的亏折与破产》，载《龙岩师专学报》2000年第4期。

袁欣：《1868—1936年中国茶叶贸易衰弱的数量分析》，载《中国社会经济史研究》2005年第1期。

曾艳红、蔡述明：《明清时期汉口经济发展的地理因素》，载《华中师范大学学报（自然科学版）》2002年第1期。

张笃勤：《汉口茶输俄的几个问题》，载《江汉论坛》1994年第2期。

张笃勤：《近代汉口茶叶对外贸易》，见杨蒲林、皮明庥主编《武汉城市发展轨迹》，天津社会科学院出版社1990年版。

张家炎：《清代江汉平原垸田农业经济特性分析》，载《中国史研究》

2001 年第 1 期。

张家炎：《十年来两湖地区暨江汉平原明清经济史研究综述》，载《中国史研究动态》1997 年第 1 期。

张家炎：《清代湖北的杂粮作物》，载《古今农业》1996 年第 1 期。

张家炎：《明清江汉平原的农业开发对商人活动和市镇发展的影响》，载《中国农史》1995 年第 4 期。

张建民：《清代江汉——洞庭湖区堤垸农田的发展及其综合考察》，载《中国农史》1987 年第 2 期。

张建民：《清代湘鄂西山区的经济开发及其影响》，载《中国社会经济史研究》1987 年第 4 期。

张丽蓉：《长江流域桐油贸易格局与市场整合——以四川为中心》，载《中国社会经济史研究》2003 年第 2 期。

张丽蓉：《民国桐油贸易格局与市场整合——以四川为中心》，载《中国历史地理论丛》2002 年第 2 期。

张凌勋：《长江水域条约三口岸之开放及其商埠之形成》，台湾师范大学历史研究所 1999 年硕士学位论文。

张小平：《汉口徽商与社会风尚——以〈汉口丛谈〉为例》，载《安徽史学》2005 年第 1 期。

张修桂：《汉水河口段历史演变及其对长江汉口段的影响》，载《复旦学报（社会科学版）》1984 年第 3 期。

张岩：《清代汉口的粮食贸易》，载《江汉论坛》1993 年第 4 期。

张翼云：《汉口华商总会始末》，载《武汉文史资料》2005 年第 12 期。

赵大川：《百年前茶业的铜版画》，载《中国茶叶》2003 年第 1 期。

赵大川：《二百年前的清代制茶图》，载《中国茶叶》2003 年第 2 期。

赵德馨、周秀鸾：《张之洞与湖北经济的崛起》，载《江汉论坛》1998 年第 1 期。

郑成林、李勇军：《明清时期汉口商业文化再探》，载《江汉大学学报

（社会科学版）》2006年第2期。

周德钧：《近代武汉“国际市场”的形成与发展》，载《湖北大学学报（哲学社会科学版）》2006年第2期。

周娟美：《晚清晋商与湖北茶业的发展》，载《山西高等学校社会科学学报》2005年第7期。

周群、刘和旺：《晚清湖广督府在汉口市场发展进程中的作用探析》，载《江汉论坛》2004年第6期。

周文发：《茶桐间作改善沿江丘陵茶园生态环境》，载《茶叶通报》2001年第2期。

周霞、杨薇：《从叶调元〈汉口竹枝词〉看清中后期汉口市井文化》，载《鄂州大学学报》2005年第1期。

周秀鸾：《张之洞办企业对武汉民族工业的影响》，载《江汉论坛》1985年第5期。

周兆锐：《武汉市历史地理》，载《武汉师范学院学报（哲学社会科学版）》1979年第3期。

朱大为：《16至18世纪中国远距离贸易和全国性市场的形成》，载《福建论坛（人文社会科学版）》2003年第6期。

朱荫贵：《1927—1937年的中国轮船航运业》，载《中国经济史研究》2000年第1期。

后 记

和复旦大学结缘，始于2000年一个偶然的下午。在一次学习经验交流会上，我的师兄王加华刚刚从复旦大学面试回来，从他那里，我第一次知道有复旦大学史地所这样一个地方。对于一心继续求学的我来说，它满足了我所有的条件，复旦大学是名校，史地所在全国历史地理专业中很优秀，而经常可以外出考察对我来说也有很大吸引力。所以这样一次简单的谈话，就使我坚定了到复旦大学读书的信念。

我的导师吴松弟教授在我备考的时候，就给我很大的鼓励和支持。在吴老师门下读书的五年时间里，我一直被他的精神所深深感动。吴老师在学术上非常严谨，对我们的学习也倾注了满腔心血。每个他的学生，手里都有他开列的书单。他循序渐进地教我们读书，反复修改我们的文章。正是在吴老师这样的教育下，我才能在学习中不断取得新的进步。吴老师不但在学习上给我以指导，在生活和工作的各个方面也都给予我很大的关心和帮助。可我还有很多地方做得不好，除了对老师表达最诚挚的感激，还夹杂了一丝愧疚之情。

在复旦的五年求学，是我一生中最宝贵的财富。史地所的邹逸麟、张修桂、周振鹤、葛剑雄、满志敏、王振忠、王建革、张晓虹、张伟然、杨伟兵、樊如森诸位老师以及历史系的戴鞍钢、朱荫贵老师都在学习和生活上给予了我很多帮助，在他们那里我学到了很多做人和治学的道理。在我两次去武汉查资料期间，鲁西奇、龚胜生、徐凯希、郑成林老师也给我很多指导，并提供了很多资料给我。苏智良、鲁西奇、张萍老师对我的博士学位论文提出了宝贵的修改意见。还有很多老师，或是在课堂上，或是在学术讨论中，对我的学习给予了鼓励和帮助，在这里我也要感谢他们。

在史地所的学习是我在复旦读书期间美好的回忆。我的同门师兄弟们可以经常聚在一起，相互切磋。师兄樊如森亦师亦友，常常提醒很多我注意不到的问题。陈为忠、姚永超、方书生、毛立坤、唐巧天、姜修宪、王列辉等几位师兄和同学毫不保留地向我分享资料，他们的研究也对我启发良多。2002 级硕士班和 2004 级博士班的所有同学，我们一起走过的路会永远定格在这个校园里。

感谢我的爸爸妈妈。他们不仅仅做到了一般父母所能做到的，而且尽他们的一切努力供我读书求学。爸爸从来没有因为我是一个女孩子而降低对我的教育要求，从我记事起，他就用最大的耐心教我各种知识，陪我说话。每天上学的漫漫长路上，他为我讲解周围的一切，让我牢记北方的春夏秋冬、阴晴雨雪。如果不是他的胸怀和见识，我不会毫不犹豫地读书求学直到今天。我从小住校，每年在家的时间屈指可数，每次想到妈妈比别的母亲要忍受更多的离别之苦，心里都很不安。如今他们日渐苍老，爸爸的身体也一直不好，这更是常让我泪沾衣衫。

这篇博士学位论文荣幸地作为“港口—腹地与近代中国经济转型研究”丛书之一被列入国家出版基金项目，我希望它是一份答卷，用以感谢所有关心和帮助我的师友亲人；我更希望它是一个新的启程号角，鼓励我在今后的日子里更加努力，来回报诸多的恩情。希望本书的出版，对从事汉口和相关地区研究的人来说，还略有参考价值，也不让我们团队的全国经济地理研究上空缺一块版图。更希望这本书能够时时激励自己，知道这一段学术研究在自己的学术生涯中扮演过那么重要的角色，而我之后的思考中，始终都有它的印记。

感谢吴老师和所有同门在此书出版中给予的支持和鼓励，如果不是你们的坚持，我的博士学位论文的出版难以想象。感谢齐鲁书社整个编辑团队，为了我的书稿编校付出了巨大的心血。感谢我的先生一直给予我的理解、支持、包容和照顾，希望儿子乐同学看到此书，也会觉得妈妈真棒。

张珊珊

2018 年 7 月 4 日于上海交大